LES NOUVELLES CENSURES

DU MÊME AUTEUR

État de choc, roman, Flammarion, 2002.

PAUL MOREIRA

LES NOUVELLES CENSURES

Dans les coulisses de la manipulation de l'information

ROBERT LAFFONT

Pour Esther et Ruben
Et Cécile

« Ce qui m'intéressait c'est que son métier était un peu l'opposé du mien.

— De la publicité.

— Oui. Je cherche à donner conscience au public de quelque chose qu'ils ne savent pas encore qu'ils savent. Ou au moins, le leur faire penser. Parce qu'ils agiront en conséquence, vous comprenez ? Ils penseront que l'idée vient d'eux. Il s'agit de transférer l'information, tout en évitant soigneusement toute spécificité. »

William GIBSON, *Identification des schémas*

« La lutte de l'homme contre le pouvoir est la lutte de la mémoire contre l'oubli. »

Milan KUNDERA

Prologue

Big Brother gère votre perception

Le jeu est subtil. Il obéit à des règles invisibles. Le « directeur de la communication » d'une grande entreprise pharmaceutique américaine me les avait exposées. Par lettre. Entre les lignes, il me narguait : j'avais joué, suggérait-il, et j'avais perdu.

Son labo vendait un antidépresseur pour enfants. Chez certains gosses un peu limite, la molécule pouvait déclencher des effets secondaires gênants. Le suicide, notamment. Ce que montrait une étude réalisée par eux avant la mise sur le marché. Une étude jamais rendue publique, sciemment occultée, nous avait révélé un scientifique qui avait participé à la recherche[1].

Pendant la durée de notre enquête, la possibilité d'un procès n'avait cessé de planer. Les multinationales du médicament sont un pouvoir dont on ne soupçonne pas l'étendue. Le chiffre d'affaires des cinq premières est aussi élevé que le produit national brut de tous les pays de l'Afrique subsaharienne. Leur retour sur investissement est de 25 %. Leurs molécules sont conçues pour soigner et sauver des vies mais s'il faut protéger leurs résultats financiers, les labos peuvent aussi tolérer d'en voir sacrifier quelques-unes. Leur force de frappe est à la hauteur de leurs bénéfices. En 1998, 39 firmes pharmaceutiques avaient levé des escouades d'avocats pour traîner Nelson Mandela, alors président d'Afrique du Sud, devant les tribunaux. Le

_____
1. Entretien avec Luc Hermann, février 2002.

crime des Sud-Africains ? Soumis à une épidémie de sida massive, ils avaient tenté d'acheter des génériques – des copies de médicaments à bon marché – à une entreprise indienne. Un délit contre les brevets industriels.

Les labos n'avaient pas hésité à attaquer saint Mandela, Nobel et martyr. Pourquoi se gêneraient-ils pour nous mettre en pièces, nous, obscurs journalistes d'une émission d'investigation trimestrielle, diffusée sur une chaîne cryptée, en France, lointaine banlieue de l'Empire ?

L'entreprise mise en cause nous avait traités avec beaucoup de sérieux. En guise d'interview, ils nous avaient renvoyés sur un avocat. Un de ces *top guns* du barreau américain payés à la minute, au bureau surdimensionné et lisse, building en miroirs, costume moiré sur mesure et nœud de cravate arrimé sur la glotte. Devant la justice, il ferraillait contre une famille dont l'enfant s'était pendu après une prescription. L'enjeu n'était pas uniquement de substantiels dommages et intérêts. L'avenir commercial de la molécule était engagé. Et sans doute aussi les montants des bonus sur objectifs des cadres qui nous faisaient face. Dans un coin de la pièce, l'un d'entre eux prenait des notes, mâchoires serrées. L'entretien suintait la paranoïa *corporate*.

Notre film avait été diffusé. Il ne s'était rien passé. Ni procès. Ni scandale.

À part une reprise dans l'hebdomadaire *Le Point*, notre enquête resta largement ignorée du grand public. Après la diffusion, le « directeur de la communication » nous avait donc envoyé une missive. Il soulignait « l'esprit d'ouverture » dont ils avaient fait preuve en nous recevant, leur déception au vu du résultat et surtout leur détermination à ne pas émettre l'ombre d'une protestation publique : « Fort heureusement, concluait la lettre, cette émission n'a pas rencontré, dans l'esprit du public, l'écho que [votre journaliste] souhaitait sans doute y voir, ce qui rend à notre sens l'exercice d'un droit de réponse inutile. »

Pas d'écho. Donc, pas de bruit. Voilà pourquoi on les payait si cher... Pas pour combattre au grand jour ou rétablir une éventuelle vérité. Leur mission se limitait à gérer la perception du public.

Un an plus tard, les autorités sanitaires britanniques demandaient aux médecins de ne plus prescrire les molécules de cette catégorie aux enfants. Le risque suicidaire dépassait le bénéfice thérapeutique. À cette occasion, le journal scientifique indépendant *The Lancet* dénonçait les manipulations des laboratoires qui dissimulent les études défavorables à leurs produits[1]. En France, à l'heure où j'écris ces lignes, ces médicaments sont toujours en vente pour nos enfants dans toutes les bonnes pharmacies...

Attaquée en justice, notre enquête aurait pris une autre allure. Elle aurait attiré la curiosité des journalistes, occupé de l'espace dans un grand titre de la presse écrite, généré un débat, une émotion (l'émotion publique est le cauchemar des « directeurs de la communication », elle peut pulvériser des stratégies industrielles et transformer de moelleux fauteuils d'exécutifs en sièges éjectables). Voilà ce que savait l'homme du labo : la polémique est un propulseur. Elle donne l'effet d'accélération qu'il manque à une information pour la faire décoller, la sortir du brouhaha, la rendre enfin visible.

Première leçon des maîtres de la com' : tout ou presque finit par sortir, il faut s'y préparer. L'important est de ne pas (trop) se faire remarquer.

J'ai passé la dernière décennie à me consacrer au journalisme dit d'investigation dans l'un des médias les plus éloignés de cette pratique : la télévision. En 1999, avec un groupe de sept journalistes, nous avons fondé l'émission « 90 minutes », sur Canal+. En 2006, la nouvelle direction de la chaîne la supprime. Pour plus de « lisibilité » sur la grille. C'est historique, en France, les espaces d'indépendance éditoriale télévisée ont beaucoup de mal à passer la septième année. Jeune journaliste,

---

1. *The Lancet*, 20 avril 2004, p. 1335.

j'avais collaboré à « Droit de réponse », l'émission de débats et d'enquête de Michel Polac sur TF1. À la septième saison, après la privatisation de la chaîne au profit du groupe de BTP Bouygues, le magazine avait été lui aussi supprimé. Polac avait voulu tester sa liberté en diffusant un débat sur une réalisation en béton de son nouvel employeur : le pont de l'île de Ré. Dès le lundi matin, la sanction était tombée : viré.

C'était en 1987, il y a vingt ans... Aujourd'hui, les choses ne surviendraient pas avec une telle brutalité. La décision serait enrobée. On n'identifierait pas publiquement la cause réelle de l'exécution. On attendrait la fin de la saison. Et puis une émission comme « Droit de réponse » ne verrait sans doute plus le jour dans la télévision contemporaine. Jamais on n'a autant célébré le « politiquement incorrect », l'empoignade de bistrot est devenue un concept, la provocation verbale se porte bien. Mais dans le même temps les contre-pouvoirs journalistiques s'amenuisent, repoussés à des heures tardives, autour d'eux l'oxygène se raréfie.

L'illusion d'optique signe notre époque.

Depuis que j'exerce le métier de journaliste (c'est-à-dire un petit quart de siècle maintenant), je suis de plus en plus fasciné par la hiérarchie des informations. Il y a celles qui deviennent des événements, font la une et rebondissent dans les talk-shows. Et puis celles qui restent dans l'ombre. John Pilger, un reporter vétéran australien qui le premier avait révélé l'horreur khmer rouge au Cambodge, parle de *slow news*. Des nouvelles à bas bruit. Qui sait par exemple qu'en 2001, l'année du 11 Septembre, 36 000 enfants sont morts du fait de l'extrême pauvreté dans le monde ? « Certaines de ces informations sont rapportées, écrit Pilger, elles passent furtivement le soir au journal télévisé sans réussir à imprimer nos mémoires, défilant à la vitesse d'une publicité pour Coca Cola. [...] L'un des mythes les plus puissants de notre époque, voudrait que nous vivions dans l'âge de l'information. En fait, nous vivons dans un âge médiatique, dans lequel l'information est répétitive, "sécurisée" et limitée par des frontières invisibles[1]. »

Il existe une industrie, inconnue du grand public, qui a pour raison sociale de définir ce qui est important et, donc, mécaniquement, ce qui reste une info à bas bruit. Des milliards d'euros sont dépensés pour alimenter les rédactions, orienter les journalistes, définir les sommaires des journaux et leurs limites. Ce nouveau secteur d'activité au service quasi exclusif des grands groupes industriels et des appareils politiques a pour nom : « communication ». Joli mot moderne et fluide qui déguise bien sa fonction : la propagande.

L'enjeu aujourd'hui n'est plus d'écraser brutalement une révélation gênante. Notre époque a rendu la censure dangereuse pour ceux qui l'exercent. Supprimez une information à la télé et la voilà qui ressurgit dans un journal, sur Internet... incontrôlable, elle se multiplie comme un virus et prend une vitesse d'accélération qui la fait décoller au-dessus du vacarme, la rend dix fois plus visible. Contrôler l'information n'est pas interdire mais plutôt jouer d'influence, organiser le spectacle.

Contrairement à ce que croient les militants altermondialistes, la concentration des médias aux mains de groupes financiers de plus en plus réduits ne parvient pas à cadenasser totalement l'information. Mieux... Depuis l'apparition d'Internet, nous vivons dans un monde étrange où les données sensibles sont de plus en plus accessibles aux citoyens et journalistes accrocheurs.

Ainsi, l'empire américain est devenu l'un des espaces de pouvoir les plus transparents de la planète... Noam Chomsky – pas le plus assoupi des critiques des médias – le reconnaît lui-même : les États-Unis sont « une société très ouverte et si l'on veut savoir vraiment ce qui se passe, on le peut ; cela demande un peu de travail mais les documents sont disponibles et l'histoire aussi[2] ».

---

1. John Pilger, *Hidden Agendas*, Vintage éditions, 1998.
2. Noam Chomsky, *De la guerre comme politique étrangère des États-Unis*, Éditions Agone, 2002, p. 30.

15

Un exemple : vous ne croyez pas aux intentions généreuses que nous servent les néoconservateurs américains pour justifier l'invasion de Irak, la démocratie au Moyen-Orient, etc. ? Inutile de vous rendre physiquement dans d'obscurs centres de documentation pour déterrer des archives ou au fond de parkings déserts pour rencontrer des sources anonymes. Les vrais motifs de la guerre sont exposés sans une once de bluff dans une lettre adressée au président Clinton en janvier 1998 et publiée sur un site web très sérieux de la droite américaine : « Le projet pour un nouveau siècle américain. » Vous pouvez poser ce livre et aller la lire tout de suite, elle est consultable en ligne[1].

La missive affirme que l'Irak représente une « menace pour le Moyen-Orient plus sérieuse qu'aucune autre connue depuis la fin de la guerre froide ». Il s'agit de renverser Saddam Hussein en usant de moyens militaires puisque la « diplomatie a échoué ». Ils veulent pousser Clinton à envahir l'Irak. Pourquoi ? Pour nous débarrasser de ses « armes de destruction massive » (déjà...), protéger la « sécurité des troupes américaines dans la région, celles de nos alliés et amis, comme Israël et les États arabes modérés » et, surtout (c'est nous qui soulignons), pour éviter qu'une « portion significative des réserves mondiales de pétrole ne soient mises en péril »... Le texte chute sur une répétition : la nécessaire défense de « nos intérêts », c'est dit deux fois, au cas où Clinton n'aurait pas bien compris. Les auteurs ne se sont même pas fatigués à glisser, pour la forme, un petit mot sur le peuple irakien, la liberté ; on a beau chercher et relire, le mot « démocratie », servi abondamment dans l'argumentaire 2006, est absent du texte 1998.

Les signataires de la lettre ? Ils sont tous au pouvoir désormais et œuvrent à la suprématie planétaire de Washington : Dick Cheney (numéro deux à la Maison-Blanche), Donald Rumsfeld (M. Guerre jusqu'en novembre 2006), Paul Wolfowitz (M. Banque mondiale), Elliott Abrams (M. Moyen-Orient)...

---

1. http://www.newamericancentury.org/iraqclintonletter.htm.

Ces hommes sont les architectes de l'invasion de l'Irak en 2003.

En quelques clics, n'importe quel Américain peut accéder à leur site. Il ignore tout de son existence. De Cleveland à Saint Louis, on est souvent convaincu que les jeunes soldats sont allés mourir à Bagdad pour châtier les auteurs des attaques du 11 septembre 2001. En 2006, alors que le gouvernement américain lui-même a dû reconnaître que l'Irak ne détenait pas d'armes de destruction massive, un Américain sur deux est convaincu du contraire. Un chiffre en augmentation de 30 % par rapport à l'année précédente[1].

Ce que le public perçoit à travers le fracas irakien ? Les Arabes sont très méchants, Zarqawi est un copain de Ben Laden et c'est lui qui tue nos petits gars.

Face à la stridence patriotique de Fox **TV, les** centaines de documents prouvant comment l'administration Bush a manipulé les citoyens américains restent à l'état de murmure. Ce divorce entre la perception du public et la réalité des faits n'a pas commencé avec le conflit irakien (même si, là, il faut bien reconnaître qu'on atteint des sommets...). Grâce au Freedom of Information Act, la loi américaine très libérale sur l'accès aux documents secrets de l'administration (nous le verrons plus loin, la France est frappée d'obscurantisme en la matière), des centaines de mémorandums déclassifiés établissent la participation de figures éminentes de la diplomatie américaine, comme Henry Kissinger, à des coups d'État, le rendent complice de massacres de populations civiles. Révélations sans effet. Classées sans suite.

Ce livre est consacré aux événements qui restent absents de notre mémoire immédiate. Il se propose de montrer par quels mécanismes ils ont tant de mal à se frayer un chemin jusqu'aux journaux télévisés. Au lieu d'écrire un pamphlet de plus, j'ai choisi d'ouvrir la coulisse de certaines de mes enquêtes. Don-

---

1. http ://www.harrisinteractive.com/harris_poll/index.asp ?PID=684.

ner à voir et à comprendre en racontant les difficultés, les chausse-trappes discrètes et efficaces, les coups de pression... Cette exposition révèle, au sens photographique du terme, les nouveaux artifices de la propagande. Vous allez découvrir les professionnels auxquels les journalistes doivent désormais faire face. Ils savent séduire. Intoxiquer. Donner toujours le sentiment de l'ouverture et de la transparence tout en provoquant l'autocensure. Le premier qui se risque à verbaliser une interdiction a perdu. Il faut dissuader le journaliste de travailler en amont. Ou au contraire lui ouvrir les portes et susciter sa loyauté totale comme en Irak où les reporters peuvent incorporer librement les unités américaines mais n'ont toujours pas réussi à savoir combien de civils irakiens ont laissé leur vie dans l'opération Liberté pour l'Irak. Dans l'industrie de la communication tout se passe toujours en termes courtois, même quand la menace ne cesse d'être suggérée. Se souvenir de l'unique phrase célèbre du gangster Al Capone : « On obtient toujours plus avec un mot gentil et un flingue qu'avec un simple mot gentil. »

Les hommes et les femmes qui servent cette machine sont sympa, fluides, ils portent des vêtements griffés. Les meilleurs savent se rendre complices et copains même quand vous venez leur dire que l'entreprise dont ils protègent la réputation s'est rendue coupable d'homicide. Les Anglo-Saxons leur ont trouvé ce surnom amusant : *spin doctors*. Comment traduire ? Médecins tourneurs. Rattrapeurs de situations mal emmanchées. Ou, plus trivialement, maîtres de l'embobine. Car ils ont l'art de tourner les problèmes afin d'en offrir la meilleure face au public, la moins gênante, la moins compromettante. L'art de tourner la tête aussi, quand il le faut. Leur mission est de piloter avec plus ou moins de talent ce qui vient atterrir dans nos cerveaux. Ces hommes et ces femmes donnent très peu d'interviews et beaucoup de conseils. En cas de pépin, ils doivent amortir les faits, leur donner un visage plus avantageux, les rapetisser. En un mot, les neutraliser. Ils savent que la vérité compte moins que l'image. La vérité est souvent compliquée et exigeante. L'image parle tout de suite à l'émotion. Ce sont les spin doctors qui ont conseillé à George W. Bush de s'habiller en péquenot texan – tee-shirt informe et taché, jean pas lavé, chapeau et bottes de cow-boy – et de débroussailler devant les caméras aussi souvent que possible. L'objectif : imprimer une allure simple et populaire à ce milliardaire, héritier d'une dynastie du pétrole.

En France, dans l'utilisation de toutes les nuances d'une communication moderne, Nicolas Sarkozy, le chef de l'UMP, parti de la droite de gouvernement, ne connaît pas de challenger. C'est le meilleur. Regardez les images de ses apparitions publiques. À deux pas derrière lui, il y a un grand jeune homme élégant, le front barré d'une mèche. C'est Franck Louvrier, un de ses nombreux conseillers image. Son téléphone portable n'est jamais sur messagerie, l'esprit rapide, il répond à toutes les sollicitations et cornaque en douceur un animal politique à l'énergie versatile. Pour calibrer ses messages, Nicolas Sarkozy a recours à des sondeurs, des études, toute la palette des outils du marketing qui servent à concevoir de nouveaux produits. IPSOS capte en permanence pour lui les courants profonds de la société française. Ainsi, il arrive sans difficultés à identifier les peurs et les besoins des Français. « L'équation Sarkozy est très consumériste, explique Pierre Giacometti qui travaille pour lui à IPSOS. C'est : vous avez un problème, Sarkozy le résout[1]. »

En mars 2005, Nicolas Sarkozy organise au Parlement une convention « sociale ». Devant 80 parlementaires de son parti, il est venu expliquer comment il compte faire évoluer le droit du travail, c'est-à-dire le corps de lois héritées de la Résistance qui protègent les salariés français. Le patronat et une grande partie de la classe politique se sont donné pour but de « réformer » le Code du travail, de le « moderniser ». Dans ce cas précis, « moderniser » signifie : pouvoir mettre à la porte un salarié sans avoir à donner de raisons et sans que ça coûte trop d'argent. Problème majeur : l'immense majorité de la population

---

1. « Nicolas Sarkozy, portrait d'un présidentiable », « 90 minutes », avril 2005.

est prête à se soulever pour préserver l'un des derniers acquis du contrat social. Il faut donc être adroit pour présenter les choses.

« Jamais le droit n'a été aussi protecteur, clame Nicolas Sarkozy à la tribune, jamais l'insécurité au travail n'a été plus grande[1]. » D'un mot, il reconnaît l'angoisse majeure des Français. Peur de perdre leur job fixe, peur de se retrouver en intérim, leur temps de travail découpé en petites séquences incertaines, rares, mobiles et sous-payées.

Quelle mesure propose-t-il pour mettre fin à cette anxiété ? Supprimer les contrats à durée déterminée, les tranches de CDD à répétition sont effectivement le socle de la précarité. Généreux... Mais la phrase n'est pas terminée : Nicolas Sarkozy propose aussi d'abroger dans le même temps le contrat de travail à durée indéterminée. C'est-à-dire la seule protection des salariés français contre les licenciements intempestifs. Sa proposition : créer un contrat où le salarié ne sera vraiment protégé qu'après plusieurs années de présence (docile ?) dans l'entreprise. Suprême habileté sémantique : sous l'emballage d'un combat contre l'insécurité sociale, Nicolas Sarkozy vend une énorme injection de précarité dans le monde du travail.

Une formule qui en rappelle une autre.

« LA GUERRE, C'EST LA PAIX ! »

Le slogan de Big Brother. Ce dictateur, mi-homme, mi-média, hante un célèbre roman d'anticipation politique de George Orwell : *1984*. Big Brother est sans doute le premier personnage mythologique des temps modernes. Il naît en 1949, après la Seconde Guerre mondiale, en même temps que la guerre froide et les médias audiovisuels de masse. Le tyran a fondé son pouvoir sur l'image et la peur. Dans chaque foyer d'Eurasia, le pays-continent qu'il gouverne, une télé est allumée en permanence. Tenter de l'éteindre est un crime. Ces millions d'écrans obligatoires émettent mais captent aussi. Distraient et sur-

---

1. *Le Monde*, 17 mars 2005.

veillent. Le dictateur tient Eurasia sous l'emprise de son regard panoptique. Big Brother pourvoit aux besoins de la population. Big Brother a créé un grand ministère de la Vérité où l'on récrit sans cesse l'Histoire. Big Brother a toujours besoin d'un ennemi et d'une guerre pour manipuler l'émotion des foules.

Orwell sait de quoi il parle. Il a plongé la tête dans la gueule des deux grands totalitarismes du XXᵉ siècle, le nazisme et le communisme soviétique. Il a vu ce qu'ils cachaient dans leur tréfonds : l'horreur sans cesse rhabillée par la propagande, la réécriture instantanée de l'Histoire pour la rendre conforme à la version officielle, la maîtrise totale des médias de masse. Il a une vision de cauchemar : une société dirigée non plus par des hommes politiques mais par des technocrates aidés de sociologues spécialisés dans l'étude et la gestion du public. Dans *1984*, il synthétise la formule ultime du contrôle des esprits : associer une idée à une mesure qui est son exact opposé et parvenir à en convaincre les masses. Big Brother martèle trois slogans : « La guerre, c'est la paix », « La liberté, c'est l'esclavage », « L'ignorance, c'est la force ».

À première vue, la vision d'Orwell est à ranger sur l'étagère à napperon des vieux bibelots. Personne ne s'effacera dans la nuit pour quelque parole insolente. Les totalitarismes brutaux, à l'exception de poches résiduelles exotiques, ont disparu. Nous sommes libres, informés et célébrons l'esprit critique.

Pourtant, cette novlangue où les mots se déguisent en leur contraire a envahi notre quotidien sans qu'on y prête attention. Notre époque ne dit plus « licenciements massifs » mais « plan social ». Les exécuteurs ont pour nom « direction des ressources humaines ». Le splendide mot de « mondialisation » dissimule les barbelés Concertina, tranchants comme des rasoirs, qui contiennent la poussée des peuples du Sud, les machines-outils qui partent dans la nuit vers un pays moins cher. Vers les nouveaux parcs industriels du tiers-monde, par exemple, où les ouvriers travaillent comme au XIXᵉ siècle, où il arrive trop souvent que les syndicalistes soient virés ou assassinés. Sur certains des portails d'entrée, il est inscrit : FREE ZONE, zone libre...

Le géant de la biotechnologie américaine Monsanto aime aussi jouer sur les mots. Sa devise : « Nourriture, Santé, Espoir ». En vérifiant sur le terrain, on découvre comment la firme a installé un système de police génétique dans les grandes plaines d'Amérique du Nord et dépossédé les paysans américains et canadiens de la maîtrise de leurs récoltes. Les fermiers sont devenus, selon les termes du contrat confidentiel qu'ils signent avec la multinationale, des « utilisateurs temporaires de technologie » recensés par des cartes à code barre magnétique. Ils se sont engagés à remettre l'ensemble de leur récolte à Monsanto. Si vous soupçonnez votre voisin de tricherie, la firme a mis en place un numéro de téléphone gratuit et anonyme où vous pouvez le dénoncer[1].

Les chômeurs français soumis à des inspections de plus en plus dures et fréquentes, conduisant souvent à des radiations, expliquent qu'à l'ANPE le flicage se dit « profilage » et « aiguillage »[2].

Les mots n'ont jamais autant compté. À Orléans, Florent Montillot, l'adjoint UMP à la sécurité, a transformé la ville en laboratoire sécuritaire. Il a mis en fiches la population pauvre et installé des dizaines de caméras dans la ville. « Je connais l'identité des gens filmés, dit-il très fier, mais attention, ce n'est pas de la vidéo-surveillance, c'est de la vidéo-protection[3]. »

Frank Luntz, responsable d'un « atelier sémantique » au service du Parti républicain américain, a mené bataille pour imposer aux Nations unies de remplacer dans les documents officiels le terme de « réchauffement climatique » par celui de « changement climatique », « moins effrayant », écrit-il dans un mémo[4]. L'inversion du sens est le marqueur presque chimique d'une communication moderne, fluide et réussie. Celle qui sait habiller la domination d'humanisme et de clémence.

---

1. « Une firme maître du monde », « 90 minutes », 6 janvier 2000.
2. *Libération*, 7 janvier 2006.
3. Entretien de Jean-Baptiste Rivoire avec Florent Montillot, mai 2006.
4. *The New Statesman*, 20 février 2006.

Dans les académies militaires américaines, les *psyop* (agents en opérations psychologiques) apprennent ce nouvel art, le *perception management*, la gestion de la perception. C'est désormais une méthode de combat. Car il s'agit bien d'une guerre. Sans doute l'une des plus importantes dans nos sociétés hypermédiatiques : la guerre pour le contrôle de la représentation de la réalité (ce que certains appellent parfois – à tort – la vérité).

Lorsqu'on parvient à déjouer les effets de diversion, de « communication », à examiner ce qui demeure « hors champ », on découvre alors la feuille de route du système : laisser dans l'ombre les agendas cachés, dissimuler une domination illicite, rhabiller un crime de guerre en légitime défense...

Traduction en novlangue : préserver au monde son ordre discret et harmonieux.

1

Guerres, mensonges et versions officielles

« Le langage en politique est conçu pour que les mensonges sonnent vrai, que le meurtre paraisse respectable et pour donner une apparence de solidité à du pur vent. »

GEORGE ORWELL, *Du langage en politique*

Irak : embarqué par l'armée américaine...

Alors que le conflit est officiellement terminé depuis mai 2003, il est toujours impossible de connaître le nombre de civils irakiens tués. Jamais une guerre n'aura été un tel trou noir pour le reste du monde. En Irak, l'armée américaine a inauguré une nouvelle technique de communication : contrôler sans censurer.

Le brigadier général Mark Kimmitt n'a pas un boulot facile. Dans les deux ans qui suivent la chute de Bagdad, c'est lui qui porte la parole officielle de l'armée américaine en Irak. À lui la tâche ingrate de justifier le conflit, jour après jour, alors que s'évanouissent l'un après l'autre les prétextes invoqués. Pas de programme atomique secret, pas d'armes chimiques, pas de virus mortels prêts à être déversés par bidons entiers sur le monde libre. Pis. L'US Army était venue chasser les terroristes d'Irak. Voilà qu'elle les attire comme un aimant. Ils rappliquent par toutes les frontières, créent une nouvelle plate-forme internationale. Ils se fondent dans une population hermétique aux GI's. Et dans le sale brouillard de la guerre, les bavures se multiplient. À Kimmit de s'en expliquer sans jamais se démonter. Soit le brigadier général a des nerfs en acier, soit il se ralentit le système parasympathique aux bêtabloquants. Lorsque ses troupes bombardent un mariage et tuent 45 personnes, en mai 2004, il commence par dire que ses hommes ont tiré sur un regroupement de terroristes. Une vidéo amateur, récupérée par

APTN, vient contredire ses propos : c'était bien un mariage, avec femmes et enfants. 14 gamins ont été tués. Apparemment, il y a eu méprise : pendant les fêtes familiales, en Irak, les hommes tirent en l'air pour exprimer leur joie. C'est une tradition au Moyen-Orient (et en Corse...), les hommes ponctuent leurs émotions – la joie comme la colère – par des rafales de fusils automatiques.

Un peu contrarié, le brigadier général admet alors : « Peut-être bien qu'il y avait un genre de fête. Mais les méchants aussi font la fête[1]. » Interrogé par des journalistes arabes en avril 2004 sur la multiplication des images télévisées de victimes civiles irakiennes lors du bombardement de Fallouja par l'aviation américaine, Kimmitt eut cette déclaration historique :

« Changez de chaîne... Voilà la solution... Regardez une chaîne légitime, honnête et qui fasse autorité... Les chaînes de télé qui montrent des Américains qui tuent intentionnellement des femmes et des enfants ne sont pas des sources légitimes. Tout cela n'est que propagande et mensonges[2]. »

Les cadavres de civils irakiens, ou, plus exactement, les images de ces cadavres sont le principal embarras des forces de la Coalition. Elles exposent toute l'étrangeté de cette guerre mondiale « contre le terrorisme » où les forces américaines doivent sans arrêt imposer leur légitimité. Lorsque trois détenus de Guantanamo se suicident le 11 juin 2006, Colleen Graffy, un spin doctor du Pentagone, déclare à la BBC : « Ils n'avaient pas besoin de se suicider mais c'est sûr que c'est un bon coup de publicité pour attirer l'attention sur eux... » La mort des trois hommes a été qualifiée d'acte de « guerre asymétrique » par un responsable militaire du camp. C'est sur le champ de bataille le plus crucial que ces trois hommes sont tombés. Celui de la communication. L'objectif avoué de Washington dans le monde musulman est de conquérir les « cœurs et les âmes ». En termes moins fleuris : gagner la guerre de la propagande. Dans ce cadre

---

1. Associated Press, 23 mai 2004.
2. *Christian Science Monitor*, 15 avril 2004.

rien n'est fait pour communiquer l'ampleur exacte des dégâts humains. Alors que le monde entier connaît le nombre précis de soldats américains tués et blessés, heure par heure – on peut trouver leurs noms et leurs visages sur un site de l'armée –, deux ans après la cessation officielle des hostilités, nous ignorons toujours combien d'hommes, de femmes et d'enfants irakiens sont morts depuis le début du conflit, en mars 2003. Donald Rumsfeld, secrétaire de la Défense et grand architecte de l'opération Stupeur et Effroi, l'a affirmé : « Nous n'avons pas pour vocation de compter les cadavres[1]. » Les États-Unis sont venus apporter la liberté aux Irakiens. Pas des outils statistiques.

Certains signes laissent néanmoins penser que les pertes sont importantes. En juillet 2004, les chiffres des victimes de décès de l'hôpital Yarmouk de Bagdad indiquaient une multiplication par trente des morts par balles depuis la chute de Saddam Hussein. Sur la base d'éléments épars de ce type, une organisation non gouvernementale indépendante, Iraq Body Count, évalue le total des morts à 30 000 à la fin 2005. Aussi incroyable que cela paraisse, les chiffres de cette ONG, qui n'a pas accès au terrain, qui travaille depuis Londres sur des recoupements d'articles de presse, seront avalisés par le président américain en décembre 2005 pour évoquer pour la toute première fois le chiffre des morts civils irakiens. De là, un doute : seraient-ils sous-évalués ?

Et ce n'est pas la seule question qui reste en suspens. Qui tue qui ? S'agit-il de l'hyperactivité de groupes criminels ? De règlements de comptes ? Des attentats islamistes ? De bavures des forces de la coalition ?

Pourquoi est-ce que personne ne semble parvenir à faire le tri ? Comment une information apparemment aussi simple se révèle-t-elle hors de portée ? On parvient à remettre la main sur Saddam Hussein et la moitié des anciens baasistes, pourtant

---

1. *The Boston Globe*, 8 juillet 2005.

bien cachés, et on continue dans le même temps à ne pas savoir de quoi meurent les civils irakiens...

En septembre 2004, je me rends à Bagdad pour pénétrer cette zone d'ombre. Cette fin d'été voit le conflit s'éclater en mosaïque meurtrière. À l'ouest du pays, les tribus sunnites, toujours fidèles à Saddam, ne désarment pas. Elles semblent entretenues notamment par les Syriens qui ne souhaitent pas voir la situation s'apaiser – trop peur d'être les suivants sur la liste. Fallouja, au sud-ouest de Bagdad, est devenu une *no-go area* que se partagent une vingtaine d'émirs salafistes. Les chiites radicaux, partisans d'un imam replet et ténébreux, Moqtada Al-Sadr, font feu sur les troupes américaines en plein cœur de Bagdad. Ces groupes armés ne s'épanouiraient pas sans un soutien massif de la population.

L'avion qui assure la liaison entre Amman, la capitale de la Jordanie, et Bagdad est rempli de journalistes, de mercenaires et de Roumains encore éméchés de la veille. Pour une petite fortune en dollars, ils viennent risquer leur peau à conduire des engins de construction. Mon siège se trouve juste à côté de la sortie de secours. Le steward, un Anglais légèrement débraillé qui garde son sens de l'humour et une pointe d'accent cockney, m'explique personnellement, les yeux dans les yeux, comment ouvrir la porte en cas de problème. Il désigne la manette rouge, mime le geste pour désarmer, tout ça ponctué de petits « pigé ? ».

L'appareil s'est posé d'une manière étrange. Il a tournoyé en piqué dans le périmètre étroit de l'aéroport. Le but est de rester hors d'atteinte d'un tir de missile sol-air. L'avion est aujourd'hui le seul moyen raisonnable d'atteindre Bagdad. En avril 2003, j'avais emprunté l'autoroute depuis Amman. Ce n'est plus une option. Le tronçon entre Ramadi et Fallouja est réservé aux *adrenalin junkies*.

Dans le hall désolé de l'aéroport de Bagdad, une poignée de militaires irakiens agités tamponnent des visas dans un ordre mystérieux. Un bagagiste dégoulinant de sueur se propose de me conduire jusqu'à l'hôtel pour quelques billets. La route de l'aéroport est un sale endroit. Derrière les murs des premières maisons, se dissimulent trop souvent des hommes armés. En deux ans, les Américains n'ont pas réussi à sécuriser ce tronçon de dix kilomètres d'autoroute en plein milieu de la capitale.

Cinq minutes à peine après nous être engagés, un attentat. Une voiture piégée s'est lancée contre un blindé américain. Sa carcasse, couchée sur le flanc, fume encore. Le souffle de l'explosion l'a propulsée sur le rail central de l'autoroute. Le sol, noirci par l'huile, le carburant et les flammes, est jonché de centaines de débris métalliques. Nous sommes arrêtés par les GI's venus protéger les secours. Un soldat fait un signe de la main aux automobiles qui s'approchent doucement. Il ouvre la paume et ferme le poing. Ouvre la paume et ferme le poing. Les véhicules, bien que ralentis, continuent d'avancer, se serrent sur la droite, espérant contourner les GI's. Personne ne souhaite traîner trop longtemps auprès des Américains quand ils sont immobilisés. Ils deviennent une cible facile. « Faut se tirer d'ici », murmure mon chauffeur. Tout doucement, nous obliquons avec les autres. Le soldat hurle : « Stop ! » À dix mètres, je le vois trembler. Il est rouge. Il a chaud sous son barda de hanneton blindé. Son regard est dissimulé derrière ses lunettes antibalistiques, je ne sais pas s'il est furieux ou s'il a peur. Il lève son M16. Le braque sur l'embouteillage. Prend en joue une voiture, puis l'autre, puis une autre encore... ça y est je vois ses yeux : nous sommes tous des enfoirés d'Irakiens et n'importe quelle putain de voiture peut sauter à tout moment. Mon chauffeur s'arrête. La sueur perle sur son front. « C'est très dangereux, gémit-il. Si une seule avance, il va tous nous arroser... » Je regrette soudain d'être ici. Aussi vulnérable. Vénéneuse, la peur dilate l'imagination et ralentit le temps. Mes choix se rétrécissent : une bavure américaine ou un Irakien en sandales accroupi quelque part derrière un trou du mur, armé d'un RPG et tentant d'ajuster son tir... Un officier finit par venir calmer le soldat. Au bout d'interminables minutes, nous aurons l'autorisation d'avancer mais, nous dit-on, l'autoroute est bloquée par les secours. Nous sommes obligés de sortir par la bretelle. Il faut traverser la banlieue de Bagdad pour atteindre l'hôtel. Très mauvais plan. Il y a pire que l'autoroute de l'aéroport, il y a les quartiers périphériques de Bagdad. Mon chauffeur me lance une vilaine grimace, comme si, sur mon visage trop pâle, s'inscrivait : « Cible légitime ». En quarante minutes de trajet, nous entendrons deux explosions. Sur une voie rapide, alors que nous roulons près d'un camion, un flap-flap-flap insistant semble indiquer une grosse crevaison. J'ai beau regarder, les pneus du camion sont bien ronds. Le bruit se fait plus perçant et nous comprenons soudain qu'il vient d'une escarmouche à la kalachnikov devant nous, des deux côtés de la route. Juste avant de nous retrouver en plein milieu de la ligne de feu, d'un coup de volant réflexe nous plongeons vers une rue sur la droite ; là, un mystérieux mortier venait de tomber sur une petite foule d'Irakiens, ils s'agitaient, indignés, autour d'une mare de sang gluant. Aux poches d'enfer succédaient d'insolites oasis de calme. Dans certaines rues de Bagdad, comme Karada Street, la vie semblait normale, presque tranquille, avec des passants qui déambulaient, des magasins ouverts. Des femmes flânaient en regardant les vitrines, des paquets à la main. La vie, têtue, voulait revenir.

Comment les journalistes travaillaient-ils dans un tel chaos ? Mal, je n'allais pas tarder à le découvrir. L'État est une fiction qui passe à toute vitesse en voiture blindée et le danger bien réel coagule dans les rues. Des bandes de kidnappeurs rôdent. Chaque Occidental représente des millions de dollars. Des journalistes irakiens sont tués. Par les islamistes ? La résistance ? Des bandits ? Impossible de le savoir. Des zones entières de la ville et du pays sont hors limites pour la presse. Le Journalistan bigarré qui s'était installé à l'hôtel Palestine en avril 2003 a disparu. Le grand hall désert semble presque hanté. Le gros de la troupe est reparti. Ceux qui restent serrent les dents. Les Anglo-Saxons n'ont pas l'autorisation de sortir en dehors des embarquements dans les opérations de l'armée américaine. L'équipe de CNN, protégée par des mercenaires massifs, vit barricadée dans un local blindé au sein de l'hôtel Palestine. La zone est contrôlée par l'armée mais les mortiers irakiens viennent parfois la prendre pour cible. Les Européens bricolent, gèrent le péril au jugé. Les télés françaises jonglent avec les réticences de leur rédaction en chef. Les consignes strictes – « Surtout ne prenez aucun risque... » – nourrissent les ricanements au dîner du soir. Les sorties sont préparées en opérations commandos. France 3 réussit quelques coups. Grâce à l'astuce de Salah Al-Agrabi, un de leurs journalistes parfaitement arabophone, l'équipe de Caroline Sinz parvient à réaliser un reportage bouleversant sur un hôpital pour enfants. Pour se déplacer, Caroline, très blonde, doit se déguiser en Irakienne. Un *hidjab* et la tête basse.

Chacun cherche à fuir l'ersatz de journalisme que la situation voudrait imposer. Comment rendre compte de cette guerre invisible qu'on entend de nos fenêtres, là, dehors : les détonations plus ou moins lointaines, constantes, les explosions sur lesquelles on ne sait rien ? Un déséquilibre évident s'installe. Dans ce contexte, les sources d'information auxquelles on a accès le plus simplement sont celles de la Coalition.

À partir de 2004, des moyens colossaux sont mis en œuvre par les Américains. Une ligne budgétaire de 300 millions de dollars est ouverte pour contrôler l'information. La tâche est confiée au Lincoln Group, une entreprise privée qui place des articles de propagande dans les journaux irakiens. Chaque papier est payé près de 1 000 dollars. Des journalistes irakiens sont achetés. Des « porte-parole temporaires » aussi. Des sujets télévisés sont fabriqués par les services de communication du Pentagone[1]. On y voit de souriants Irakiens remercier le président Bush pour son intervention. Ces reportages que rien ne signale comme de la propagande sont parfois diffusés sur les chaînes régionales américaines. Les services d'action psychologique du Pentagone, appelés Task Force pour la communication stratégique, admettent vouloir influencer l'ensemble de la presse mondiale. Ils ont élaboré une stratégie : « Nous devons développer des messages alternatifs qui fassent diversion et

---

1. *The New York Times*, 13 mars 2005.

détournent l'attention du public et des médias des mauvaises nouvelles du jour[1]. »

Ça ne marche pas vraiment. À quelques exceptions près, les journalistes restent très critiques vis-à-vis de l'action américaine en Irak. « Le pire sur l'Amérique et nos soldats semble être vite pris pour une vérité par la presse et diffusé dans le monde entier[2] », s'alarme Donald Rumsfeld. Pour les Américains, la contre-attaque médiatique est vitale. Les attachés de presse en uniforme sont formés à répondre aux demandes en un temps record, avec des formules trop enthousiastes pour ne pas être réglementaires : « Merci de vouloir partager avec nous le travail magnifique et le sacrifice que les troupes de la Coalition réalisent pour la reconstruction d'un Irak démocratique. » Dès le premier échange, on vous appelle par votre prénom. Les points de presse sont réguliers et affichés. Les porte-parole de l'US Army sont rompus au feu roulant des questions, même gênantes. Quand le sujet devient embarrassant, ils recrachent des réponses laconiques suivies de rapides : « Question suivante... » En 2004, le message à marteler est : *La situation est en cours de stabilisation, le processus démocratique et la reconstruction de l'Irak progressent chaque jour.* On oublierait presque qu'à quelques mètres de la zone verte, il n'y a plus de police, plus d'État et que chacun craint pour sa vie.

Pour ne pas répéter sans recul les diverses versions officielles, les journalistes multiplient les acrobaties. Les médias fortunés payent des Irakiens pour aller chercher l'information, risquer leur vie. D'autres se moulent dans le système et se limitent à un genre professionnel très prisé en Irak : le journalisme de terrasse d'hôtel. En gros, le journaliste passe son temps entre sa chambre et la terrasse de son hôtel. Là, une caméra enregistre sa chronique avec – très important –, derrière lui, le dôme d'une mosquée qui donne le cachet de la vérité.

On ne peut reprocher à qui que ce soit de ne pas sortir dans

---

1. Rapport confidentiel cité par le *New York Times*, 30 novembre 2005.
2. *USA Today*, 14 decembre 2005.

ces rues brûlantes. Mais le journalisme de terrasse ne livre jamais les conditions dans lesquelles il est élaboré. Il est par définition partiel et semi-aveugle. Quand l'armée américaine assure avoir liquidé « 150 insurgés », combien de civils sont mêlés à ces « combattants » ? Trop souvent le journaliste de terrasse se contente de reproduire la communication officielle sans expliquer honnêtement à ses auditeurs : de toute façon, je suis coincé à l'hôtel et ils pourraient déclarer qu'ils ont capturé des Nord-Coréens ou retrouvé Elvis, je serais bien incapable de vous dire si c'est vrai ou si c'est faux...

À la décharge des journalistes de terrasse, sortir de l'hôtel est une épreuve dont on se passerait bien. On se jette dans les rues en retenant sa respiration, d'un petit coup sec comme on se lance d'un haut plongeoir à la piscine. Sans un *fixer* nous ne sortirions pas. Un fixer, c'est à la fois un guide et un traducteur. Il connaît la ville et conserve quelques numéros de téléphone magiques dans la mémoire de son portable. Il sait parler longuement, en cercles concentriques, pour rassurer les plus farouches. Le mien s'appelle Mohamed. Il a le même âge que moi mais avec sa moustache noire, ses lunettes, sa Peugeot et son français à l'accent qui tache, il me rappelle mon père. Sans doute sommes-nous nombreux parmi les journalistes à nous sentir enfants devant ces hommes qui tiennent notre vie entre leurs mains. Chiite, ancien officier de l'armée de l'air de Saddam Hussein, Mohamed se déplace avec la prudence voûtée d'un chat. Contre la peur qui l'enrhume, il lutte avec diverses pilules et un toussotement permanent. Il gare sa voiture dans une petite rue derrière l'hôtel. Son regard scanne en permanence ce qui nous entoure. Concentré sur son volant, il zigzague dans les embouteillages en esquivant l'immobilité, source de tous les périls : « C'est comme une saloperie de videogame. Et plus la journée avance, plus c'est dangereux... »

Je me suis fabriqué une allure d'Irakien : barbe noire bien taillée, chemise achetée sur un marché local et pantalon anonyme. Surtout pas de treillis sable, ni de sac Porta Brace qui trahissent le journaliste étranger. Ma caméra est planquée dans un très vieux sac. Armés de ces pauvres ruses, nous parcourons les rues de Bagdad, tous nos sens en éveil. La ville est frappée d'une étrange pathologie. Les regards traquent et décodent sans repos. Nous sommes tous sémiologues paranoïaques. Ce garde de sécurité privé a soudain zoomé sur moi, il me scrute trop longuement... Dans le rétroviseur depuis deux blocs, une Volvo blanche avec quatre hommes. Cette rue est trop vide. Là, des hommes armés...

Travailler avec méthode dans un tel climat est difficile. À Bagdad, les événements ont tendance à vous percuter. Désorganiser vos plans.

Le 14 septembre 2004, alors que nous roulons vers un rendez-vous, une énorme explosion fait vibrer la ville. Une voiture piégée vient de sauter au milieu d'une centaine de candidats au recrutement alignés devant l'école de police de Haifa Street, le quartier du danger maximal. Couverts d'une poussière ocre, les immeubles à arcades, laids comme le béton, semblent avoir été construits dans les années 70 par les architectes flemmards d'une banlieue marseillaise. Derrière, il y a des venelles sales, des taudis et des hommes en colère qui peuvent tirer au RPG, en plein jour, sur le moindre blindé. Pour les Américains, la rue Haïfa, peuplée d'une alliance meurtrière de salafistes, de wahabites et d'anciens partisans de Saddam, se dit Death Street, la rue de la Mort.

Nous arrivons sur les lieux dix minutes après l'attentat. Les survivants, choqués, noircis par l'explosion, sont saisis d'une sorte de transe. Ils hurlent en levant les bras au ciel. Désignent les hélicoptères Apache qui tournent en cercles concentriques au-dessus de nous. Il y a un cratère d'un mètre cinquante de profondeur. Odeur d'huile brûlée, d'essence et de sang. Ici une rangée de côtes accrochée à un moignon de bras. Là, une demi-mâchoire. Cette chose ressemble à une cage thoracique écartelée, le souffle de l'explosion l'a nettoyée de ses viscères. Parfois, il reste de vraies moitiés d'hommes, massives, des troncs sans tête, aux extrémités déchirées, écharpées, informes et sanguinolentes. Transbahutées par les brancards, elles remuent comme une vilaine gelée. Les corps arc-boutés par l'intense chaleur des flammes se sont raidis dans une dignité grimaçante et charbonneuse. Ce qu'il reste de chair rougeâtre sous le noir brûlé évoque un horrible méchoui. Je filme en sachant que je ne pourrai rien diffuser de tout cela. Je filme pour me réfugier derrière le viseur de la caméra. Content d'avoir quelque chose à faire, un filtre entre ma mémoire et ces corps à l'intégrité pulvérisée. Un attroupement m'encercle et crie. À part une télé arabe, nous sommes les seuls journalistes présents. On m'agrippe, on m'attrape, on me désigne en hurlant des lambeaux humains accrochés aux branches d'un arbre. Les hélicoptères Apache tournent au-dessus de nos têtes. Et des Irakiens crient : ils ont tiré un missile, les morts sont des martyrs. Un type répète en boucle, sa voix rauque d'avoir tant crié : Shahid ! Shahid ! Shahid ! Martyrs... Il se trompe ou il veut manipuler leur émotion. Le seul moyen de refroidir la foule qui m'entoure est de baisser la caméra et de quitter le cercle à reculons.

Soudain arrive un cortège d'hommes armés. Au centre, Falah Al-Naqib, le ministre de l'Intérieur du gouvernement provisoire irakien. Son escorte est prise à partie. On lui demande d'accuser les forces de la Coalition. « Regardez, monsieur le ministre, vous voyez, c'est l'hélicoptère qui a fait ça, n'est-ce pas ? »

Le ministre fait une déclaration rapide devant les caméras : les auteurs de ce crime seront châtiés, le gouvernement restera maître de la situation. Ses yeux disent exactement le contraire. En un an les groupes armés ont abattu près de 700 policiers[1].

L'homme au tee-shirt maculé de sang s'est approché. De sa voix éraillée, il hurle que le gouvernement provisoire ne vaut rien, qu'il préférerait un dictateur, un ivrogne même s'il le faut, mais quelqu'un qui fasse régner l'ordre, comme avant. Devant ces imprécations, le ministre et son escorte vont fuir. Se réfugier dans l'enceinte de l'école de police. Haifa Street est de nouveau livrée à elle-même. Hier un char américain a été détruit tout près d'ici par une roquette de la résistance. N'im-

---

1. Jean-Luc Marret, *Les Fabriques du jihad*, PUF, 2005.

porte quoi peut arriver à tout moment. Il faut partir. Pour éviter les enlèvements, il est vital de ne rester jamais plus de quinze minutes au même endroit.

La nouvelle tombe à la radio quelques heures plus tard. Il y a eu 47 morts dans l'attentat. Ceux-là au moins sont recensés. À quelques rues de là, dans l'après-midi, nous en verrons encore deux. Peu de victimes. Le kamikaze et trois personnes. La routine. Toujours la même revendication : Abou Moussab Al-Zarqawi... Je tique. Comment le même groupe peut-il produire jusqu'à vingt attentats par jour ? Il faut trouver des kamikazes à la chaîne, des explosifs en masse, équiper des voitures... C'est une logistique impossible. Deux ans plus tard, l'armée américaine reconnaîtra qu'elle surjouait l'importance de Zarqawi. Le Jordanien est un étranger en Irak et il concentre plus facilement sur lui les ressentiments de la population. Il existait un programme visant à le surdimensionner : le « Zarqawi psyop program », son but avoué : « Faire de Zarqawi le pire des vilains/susciter une réaction xénophobe[1] » des Irakiens. Le Jordanien ne démentira jamais rien, sans doute trop heureux de ce soutien publicitaire gratuit offert par ses ennemis. En juin 2006, les forces américaines mettront fin à sa carrière avec deux bombes de 500 kilos...

Dans les rues dangereuses de Bagdad, la tentation est grande de coller aux GI's. Le blindage épais de leurs véhicules fait envie. Les soldats américains que nous croisons semblent survoler le chaos. Légèrement absents à ce qui les entoure, ils sont entièrement concentrés sur leur survie. Ils refusent de nous parler tant que nous n'avons pas d'accréditation officielle.

Je décide de commencer mon enquête côté américain.

Je me rends dans la zone verte. La zone fortifiée contrôlée par les forces de la Coalition. C'est une ville dans la ville plantée en plein milieu de Bagdad. Après les multiples barrages de sécurité, je pénètre dans un autre pays. Je me sens soudain beaucoup mieux. Mes yeux cessent de balayer le moindre recoin. Ma tension artérielle retombe de plusieurs points. C'est

---

1. « Military plays up role of Zarqawi », *The Washington Post*, 10 avril 2006.

propre. Ordonné. Rassurant. C'est écrit en anglais partout. Chacun est identifié par un badge. Les femmes sautent aux yeux. Leurs cheveux qui dansent. Certaines sourient. Il y a des gros aussi. Des postérieurs massifs. Il y a des magasins, des églises, des temples, des restaurants, des cafétérias... Chaque jour un convoi ininterrompu de semi-remorques sillonne la route la plus dangereuse de la planète, Amman-Bagdad, pour venir apporter ici des hamburgers, des sodas, du papier toilette et des pizzas surgelées... La civilisation. Ce morceau d'Amérique vit comme si le dehors n'existait pas. Le pays qui a inventé la *gated community*, l'ensemble urbain sécurisé, a transporté le modèle à Bagdad. Ici comme dans la San Fernando Valley, en Californie, on se protège des hordes hostiles qui rôdent dans les rues. Les murs antiblasts, ces drôles de blocs de béton, larges à la base, s'affinant vers le sommet, ont été conçus pour diffuser et amoindrir le souffle des détonations. Derrière les remparts, on se sent entre soi. Malraux s'est trompé. Le XXIᵉ siècle n'est pas seulement religieux, c'est aussi le siècle des murs.

Au premier étage d'un grand bâtiment saddamiste recyclé, se loge le service de presse des armées. Je sollicite une incorporation avec une unité combattante de Bagdad. Le chargé de communication, un officier américain blond, court sur pattes et monstrueusement body-buildé, me fait savoir qu'il préférerait que j'intègre une brigade en province, pendant plusieurs jours, une semaine, c'est le tarif de base. J'insiste. Je veux voir comment travaillent les soldats américains dans une capitale livrée aux bombes et aux combats en plein milieu d'une population civile. L'officier soupire. Il a très bien compris ce que je cherche. Je ne dois pas être le seul, il a l'air blasé.

Deux jours après, je reçois un coup de téléphone. L'armée me donne rendez-vous pour le lendemain. À Check Point One... Où diable est Check Point One ? L'officier que j'ai en ligne ne sait pas me le dire. Il me donne un numéro de cote à cinq chiffres qui correspond à un plan d'état-major. Je lui explique que je me trouve près de l'hôtel Palestine, un des lieux les plus connus de la capitale irakienne. C'est là notamment qu'ont été filmées les images d'Irakiens brisant la première statue de Saddam, à l'entrée des soldats américains dans Bagdad... Je pense lui donner ainsi un point de repère majeur. Je me trompe. Il n'a aucune idée d'où se trouve l'hôtel. Il n'en a jamais entendu parler. Je découvre au cours de notre conversation qu'il détient une sorte de plan parallèle de la ville où des avenues ont été rebaptisées avec des noms américains. « Demandez à d'autres journalistes, finit-il par lâcher, ils sauront vous indiquer. C'est toujours là qu'on leur donne rendez-vous... »

Le lendemain, premier jour d'incorporation dans l'armée américaine. Le chargé de presse qui nous accueille est impeccable. Check Point One se trouve sur la route de l'aéroport, près d'une base de la taille d'une petite ville de province, peuplée de mobile homes alignés serrés les uns contre les autres et de blindés.

Ce matin même, nous partons en patrouille avec un groupe de Hummer, des jeeps blindées. Les GI's sont polis, sans plus. N'apprécient pas vraiment d'avoir un journaliste à leurs côtés. Ils se harnachent. Gilets pare-balles avec plaques en céramique, devant, derrière. Casques. Gants de feutre gris. Lunettes antibalistiques qui protègent les yeux contre les éclats métalliques. Ils pénètrent dans leur véhicule hermétiquement blindé. L'Irak est une réalité virtuelle dont une série d'écrans les séparent. Ils suent. Transportent 40 kilos de matériel. Chaque Hummer dispose d'une glacière qui répand de l'eau et des glaçons dans les virages. Le mitrailleur, le plus exposé, plisse les yeux. Sa lèvre inférieure est gercée à force d'être mordue. Il cherche le moindre remblai qui pourrait cacher une IED, *improvised explosive device*. Ils vivent dans l'obsession de ces bombes artisanales de bord de route. L'arme majeure de la résistance. Jeffrey, le pilote, un gars de Brooklyn assez sympathique, m'explique qu'il n'a jamais tiré un coup de feu mais qu'il compte déjà quelques morts ou amputés parmi ses copains : « Ils planquent leurs bombes n'importe où, dans les arbres, dans des animaux morts, des pneus, des vieux cartons... ça vous pète à la gueule avant que vous ayez compris ce qui se passe... »

Les soldats ont peur. Tout le temps. Chaque sortie peut être la dernière. Cette peur est communicative.

Aujourd'hui, nous allons livrer trois ordinateurs dans un poste de police. Le lieutenant qui dirige l'opération semble réciter un texte appris par cœur : « Nous travaillons à la reconstruction du pays. Le processus démocratique est en place. Nous venons en aide à de nombreuses écoles par ici... Nous avons un bon contact avec la population. »

En quittant le quartier, nous nous trompons de chemin. Nous débouchons sur une cour remplie d'enfants. Dans l'écran du pare-brise antiballes, je vois les gosses détaler en criant, paniqués. Mon équipage s'énerve. La marche arrière n'est pas facile dans ces rues étroites. « Il ne faut jamais s'immobiliser... » Engoncé comme eux dans un gilet pare-balles trop lourd, j'ai du mal à me retourner. Sentiment d'être emprisonné dans du métal qui ne parviendra pas à arrêter l'explosion en cas de mine. Les Irakiens ne sont plus que des silhouettes forcément menaçantes derrière ma vitre blindée, sale, étoilée par l'impact d'une balle de kalachnikov.

Dans l'après-midi, nous changeons d'équipe. Le capitaine qui dirige la colonne, Josh Ishibashi, un Nippo-Américain, est bizarrement jovial. Il parle un anglais impeccable (il y a dans les troupes américaines des accents *lumpen* issus des profondeurs des ghettos ou des ténèbres Hillbilly de Pennsylvanie que la télévision de masse n'a pas réussi à réduire). Nous partons écouter le prêche de la mosquée. Nous prenons position à cent mètres et un traducteur masqué note tout ce que dit l'imam. Nous venons prendre la température de la population. « Écouter ce que disent les *bad guys*... » Les méchants. C'est toujours ainsi que les soldats américains nomment les insurgés irakiens. Ils parlent comme mon fils. Mon fils a six ans.

Au bout de vingt minutes près de la mosquée, on nous tire dessus. Un unique coup de feu. Une arme de petit calibre d'après le bruit. Les GI's se mettent en position de combat. Ils engagent une balle dans le canon. L'un d'entre eux a cru discerner quelqu'un dans la maison qui est juste en face. En réalité, il est impossible de dire d'où vient le tir. Je m'attends à un déluge de feu indiscriminé mais le capitaine Ishibashi ne donne pas l'ordre de répliquer. « Ils veulent nous dire qu'ils ont des armes, nous aussi on est armés... » Entre nous et les GI's, l'atmosphère se détend. Premières blagues. Premiers sourires. Nous nous sentons en sécurité avec eux. Steven, le journaliste d'Associated Press qui nous accompagne, un Néo-Zélandais charmant d'une cinquantaine d'années, chantonne, en pleine régression : « *We're in the army now...* » Hier, son équipe a été prise pour cible par un mortier et un éclat est venu lui érafler le bras. Nous commençons tous à être envahis par le syndrome de l'*embeddment*. Une empathie puissante pour ces jeunes militaires, pas vraiment fous de guerre, pressés de retrouver leur vie d'avant. Ils tentent tant bien que mal de rester vivants d'un jour à l'autre. Terriblement humains. Comme nous...

L'incorporation des journalistes dans les unités combattantes est un coup de génie des conseillers en communication de Washington. Près de 2 000 reporters, principalement anglo-saxons, ont partagé le danger, la peur, la peine et le courage des Marines lors de leur avancée sur Bagdad. Ils ont pu filmer les combats au plus près. Envoyer presque en direct les premières images des militaires pénétrant dans les palais de Saddam Hussein.

L'idée vient de Hollywood.

L'embeddment a d'abord été testé en Afghanistan par un tycoon du cinéma d'action : Jerry Bruckheimer[1]. La spécialité de Bruckheimer, c'est la fantaisie héroïque. Il a produit *Top Gun* et *La Chute du faucon noir*. Pour ce dernier film qui relate le sacrifice d'une vingtaine de Marines en Somalie, il a même obtenu (et c'est une première) la participation directe de l'armée américaine. Bruckheimer est devenu un ami personnel de Donald Rumsfeld, le M. Guerre de George W. Bush. Il organise des projections privées de ses films au Pentagone. Il est le metteur en scène de l'épopée néoconservatrice. Son engagement paye. Ses

---

1. *The Guardian*, 22 mai 2002.

films ont rapporté plus de 12 milliards de dollars. Des recettes qui font de lui l'homme le plus riche du cinéma mondial.

Quand en 2001, juste après les attaques du 11 Septembre, le gouvernement américain prend la décision d'attaquer l'Afghanistan, l'accès des journalistes aux troupes est très restreint. Depuis le Vietnam et ses icônes de *boys* ensanglantés qui ont changé le cours de l'opinion, les autorités américaines se méfient de l'impact des images de presse. Mais Bruckheimer, grâce à ses excellentes relations au sommet de l'État, obtient l'inimaginable. L'autorisation de réaliser un « feuilleton du réel », un show de télé-réalité avec une unité de soldats américains sur les traces de Al-Qaida en Afghanistan, une sorte de Koh Lanta à balles réelles. Son titre : « Portraits depuis la ligne de front ». Il sera diffusé par ABC, une chaîne du groupe Disney, à l'été 2002. Les journalistes de la rédaction de ABC fulminent. Leurs demandes d'autorisation de tournage sont refusées par l'armée et c'est la branche « Divertissement et jeux » qui ramasse la mise... Soupe à la grimace dans les couloirs. Les requins du département « Entertainment » de ABC exultent. Après « Êtes-vous chaude ? », blockbuster trash de la real TV qui leur a valu des seaux de crachats, les voici sur les traces des grands de la propagande de guerre. Le feuilleton s'affiche comme une œuvre « patriotique par nature ». Bruckheimer la définit comme un « hommage à nos militaires ». Les journalistes de la chaîne ont fini par porter plainte contre les dirigeants de la branche « Divertissement » de leur propre chaîne pour ce qu'ils estiment être un mélange des genres détruisant l'indépendance éditoriale[1]. Soumise à de fortes pressions internes, la direction de ABC ne laissera d'ailleurs pas Bruckheimer répéter l'opération en Irak.

Qu'importe. « Portraits depuis la ligne de front » a rempli son rôle historique : ouvrir les yeux à l'administration américaine. Voilà la nouvelle référence en matière de communication de guerre. Le feuilleton de Bruckheimer, saturé de flashes-back au ralenti sur les Twin Towers qui s'écroulent, en fait la preuve :

---

1. *LA Times*, 22 février 2002.

quand l'Amérique est attaquée, le public s'identifie à ses soldats. Les journalistes en sont le vecteur. Partager un danger crée un lien affectif puissant, une identification. Cette même proximité gomme le sens critique. Comment être désobligeant avec quelqu'un de si proche ? Pourquoi trahir son frère ?

« C'est formidable, commente la spécialiste des relations publiques pour l'armée américaine, Katie Delahaye Paine. Plus la relation que nous avons avec les journalistes est bonne, plus nous augmentons nos chances que le journaliste s'approprie et diffuse notre message. Et maintenant nous avons des journalistes qui se font des dizaines, voire des centaines de nouveaux amis dans les forces armées. [...] Résultat : la plupart des reportages envoyés du terrain (pour ne pas dire tous) contiennent des messages clés que le département de la Défense veut communiquer[1]. »

Les règles de l'embeddment sont claires. Les journalistes vivent librement aux côtés des soldats. Ils peuvent rester aussi longtemps qu'ils le souhaitent. Ils s'engagent à ne jamais filmer les soldats quand ils sont blessés ou morts. Officiellement pour que les images ne puissent pas choquer les familles restées au pays. En réalité, c'est une censure permanente. Il faudra attendre octobre 2004 pour que les premières photographies de cercueils fassent leur chemin jusqu'aux unes des journaux. Détail important : ces images n'ont pas été prises par un photographe de presse. Ce sont des documents officiels de l'armée américaine obtenus par un universitaire, Ralph Begleiter, via une procédure de déclassification à travers le Freedom of Information Act. Et, surtout, l'embeddment est régi par une règle cardinale, non dite et non écrite : on ne passe pas de l'autre côté.

De retour à l'hôtel, je raconte notre expérience à Arturo de Lara, un cameraman free-lance sous contrat pour CNN. Il travaille exclusivement en incorporation. « Une fois, dans une patrouille de nuit à Sadr City, on a vu aux jumelles thermiques un Irakien qui s'apprêtait à nous tirer dessus. Une journaliste s'est mise à crier : Descendez-le ! Descendez-le vite ! Alors

---

1. http ://www.themeasurementstandart.com/issues/405/favs/painemilitary.asp.

qu'en privé, elle était contre l'intervention en Irak... Tu réagis avec tes tripes. Ta survie dépend d'eux. Et je ne suis jamais allé de l'autre côté. Ça me révolte mais je n'ai aucune idée de ce qui se passe chez les Irakiens. Je ne connais pas l'étendue des dégâts, je ne sais rien. Essayez, vous qui êtes français, ça se passera peut-être mieux... »

En septembre 2004, la guerre a lieu à moins de cinq kilomètres de notre hôtel. À Sadr City, les chiites de l'armée du Mahdi accrochent les Américains en plein milieu de rues peuplées de civils. Le quartier continue à vivre entre les escarmouches. Pour pénétrer cette zone de guérilla urbaine, il suffit de rouler dix minutes. Les blindés américains tiennent l'une des avenues qui donnent accès au quartier. Les Irakiens empruntent un itinéraire alternatif à travers des ruelles boueuses. Je ne vois pas de traces de bombardements lourds. Les façades sont criblées, des épaves brûlées jonchent la chaussée, mais il n'y a pas d'immeubles éventrés ni les cratères géants des mégabombes larguées par les B52. Les voitures vont et viennent. Tout habillés de noir, les miliciens chiites, hérissés de kalachnikovs et de lance-roquettes, contrôlent les carrefours. Chaque incursion diurne des blindés américains est accueillie par des tirs. Il y a quelques semaines, une patrouille américaine a été anéantie : huit morts.

À un checkpoint de l'armée du Mahdi, on me demande mon identité.

« Journaliste ? Français ! Ah bah, on va t'enlever alors... »

C'est de l'humour... À cause des deux otages Chesnot et Malbrunot... Personnellement, je ne trouve pas ça terriblement drôle mais je souris tout de même, par politesse.

À Sadr City, rien n'a changé depuis la chute de Saddam, les rues sont toujours aussi sales, les égouts éventrés forment de petits lacs dans lesquels les voitures s'enfoncent jusqu'à mijante. Les canalisations sont trouées et les égouts viennent contaminer l'eau du robinet. 15 % des enfants meurent avant d'atteindre l'âge de cinq ans. Et 61 % des hommes sont au chômage. Les troupeaux de moutons aux toisons loqueteuses fouillent leur pitance dans les tas d'ordures le long des larges avenues.

Malgré leur niveau de combativité très élevé, en 2004, les chiites ne sont pas encore dangereux pour les reporters occidentaux. Beaucoup moins paranoïaques que les résistants sunnites de Fallouja. Nous prenons un premier contact dans une mosquée. Elles sont le centre d'un pouvoir parallèle. Un imam est en train de distribuer leurs salaires aux éboueurs. Quelques jeunes nous encerclent, émettent un soupçon à notre égard : « *Moukhabarat ?* », espions... Ils sont houspillés par un religieux. Le doigt levé et le sourcil farouche, il leur intime de traiter les étrangers avec respect. Il suffira de deux visites et de palabres courtoises autour de verres de thé trop sucré pour obtenir l'autorisation de tourner avec les résistants du quartier. Première surprise : leur direction politique souhaite que des journalistes occidentaux soient présents... Ils veulent que nous témoignions des souffrances des populations civiles, disent-ils. Sadr City a été abandonnée par les médias depuis longtemps. On m'accompagne jusqu'à la maison de l'homme qui sera mon contact : Ahmed. Il m'accueille avec un sonore « *Welcome ! Welcome ! Welcome !* », en ouvrant les bras. Avec lui, je peux filmer les combattants. Me voilà incorporé dans l'armée du Mahdi...

Ahmed me fait visiter le quartier. Je suis frappé par la lenteur de ses gestes et la mobilité de son regard. Même si la résistance contrôle les axes majeurs, il n'existe pas de zone totalement sécurisée. En plein après-midi, je filme un groupe de jeunes en train d'enterrer une mine antitanks au milieu d'une avenue. Ils ne se cachent pas. Les voitures, à peine ralenties, les contournent. Les voilà ces fameuses bombes que craignent tant les soldats américains. Celle-ci, de la taille d'une petite cocotte-minute, peut détruire un char et tous ses occupants. Les jeunes Irakiens déroulent une bobine de fil électrique reliée à une batterie automobile. Au passage du blindé, il leur suffira de faire contact. « On va leur cramer leur mère, aux Américains », chantonnent-ils. Ils arment leur piège mortel en riant, comme s'ils préparaient une bonne farce.

Ahmed est un ancien lieutenant-colonel de l'armée de Saddam Hussein. Trapu, revêtu de la chemise à carreaux des baasistes, il est une fraîche recrue de la résistance. Il confirme mon intuition. Les pertes dans la population civile, les bavures des soldats américains leur ont fabriqué une quantité industrielle d'ennemis.

« En 2003, quand les Marines sont arrivés aux portes de Bagdad, m'explique-t-il, je dirigeais une ligne de défense irakienne. J'ai déserté, j'ai passé la ligne de front et je suis allé voir les Américains. Je leur ai raconté tout ce que je savais sur ce qui se trouvait en face. J'ai fait l'aller et retour plusieurs fois, je suis devenu leur espion. Vous savez pourquoi j'ai fait ça ? Je détestais cette ordure de Saddam ! Il a tué tant de chiites, de Kurdes... Nous vivions dans la terreur. Je ne rêvais que d'une chose : qu'ils le pendent au bout d'un crochet et qu'on n'en parle plus. Et puis les soldats américains ont fait tomber la ville. Et ils se sont conduits comme des porcs. Il y a des familles qui ont perdu des enfants juste parce qu'ils traversaient la rue au mauvais moment. Ils tirent, ils tirent, ils tirent, ils ne cherchent pas à comprendre. En avril 2003, nous faisions la police dans le quartier pour qu'il ne tombe pas aux mains des pillards, ils ont tué en passant un jeune qui gardait une mosquée où nous avions entreposé des marchandises récupérées. Comme ça, sans prévenir, juste parce qu'ils l'ont vu de loin avec une arme qui montait la garde... Si vous tuez un Américain, les murs du monde tremblent mais nous, nous ne sommes pas des êtres humains... Je hais les Américains. Ils sont sales. Et ils sont bêtes. Ils ne comprennent rien à notre culture. Ils pensent comme dans leurs films de Hollywood... Ce sont des crétins prévisibles. C'est pour ça que nous les saignerons toujours... »

Ahmed n'est pas un religieux fervent. Dans notre petit groupe, seul l'un d'entre eux fait ses prières à heures fixes, c'est le plus vulnérable, le moins guerrier, le plus doux. Celui qui va nous chercher à manger et qui débarrasse la natte quand nous avons fini notre repas, celui qui est souvent la cible des plaisanteries. Les autres se contentent d'invoquer la volonté intermittente d'Allah, entre le tic verbal, la formule de politesse et l'abracadabra. Leurs préoccupations sont assez terrestres. Ils parlent de travail qu'ils n'ont pas, de l'électricité intermittente, de l'eau polluée, du typhus qui tue toujours des enfants, ils parlent d'argent, de politique, ils parlent de pétrole, d'enjeux géopolitiques régionaux. Tous ressassent l'entrée des troupes américaines dans Bagdad en avril 2003.

L'opération militaire conceptualisée par Donald Rumsfeld, le monsieur Défense à Washington, fut une boucherie. Pendant trois jours, les colonnes de chars ont tiré sur tout ce qui bougeait. Les rues de Bagdad étaient jonchées de voitures remplies de cadavres troués de balles, gonflés et noircis par l'abandon et la chaleur. Des familles entières fauchées à distance par les mitrailleuses lourdes des blindés. Dès les premières heures, la ville est abandonnée aux pillards. Ils réduisent en cendres les infrastructures publiques, les universités, les écoles, les bibliothèques, les musées. Les seuls bâtiments sécurisés par les soldats américains sont le ministère de l'Intérieur et surtout le ministère du Pétrole qu'ils transforment en blockhaus.

C'est la première chose qu'Ahmed et ses amis ont vue car le ministère du Pétrole se trouve juste à l'entrée de Sadr City. Pour eux, cet empressement signait le vrai dessein des Américains : « Ils sont venus là pour prendre le contrôle de nos richesses, assène Ahmed, c'est ça leur démocratie... »

Je passe ma première nuit avec eux. Tous les soirs ils sont soumis aux attaques aériennes. Vers 1 heure du matin, la rumeur lointaine des AC130, des avions de combat, se rapproche. On ne voit rien. Dans l'encre de la nuit, les explosions remplissent tout l'espace. Il y a les « bang » secs des missiles suivis d'horribles raclements : les mitrailleuses sur le flanc des avions. Soudain, toutes les mosquées se mettent à psalmodier en même temps. Les deux sons se répondent en un étrange écho. Ahmed et les siens tentent de se montrer flegmatiques devant moi. « Nous sommes très tranquilles car quoi qu'il arrive c'est Allah qui le décidera... » L'un des combattants me montre une carcasse de missile, de taille assez modeste, qu'ils ont récupérée près d'ici la veille. « Tous les soirs, ils nous matraquent... » Sur la carcasse métallique, il reste la plaque d'identification qu'ils tentent de déchiffrer en plaisantant : « Grâce à eux, on apprend un peu l'anglais... »

Dès le lendemain, à la mosquée qui contrôle le quartier, je pose la question : combien de morts avez-vous eus depuis la fin de la guerre ? L'imam lève les yeux et un doigt au ciel : « Beaucoup, presque autant que les étoiles... » Je perçois assez vite à quel point l'armée du Mahdi sait utiliser les martyrs du quartier pour sa propagande.

Pour ma caméra, on convoque les victimes, les unes derrière les autres. Ici, à ce carrefour, une famille entière a été massacrée la semaine dernière. Leur voiture, brûlée, est encore sur le trottoir. Les mitrailleuses lourdes d'un char Bradley ont tranché les tôles, traversé le moteur, explosé en incendie au contact de l'essence. Elles sont équipées de munitions à l'uranium appauvri. Ces balles-là ne laissent aucune chance. Conçues pour désintégrer les blindages des tanks soviétiques sous la chaleur de l'impact, elles ont transformé la petite automobile japonaise en torche d'acier. À l'intérieur, il y avait un couple et trois enfants qui rentraient chez eux après une visite chez un parent en deuil. Le mauvais jour. Ce soir-là, les blindés américains menaient une opération au bout de l'avenue. On est allé chercher l'oncle pour me parler. Il est là, les larmes aux yeux et les bras ballants, un peu coupable : « J'étais réfugié là, à l'angle de la rue. Je les ai vus brûler, je n'ai rien pu faire, je vous jure... Celui qui s'avançait vers la voiture, il était dans la ligne de feu du char américain et il était tué tout de suite. Quel mal ont-ils fait ? Je vous jure sur Dieu, les cris de ces enfants, de mes petits neveux, ils ne sortent pas de ma tête... »

À l'hôpital Imam Ali, les salles sont pleines de blessés par balles enveloppés dans des couvertures sales, entourés de femmes gémissantes. Des non-combattants pour la plupart. Pour un moudjahid alité, on compte dix civils touchés par les tirs et les bombes. Parfois, je sens chez les parents qui me parlent un reproche en demi-teinte contre les militants qui m'entourent. Nous sommes fatigués, me dit-on, nous souhaitons la paix.

Un médecin blafard me précède de salle en salle avec une solennité lente, accusatrice, impavide. Il me fait le compte-rendu clinique des blessures qu'il me montre. Balles. Bombes. Amputation nécessaire. Septicémie. Hémorragie. État de choc.

« Vous voulez visiter la morgue ? Suivez-moi... »

Abdel m'ouvre la porte du grand frigo. Il y a une masse de corps jetés en vrac, le sang séché couvre leur chair immobile. Le docteur me fait le détail. Avec précision et honnêteté.

« Ces deux-là, à gauche, ne les comptez pas, c'est un règlement de comptes... Les vingt autres sont tous morts à cause des combats. Tous civils ou presque.

— Pour une seule nuit ?

— Oui...

— Et vous savez combien il y en a, dans les autres hôpitaux de Sadr City ?

— Non.

— Combien y a-t-il d'hôpitaux ?

— Trois.

— On peut imaginer qu'il y a autant de victimes tous les matins dans les morgues ?

— Je ne sais pas mais en moyenne, oui, c'est possible...

— Ça peut faire jusqu'à une soixantaine de morts par jour que personne ne relève... Les agences de presse occidentales ne vous appellent pas ?

— Ça peut arriver pendant les affrontements particulièrement violents mais c'est rarissime. Vous voyez, ce matin c'est comme ça, quelques victimes, des missiles tombés dans la nuit, un accrochage ou deux, rien de spécial.

— Vous n'appelez pas ?... L'agence Reuter, l'AFP, le ministère de la Santé...

— Ce n'est pas notre travail. Vous avez vu les salles. On a autre chose à faire... »

Un homme arrive. Il pleure. Serré contre sa poitrine, il tient le corps abandonné d'un tout petit enfant. Le garçonnet a six ans, pas plus. L'âge de mon fils. L'homme le porte avec une infinie tendresse. Semble le bercer. Sa petite jambe se balance comme disloquée. Un filet de sang s'est figé le long du mollet. L'enfant est mort. Son père a voulu porter lui-même son fils à la morgue. Il le dépose doucement sur le sol froid. Il contient son envie de hurler en grinçant d'un son insupportable.

Un mortier est tombé sur sa maison, ce matin. Dans la cour de l'hôpital, un jeune homme découvre sa mère sous un drap. Morte. Son visage est gris, cireux, affaissé. Son corps est étrangement intact. En la prenant contre lui, le garçon a fait tomber la *habaya*, ce grand drap noir qui recouvre les femmes chiites. Ses cheveux noirs, brillants, épais, très beaux, s'échappent du voile. L'homme perd la tête :

« Ma mère, où vas-tu, ma mère ? »

Ses amis ont vu que je filmais, ils lui intiment de retrouver sa dignité :

« Contrôle-toi... »

Lorsque enfin le jeune homme parvient à s'arracher au corps de sa mère, c'est pour se jeter sur les hommes de l'armée du Mahdi qui gardent l'hôpital. Il est fou de douleur. De rage. Il ramasse une brique et se lance sur les miliciens armés de fusils d'assaut.

« C'est vous qui l'avez tuée ! Salopards ! Vous ne savez pas viser ! »

Les combattants l'encerclent, le maîtrisent mais ne le frappent pas. L'homme s'affaisse. Dans le groupe de résistants avec lequel je me trouve, on baisse la tête. Leur chef reconnaît.

« C'est pas les avions, ces blessures-là... C'est un mortier. Ça vient de chez nous. Une erreur de tir. Mais s'il n'y avait pas l'occupation, elle serait encore vivante... »

Je me rends à l'hôpital pour enfants de Habibiya. Il se trouve juste à l'entrée du quartier. Après avoir essuyé un coup de feu, un tank Bradley, nous dit-on, a arrosé l'hôpital à la mitrailleuse trois jours auparavant, le vendredi 10 septembre 2004. Il ne s'agit pas d'une bavure comme les autres. D'après les conventions de Genève, tirer sur un hôpital est un crime de guerre.

Deux gardes et un patient ont été tués. Les murs sont criblés d'impacts. Une cuve d'oxygène liquide a explosé. Un des gardiens survivants me raconte la scène dans un mauvais anglais. Il tremble de tous ses membres, se passe souvent les deux mains sur le visage comme s'il voulait se laver de la terreur. « Regardez, mon ami, le gardien, il est mort là... » Il désigne une flaque de sang séché. « Moi je me suis caché là... » Il montre un pylône métallique épais. « Regardez, ils m'ont visé, ils voulaient me tuer. » À vingt centimètres de sa tête une balle a traversé l'acier de part en part. « Pourquoi ils font ça ? Regardez mon insigne, mon uniforme, je suis là pour protéger l'hopital... »

Un médecin a aussi été très gravement blessé. Alain Fadel, vingt-sept ans, Irakien occidentalisé, est allongé sur un lit, les jambes immobilisées. Dans la chambre, il y a une dizaine d'hommes. Ses parents, ses frères, ses cousins. Tous bien mis, rasés de près, ils portent des chemisettes, pas de *dishdasha* ; une certaine aisance dans l'allure. Leurs visages ne sont pas ravinés par la misère comme ceux qui hantent les couloirs de l'hôpital. Ils sont graves. Alain ne récupérera peut-être pas l'usage de ses jambes. Une balle l'a fauché alors qu'il se trouvait dans sa chambre, dans l'immeuble des internes. Il raconte dans un anglais sans accent.

« Je n'ai rien compris, j'étais à mon bureau en train de travailler. Bien sûr, j'ai entendu tirer à l'extérieur. Je ne me suis pas vraiment inquiété. Le char était de l'autre côté de l'hôpital. Il y avait plusieurs murs entre moi et le tank... La balle a traversé cinq cloisons, elle m'a transpercé moi aussi et elle a continué sa course... Mon rein est parti. Je ne sais pas si je pourrai marcher de nouveau un jour. Les Américains ont tiré sur l'hôpital n'importe comment parce qu'ils ont entendu un coup de feu venant de cette direction-là. Je n'ai pas compris pourquoi ils tiraient avec ce type de munitions, au hasard, comme ça... Une telle puissance de feu juste pour un sniper. Ils n'avaient pas besoin de faire une chose pareille... Ensuite, ils sont repartis sans même s'enquérir de ce qu'ils avaient fait. Pour eux, nos vies n'ont aucune importance. Le pire, c'est que je ne suis pas un sympathisant de la résistance, je souhaitais l'intervention américaine en Irak. Qu'elle nous permette de rentrer dans le groupe des nations démocratiques. Aujourd'hui, je vois les choses autrement... »

En une matinée à peine, entre les bavures des Américains et celles des résistants, on pourrait évaluer les morts à une soixantaine. Juste pour un quartier. Or ces morts n'avaient été rapportées par personne. Pas de journalistes sur le terrain. Pas d'ONG. Des morts invisibles.

Il me fallait maintenant passer du côté des soldats américains pour comprendre comment se menaient les combats de rue. Qui prenait la décision de tirer ? Quel était le contrôle sur ce genre d'accrochages ? Un rapport était-il établi après qu'un blindé eut ouvert le feu sur un hôpital civil ? En bref, comment un incident aussi grave pouvait-il passer sous le radar ?

Je retourne dans la zone verte. Cette fois, je sollicite un embeddment avec l'unité qui couvre Sadr City. Trois jours plus tard, j'ai un rendez-vous à Camp Cuervo, la base du 1st of Cavalry qui fait face à l'armée du Mahdi.

Je suis accueilli par le major Bill Williams. Souriant, simple, direct, le cheveu blanc et rare. Il est marié à une Allemande et il adore l'Europe. Il a passé ses dernières vacances en France, quel pays magnifique, que les Français sont charmants et qu'est-ce qu'on y mange bien. Il ne souhaite qu'une chose : que tout se passe bien. Pour une interview, il propose gentiment le bureau du colonel, mieux décoré. C'est un Algeco avec des lambris de bois sombre. Il y a un sabre au mur, un chapeau de la cavalerie bleu à pompons dorés, des gravures d'époque avec cow-boys et Indiens. À Bagdad, les unités blindées sont en fait des régiments de cavalerie qui chérissent leur passé. Elles en ont gardé le vocabulaire. Ainsi, on ne dit pas : « descendre » lorsqu'on sort d'un blindé mais « démonter » comme s'il s'agissait d'un cheval. Dans les rues de Bagdad, on trouve même le 7ᵉ de cavalerie, célèbre depuis les guerres indiennes du XIXᵉ siècle. À Little Big Horn, les Sioux de Sitting Bull et Crazy Horse avaient anéanti le régiment dirigé par Custer, un dandy tueur d'Indiens qui se rendait aux massacres comme on va au bal, tout pomponné.

Je commence par raconter au major Williams que j'ai passé plusieurs jours du côté irakien avec la population de Sadr City et les milices de Moqtada al-Sadr. Il encaisse l'information sans un geste, juste une petite saillie musculaire au niveau des mâchoires, puis ironise sur le fait que je devrais faire attention car, entre les opérations des forces de la Coalition et les ratés des insurgés, l'endroit est tout sauf sécurisé. Le major m'affirme que tout est prêt pour venir en aide aux populations du quartier. Il suffit que les combats cessent.

Je lui parle des pertes civiles. « Notre ennemi se cache derrière les civils pour nous provoquer, me répond-il, ils ne respectent aucune des règles de la guerre. Si vous êtes à côté d'un type avec une kalachnikov, pendant des combats, alors, vous feriez mieux de vous éloigner tout de suite, sinon vous ne faites pas partie de la solution... Vous faites partie du problème. Mais nos règles d'engagement sont très strictes. Nous ne tirons pas sur les civils. Ni sur les bâtiments civils.

— Pourquoi avoir tiré sur l'hôpital Habibiya de manière indiscriminée, alors ?

— Je ne sais même pas où est cet hôpital... Vous sauriez me dire où il se trouve ? »

Dans son regard, étincelle l'ironie. Nous sommes tous à moitié égarés à Bagdad, nous ne connaissons pas le nom des rues, nous sommes incapables de nous situer dans l'entrelacs urbain où aucun signe rédigé dans notre alphabet ne vient nous aider. Dans les blindés américains, un ordinateur de bord relié à un satellite GPS permet aux colonnes de savoir où elles se trouvent en temps réel. Une panne d'électricité et ils sont incapables de retrouver leur chemin jusqu'à la base. Même après des mois de présence, la capitale irakienne reste un dédale mystérieux. Le militaire me regarde balbutier sans déplaisir.

« C'est à l'entrée du quartier, enfin, je crois... Il y a un réservoir d'oxygène liquide qui a explosé... L'incident a eu lieu il y a quatre jours, deux gardes ont été tués, un patient aussi, et un médecin a été gravement blessé... On ne vous en a pas parlé ?

— Je crains que ce ne soit pas dans notre zone, monsieur... »

En levant les yeux, je vois au mur, une carte d'état-major. Leur aire d'intervention. Je me lève. Ça tourne toujours. Immédiatement, je vois l'hôpital, c'est écrit en gros : Habibiya. Je pointe du doigt.

« C'est là... »

Le major est ennuyé. Il contemple la carte de l'air le plus perplexe qui soit. Penche la tête d'un côté puis de l'autre. Il ne ricane plus du tout. Il a perdu la face devant l'objectif.

« Non, on n'a pas d'hommes dans ce secteur. Enfin, je crois...

— On ne vous a remis aucun rapport sur ces événements ?

— Je vous assure que je n'ai jamais entendu parler de cette fusillade... »

Je pense qu'il est sincère. Le chaos est tel que les soldats ne doivent pas justifier chaque rafale tirée au jugé contre un ennemi potentiel. Voilà pourquoi l'armée américaine est incapable d'évaluer les pertes civiles en Irak. Surprotégés, blindés, perdus, agressés, ils restent aussi peu longtemps que possible sur le terrain lors d'un accrochage et n'entretiennent pas suffisamment de contacts parmi les Irakiens pour que l'information leur remonte. D'après un officier anglais, le brigadier Aylwin-Foster qui a côtoyé les Marines en Irak, rien dans leur formation ne les a préparés à prendre en compte la population irakienne : « Parfois leur insensibilité culturelle [...] équivaut à ce qu'on pourrait qualifier de racisme institutionnel[1]. »

En octobre 2006, tombait un chiffre terrible. Une enquête de l'université Al-Mustansiriya de Bagdad et de l'école de santé publique John Hopkins de Boston affirmait que 650 000 Irakiens avaient trouvé la mort depuis le début de l'opération Liberté pour l'Irak en mars 2003. Un Irakien sur quarante...

---

1. *Military Review,* cité par *The Guardian*, 12 janvier 2006.

Comment cette étude avait-elle été menée malgré l'insécurité ? Les chercheurs ont choisi de manière aléatoire une cinquantaine de quartiers en Irak. « Dans chaque quartier, explique Leslie Roberts, responsable américain de la recherche, nous avons frappé à quarante portes au hasard et demandé aux gens : "Qui vit ici aujourd'hui ? Est-ce que des gens ont été tués et comment ? À quel âge, avec quelles armes, de quelle manière, par qui ?..." Et à la fin de l'interview, alors que personne n'était prévenu à l'avance, nous demandions à voir les certificats de décès pour vérifier les dires de nos interlocuteurs. Et à 92 % exactement, les gens retournaient dans leur maison et revenaient avec un certificat de décès. Voilà pourquoi nous sommes sûrs qu'ils n'ont rien inventé[1]. » Les scientifiques ont ensuite procédé à une projection au niveau de l'Irak, selon la méthode du sondage représentatif. Ils obtiennent une fourchette entre 400 000 et 650 000 morts violentes depuis le début du conflit en mars 2003. Les précisions statistiques sur les causes exactes des décès racontent cette guerre comme aucun reportage. Un tiers des morts est dû aux forces de la Coalition. Le reste : banditisme, violences intercommunautaires, escadrons de la mort... 56 % ont été tués par balles. 14 % par des explosions liées à des raids aériens ou des voitures piégées.

Face à l'irruption imprévue de cette réalité absente des communiqués officiels, le président Bush a été très clair : « Je ne considère pas que cela soit une étude sérieuse... Ni le général Casey, ni les officiels irakiens. Je sais qu'un certain nombre d'innocents sont morts et ça me trouble, me chagrine. [...] Je suis stupéfié par cette société irakienne qui désire si fort la liberté qu'ils sont prêts à tolérer un certain niveau de violence... »

L'université John Hopkins est le seul institut à travailler de manière sérieuse sur le chiffre des morts. En 2004, ils avaient réalisé une première recherche. Comme celle de 2006, elle avait été publiée par le journal scientifique *The Lancet*. Et avait pro-

---

1. *Democracy Now*, 12 octobre 2006.

voqué l'émoi du monde scientifique. Le professeur Klim McPherson, de l'université d'Oxford, était sorti de sa réserve au nom de vingt-quatre experts anglais, américains, canadiens, australiens, espagnols et italiens : « N'avons-nous retenu aucune leçon de l'Histoire ? On ne peut balayer sous le tapis un chiffre aussi alarmant de morts. Il est inconcevable de rester politiquement discrets là-dessus soixante ans après Auschwitz[1]. »

---

1. *The Guardian*, 11 mars 2005.

Punir

Le major Williams de Camp Cuervo n'a pas apprécié que je lui demande devant une caméra pourquoi des hommes de son régiment ont mitraillé un hôpital civil, le 10 septembre 2004. J'ai failli à tous les usages. L'armée américaine a autorisé mon incorporation dans son unité et je vais des deux côtés, chez l'ennemi, je me livre à une enquête. Je suis censé partager le quotidien des soldats, montrer leur travail. Pas leur poser des questions embarrassantes devant l'objectif d'une caméra. Je serai puni pour ce manque de loyauté. Pour suivre une opération de nuit dans Sadr City, nous devons nous rendre dans une base avancée en territoire ennemi. Un convoi blindé doit franchir les sept kilomètres qui nous en séparent. Alors que nous attendons d'embarquer devant les véhicules, un militaire, sorti du bureau du major, marche droit sur moi, le visage fermé. Il est le responsable du transport.

« Monsieur, il n'y a plus de place dans les blindés pour vous... Nous sommes complets. Soit vous montez sur le camion plate-forme, soit vous ne pouvez pas venir...

— Attendez... on va traverser une des zones les plus dangereuses de la ville, exposés à tous vents sur un camion plate-forme, sans aucune protection ?

— Je comprendrais parfaitement que vous ne veniez pas, monsieur. C'est votre choix et votre responsabilité.

— *On peut se tasser un peu dans un Hummer, non ? Il y a plein de place sur la banquette arrière...*

— *Le règlement nous l'interdit, monsieur. Soit vous montez sur la plate-forme, soit vous ne venez pas... »*

À son regard, je comprends de quoi il s'agit. Il faut me donner une leçon. Me faire comprendre que je leur dois ma sécurité. Et donc ma loyauté. Je traverserai les sept kilomètres aplati sur un plateau, essayant de disparaître entre deux piles de sacs de toile poussiéreux. En espérant que les hommes en noir du Mahdi ne mitraillent pas le convoi. Le dieu des journalistes malpolis y veilla.

Les troupes américaines ont du mal à accepter que les journalistes passent de l'autre côté. Quelques mois auparavant, en avril 2004, Grégoire Deniau, un reporter parti couvrir l'offensive sur Fallouja, avait été intercepté à la sortie de la ville par les soldats américains. Il venait de passer quelques jours avec les insurgés et voulait quitter la zone de combats. Les GI's l'avaient attaché, les yeux bandés, dans un terrain vague attenant à leurs positions. Il avait été laissé là, à découvert, pendant deux heures. Puis relâché.

Bilal Hussein, photographe irakien pour l'agence Associated Press, n'a pas eu cette chance. En octobre 2006, il était détenu depuis cinq mois, sans jugement, par l'armée américaine. Hussein, natif de la ville insurgée de Fallouja, est l'un des seuls photographes à avoir pu travailler pendant les combats de novembre 2004, côté irakien. L'armée américaine affirme qu'il a des « relations étroites avec des personnes connues pour kidnapping, trafic, attaques à la bombe artisanale et autres attaques contre les forces de la Coalition ».

En 2004, pour son travail côté résistant, Bilal Hussein a reçu le prix Pulitzer, la plus haute distinction du journalisme américain.

Massacres à Abidjan :
anatomie d'un mensonge d'État

En Côte-d'Ivoire, pendant les émeutes de novembre 2004, l'armée française a tiré à balles réelles sur des manifestants civils. Des caméras vidéo ont tout filmé. Pourtant, cette bavure a été couverte par une immédiate et étonnante amnésie. Une amnésie audiovisuelle...

Ça arrive une fois, parfois deux, dans la vie d'un journaliste : détenir, posée sur son bureau, la preuve physique que le pouvoir ment. Contempler les versions officielles qui s'empilent à la télé et savoir qu'elles sont fausses. Puis se retrouver au centre d'une tempête face à des états-majors de crise, des experts en communication, des conseillers occultes avec des intérêts divergents. Certains voulant vous rallier à leur cause, d'autres mobilisés pour amoindrir l'impact de vos révélations.

C'est ce qui m'est arrivé en 2004, lors des événements qui ont ensanglanté la Côte-d'Ivoire.

Le samedi 6 novembre 2004, deux avions de la force aérienne ivoirienne, pilotés par un Biélorusse et un Ukrainien, lâchent une bombe sur un cantonnement de l'armée française près de Bouaké dans le centre du pays. Huit soldats sont tués. Choc. L'armée française n'a jamais perdu autant d'hommes d'un seul coup depuis la guerre du Liban, dans les années 80. Les forces françaises, baptisées Licorne, sont présentes en Côte-d'Ivoire sous mandat de l'ONU pour s'interposer entre deux ennemis. Au sud, l'armée du président Gbagbo, chrétien. Au nord, les rebelles, musulmans. Le partage du territoire se faisant autour de Bouaké.

Notre équipe était arrivée à Abidjan quelques jours avant le début des troubles. Entre l'armée régulière ivoirienne et les rebelles du Nord, nous savions la reprise des combats imminente. Depuis plusieurs années, le pays flirte avec la guerre ethnique. Commises par les deux camps, les exactions contre les civils se multiplient. L'hostilité contre les expatriés français ne cesse de croître. Deux journalistes français – Jean Hélène et Guy Kieffer – sont tombés victimes de cette tension. En Côte-d'Ivoire, les Blancs vivent désormais sous un volcan. C'est cette histoire-là que nous voulions raconter[1]. Les avions de chasse de la présidence ivoirienne en décidèrent autrement.

Le président Gbagbo a-t-il donné l'ordre explicite de bombarder les soldats français ? Ou bien s'agit-il d'une erreur comme il l'affirme ? Dans les minutes qui suivent l'attaque aérienne, sans prendre le temps d'enquêter, le président français, Jacques Chirac, donne l'ordre de détruire en représailles toute l'aviation militaire ivoirienne.

À Abidjan, éclatent alors les premières exactions antifrançaises. Des magasins, des écoles et des entreprises sont vandalisés, pillés. La rage et la violence déferlent sur les expatriés, barricadés dans leur domicile. Parfois, les maisons sont investies. En urgence, des détachements de l'armée française font route depuis le nord du pays pour les protéger. Sur le chemin, les Français échangent des coups de feu avec l'armée ivoirienne. Dans la capitale, les hommes de Licorne se saisissent de l'aéroport, une position stratégique. À nouveau, ils sont pris sous le feu de l'armée ivoirienne. Un avion Transaal est touché.

Les Jeunes Patriotes investissent alors la télévision. Ce mouvement politique aux ordres du président Gbagbo intimide les journaux d'opposition, manipule la xénophobie contre les

---

1. Stéphane Haumant, Jérôme Pin, Laurent Cassoulet, « Côte-d'Ivoire, quatre jours de feu », « 90 minutes », 30 novembre 2004.

musulmans du Nord. Les Jeunes Patriotes craignent que la France ne prépare un coup d'État pour installer le chef des rebelles à la place de Laurent Gbagbo. Le leader des Jeunes Patriotes, Blé Goudé, prend l'antenne, entouré de ses partisans. Il exhorte les Ivoiriens à ne pas s'en prendre aux expatriés français. En revanche, il appelle à marcher immédiatement sur la BIMA, la base de l'infanterie de marine française qui contrôle l'aéroport. Pour mobiliser la population, ils ont fait courir la rumeur dans les rues d'Abidjan : les rebelles arrivent avec les Français, ils vont envahir la capitale[1]. Les Jeunes Patriotes savent agiter la grande peur du nettoyage ethnique : les musulmans du Nord liquidant les chrétiens de la capitale.

Vers 22 h 30, des milliers de civils se mettent en marche. Ils doivent traverser la lagune. Aller au-devant du dispositif militaire français. Au bout du pont, il y a des chars. Depuis le toit de son hôtel, notre équipe voit plusieurs milliers d'Ivoiriens marchant à grands pas. Apparemment des manifestants normaux. Jérôme, le cameraman, est malade, cloué au lit avec une gastroentérite tropicale carabinée. À tout hasard, Laurent, le preneur de son, prend la caméra et fait quelques images. De l'illustration, comme on dit dans le métier, rien d'essentiel. Soudain, un fracas extraordinaire emplit la lagune. Des explosions. Le cortège est attaqué par des hélicoptères de combat français. Des tirs ricochent sur l'eau, d'autres atterrissent devant les manifestants, d'autres, semble-t-il, en plein milieu. Une voiture est détruite. Laurent filme sans vraiment comprendre ce qui se passe.

Le lendemain, j'ai Stéphane, le reporter, en ligne. Depuis Paris, on a le sentiment que la base française est attaquée par un groupe armé.

« C'est un assaut militaire contre l'aéroport ?

— Je crois pas... On a vu quelques soldats ivoiriens dans les rues mais assez loin de la manif... De ce que je perçois, c'est des civils... Mais il faudrait que je vérifie... Simplement là, ça

---

1. « Côte-d'Ivoire : leçons à tirer », rapport d'Amnesty International, 19 septembre 2006.

tire de partout. On sait pas ce qui se passe. C'est un peu dangereux de sortir dans les rues. Le personnel de l'hôtel nous le déconseille. Il y a un truc profond, une sorte de rancune anti-française longtemps refoulée qui est en train de surgir. Tout à l'heure, on était assez nombreux dans la salle du restaurant à écouter les déclarations à la télé de Blé Goudé. T'avais tous les employés ivoiriens qui applaudissaient et les clients blancs qui avalaient de travers, de plus en plus livides... »

Le 7 novembre, le président Gbagbo intervient à la télévision pour appeler au calme. « Que les manifestants regagnent leur domicile. » Dans les vingt-quatre heures qui suivent, notre équipe se met sous la protection de l'armée française. La BIMA est le point de ralliement de familles d'expatriés terrorisées. Elles racontent toutes la même histoire : leurs maisons ont été saccagées par des émeutiers, souvent sous leurs yeux. Ils ont entendu des tirs dans la nuit. Un homme est blessé à l'œil. Bizarrement, malgré le niveau de violence décrit, il n'y a pas de morts français. Pas de lynchage. Comme si la foule s'était contenue. On parle tout de même de trois cas de viol.

À ce moment précis, nous n'avons aucun doute : ces événements-là sont les plus importants. Et de toute façon, la violence qui agite la capitale ivoirienne interdit toute autre forme de traitement. Qui veut aller se jeter avec une caméra dans les rues d'Abidjan ? Les équipes de télévision françaises, nous y compris, s'en remettent totalement à l'armée pour pouvoir travailler. Un officier planifie chaque matin les activités de la presse. Au téléphone, Stéphane plaisante : « C'est comme au Club Med, tu as un tableau et tu t'inscris. Il y a "exfiltration lagune", "exfiltration véhicule blindé", "exfiltration hélicoptère"... »

Depuis Paris nous avons commencé à sentir une petite dissonance. Dans l'avalanche d'informations qui arrive d'Abidjan, l'une d'entre elles passe très vite, sans être ni relevée, ni développée : les autorités ivoiriennes affirment que les incidents dans la capitale auraient déjà fait une trentaine de morts...

Exclusivement ivoiriens. Propagande du président Gbagbo ? Possible, mais ça mérite une vérification. Notre caméra se rend dans les hôpitaux. Nous demandons aux Jeunes Patriotes des garanties de sécurité pour atteindre les centres de soins. Ils nous les accordent. Nous recueillons des témoignages d'hommes gravement blessés par balles ou éclats d'obus. Des enseignants, des cadres. Dans le français châtié propre aux Africains, ils affirment avoir été pris pour cibles sur les ponts par les hélicoptères et les tanks français alors qu'ils marchaient désarmés.

Une manifestation civile attaquée à l'arme de guerre ?

De retour à l'hôtel, l'équipe va regarder de plus près la séquence qu'ils sont les seuls à avoir filmée. Ce qui est visible recoupe les dires des blessés : pas d'armes dans les mains des Ivoiriens.

Précision importante pour comprendre la suite des événements : pendant les vingt jours qui vont suivre, le ministère de la Défense et le reste de la France vont ignorer que nous détenons des images des tirs sur les ponts. Au milieu du chaos, nous-mêmes n'en réalisons pas vraiment la portée. Sur place, l'équipe se préoccupe plutôt de pouvoir continuer à travailler en toute sécurité.

Le 8 novembre, l'armée française s'installe à l'hôtel Ivoire. La résidence du président Gbagbo est à moins d'un kilomètre. Les Jeunes Patriotes appellent les Ivoiriens à venir faire un rempart humain pour empêcher que la force Licorne ne détrône Gbagbo. Des centaines de civils vont s'agglutiner devant l'établissement. Le face-à-face va durer deux jours. Important : il sera filmé sous tous les angles par plusieurs caméras. Des amateurs, la télévision ivoirienne, une agence de production indépendante... Les seuls à ne pas enregistrer d'images sont les militaires français qui ne disposent pas de « combat cameras ».

Sur le parking de l'hôtel, il y a un peu de tout. Des Jeunes Patriotes venus des bidonvilles. Beaucoup d'illuminés pentecôtistes qui chantent « Jésus » les bras et les yeux levés au ciel (Gbagbo et sa femme animent une secte évangéliste). Il règne un étrange climat de transe. Des jeunes montrent leurs fesses aux soldats, des femmes se déshabillent. Pas d'armes apparentes mais un gardien de l'hôtel a déclaré avoir vu quelques machettes lors d'un incident autour de la piscine[1].

Pour éviter que la manifestation ne pénètre dans leur périmètre, les soldats français ont disposé des barbelés. Il y a une dizaine de blindés. Les soldats sont tendus. Détail important, c'est la même unité qui a perdu huit de ses camarades à Bouaké. Ils n'ont pratiquement pas dormi depuis trois jours...

Le lendemain, 9 novembre, c'est le jour du massacre. Quelques heures avant le début de la fusillade, notre équipe a pénétré dans la manifestation. Très vite, son véhicule est entouré de jeunes, pas hostiles mais exaltés. Ils s'accrochent au 4 × 4, montent sur le toit, font mine de protéger la progression de la voiture avec des bâtons. Certains ont planté une bouteille en plastique au bout d'une branche pour imiter un lance-roquettes. Stéphane décide de ne pas s'attarder.

Ce qui a suivi, nous avons pu le reconstituer grâce à des témoignages et surtout un film vidéo réalisé depuis l'intérieur du périmètre français par un cameraman indépendant. Des groupes, plus excités que les autres, ont enlevé une partie des barbelés. À 14 h 30, ils sont à quelques mètres à peine des blindés. Le propre service d'ordre de la manifestation tente de les contenir. On a droit à des scènes théâtrales sur le modèle : « Retenez-moi les gars ou je fais un malheur. » Les manifestants hurlent : « Partez ! Partez ! Partez ! » aux soldats français qui encaissent sans rien répliquer, visages cadenassés. Pas un caillou, pas une motte de terre ne seront projetés.

On voit plusieurs dizaines de gendarmes ivoiriens arrivés sur place pour tenter de faire reculer les manifestants. Un peu mollement mais sans ambiguïté. Indiscrète, la caméra capte des discussions entre le lieutenant-colonel Destremeau et son homologue de la gendarmerie ivoirienne, le colonel Guai Bi Poin. Ils sont à quelques mètres des manifestants et discutent avec un calme étonnant. À 14 h 45, l'officier français exige que soient remis les barbelés, l'Ivoirien s'y engage et réplique : « Mon

---

1. « Côte-d'Ivoire : leçons à tirer », rapport d'Amnesty International, *op. cit.*

colonel, je vous demande de ne pas tirer. Maintenant, si vous voulez tirer, je me retire avec mes hommes... » Nous sommes quinze minutes avant la fusillade. À aucun moment les militaires français ne signalent aux gendarmes ivoiriens la présence de gens armés dans la manifestation. À 15 heures, les manifestants sont à moins de deux mètres des blindés français. Certains jeunes s'amusent, par défi, à aller toucher le canon des chars. Ils sont acclamés.

À la suite d'un mouvement de foule plus important que la caméra ne parvient pas à capter, l'ordre de tirer est donné. En une minute, les soldats français brûlent 2 000 cartouches. De l'autre côté du dispositif, en surplomb d'un bâtiment, les caméras de la télévision ivoirienne filment la scène.

Des soldats, bien campés sur leurs jambes, tirent en rafales. Certains au-dessus des têtes, d'autres à tir tendu, le fusil au niveau de la poitrine. Ils tirent sans même la protection de leurs véhicules blindés, qui sont rangés en rempart juste derrière eux. Un tank en zone urbaine sert toujours de barricade pare-balles lorsqu'en face il y a le moindre pouvoir de feu. Apparemment les soldats savent qu'ils ne risquent pas de riposte. Quand les tirs cessent finalement, les caméras ivoiriennes continuent d'enregistrer : les victimes, la terreur, la chair entamée par les balles, une main arrachée, les os brisés par le métal. « Qu'est-ce qu'on a fait à la France ? », hurle un homme. Une image choque particulièrement : un corps sans tête. La boîte crânienne a explosé et la cervelle s'est répandue autour d'elle. Ça ne peut pas être une balle de fusil d'assaut FAMAS. Le calibre – 5,56 millimètres – est trop mince. Un seul type de munitions est capable de faire autant de dégât : la 12,7 millimètres. De celles qui équipent certains fusils de snipers...

Il y a des centaines de blessés et sept morts.

En France, le soir même, aux journaux télévisés, c'est le black-out. TF1 ne fera rien. France 2 relate l'incident avec une sorte de bouillie visuelle, bougée, floue, informe et de couleur principalement verte, où l'on entend simplement les coups de feu à distance. Le commentaire cite le nombre supposé des victimes et évoque un échange de tirs. Sans approfondir. Dans les jours qui suivent, même silence.

Beaucoup plus tard, nous découvrirons que toutes les rédactions nationales avaient eu très vite en leur possession les images explicites de la télé ivoirienne. Que les journalistes français présents sur place avaient bel et bien enquêté. Le 12 novembre, soit trois jours après les faits, l'envoyé spécial de France 3 interviewe même Guai Bi Poin, l'officier de la gendarmerie ivoirienne venu interposer ses forces. Mais la cassette restera sur l'étagère jusqu'à début décembre. Dans les directions de l'information du service public, on ne diffuse rien, « par sens des responsabilités[1] ». À la notable exception de la chaîne info i-télé, les rédactions font le choix délibéré de ne pas montrer ces images.

À ce moment de la crise, j'ai une impression étrange. L'Histoire bégaie. Depuis longtemps, je suis fasciné par l'amnésie collective autour d'un massacre commis en octobre 1961 par la police française sous les fenêtres des Parisiens. Ce jour-là, le 17 octobre, deux cents Algériens ont été tués, jetés à la Seine pour la plupart, sans que l'événement soit relaté. Sans qu'il trouve une place dans notre mémoire. Certains des Algériens avaient été assassinés sur les Grands Boulevards, quasiment au pied des sièges des grands journaux parisiens. Ceux-ci avaient choisi de ne pas voir. Et voilà que sur les ponts de la lagune d'Abidjan, ça recommençait.

J'étais pourtant convaincu de ne jamais plus assister à un octobre 1961. C'était bien avant la télévision de masse, la vidéo et les caméras légères. L'ORTF était aux ordres, totalement soumise à l'effort de guerre. Les manifestations n'avaient pas été couvertes. Seul un photographe indépendant, Élie Kagan, avait réussi à voler quelques clichés flous de blessés dans le métro. Il hantait les rédactions sans que personne ne l'écoute. De l'histoire ancienne, pensais-je. Un tel étouffement est inima-

---

1. « Arrêt sur images », 5 décembre 2004.

ginable dans notre société surmédiatisée. J'avais tort. Malgré la somme d'images vidéo, de preuves évidentes, qui arrivaient par cassettes vidéo, CD-ROM et même en pièces jointes par Internet, les massacres d'Abidjan n'avaient pas eu lieu.

Le silence de 2004 était d'autant plus choquant qu'une coïncidence malicieuse de l'Histoire allait mettre en parallèle deux événements similaires, aux conséquences radicalement opposées. Quatre jours seulement après que l'armée française eut dispersé des manifestants aux mains nues en les mitraillant à l'arme de guerre, le samedi 13 novembre, en Irak, un cameraman allait filmer une scène qui ferait le tour du monde. Kevin Sites, vidéojournaliste free-lance en contrat avec NBC, suivait l'offensive des Marines dans le bastion insurgé de Fallouja. Dans les premiers jours, c'est l'enfer. Chaque rue, chaque maison recèle des combattants. Très vite les Américains comptent des dizaines de pertes. Le journaliste pénètre avec des soldats dans une maison. Il y a des Irakiens étendus sur le sol. Ils semblent morts. Tous sont désarmés. Soudain l'un d'entre eux bouge une jambe. « Celui-là remue encore », dit un Marine à son chef. Puis il lâche quelques balles dans l'homme à terre. « Ça y est, t'es mort maintenant... » Quelques heures plus tard, l'image fait le tour du monde. Elle trouvera une place bien exposée dans les journaux télévisés français. On parle de bavure de l'armée américaine.

Pour avoir passé un peu de temps en Irak avec les soldats américains, pour connaître la détermination suicidaire des résistants irakiens, leur ingéniosité à cacher des engins explosifs dans les endroits les plus inattendus, je crois savoir pourquoi le soldat tue cet homme. Il y a quelques heures, depuis ce même bâtiment où il vient de pénétrer, on a fait feu sur son unité. Il sait que des dizaines de Marines ont été tués dans leur progression. Il a vu ce blessé bouger. Il a choisi de ne prendre aucun risque. Son geste peut s'expliquer. Il n'en a pas moins enfreint une règle de la guerre inscrite dans la convention de Genève. Un soldat ne tire pas sur un homme désarmé. Même si celui-ci fait partie d'un groupe combattant.

Que fait l'armée américaine devant cette révélation ? Le 16 novembre, soit trois jours après les faits, elle ouvre une investigation. Quatre mois plus tard, elle statuera : le contexte justifiait le geste du soldat.

De son côté, malgré les demandes des groupes socialiste et communiste à l'Assemblée nationale, la France ne déclenchera pas de commission d'enquête sur la tuerie de l'hôtel Ivoire. L'armée va plutôt proposer une collection de « versions officielles ». Ces glissements progressifs de la vérité, de plus en plus embarrassés, crispés, souvent contradictoires d'heure en heure, apportent une touche de burlesque à ces quatre jours de feu tragiques.

10 novembre 2004. 9 heures, Radio France Internationale.

Dès le lendemain de la fusillade, le colonel Dubois, responsable depuis Paris de la communication pour les militaires, est péremptoire : « Il n'y a pas eu d'échauffourées à l'hôtel Ivoire... Je ne peux pas laisser dire que l'armée française a tiré dans la foule. » Il met les morts civiles d'Abidjan sur le dos de « pillards armés qui se trouvaient dans la manifestation ».

10 novembre 2004. 15 heures, France 3.

Le même jour, la ministre de la Défense Michèle Alliot-Marie rend hommage à l'héroïsme des gendarmes ivoiriens venus s'interposer entre les émeutiers et les soldats français et met les éventuelles victimes sur le compte d'échanges de tirs entre Ivoiriens : « Les forces ivoiriennes ont effectivement mis en place un cordon entre les soldats français et la foule ivoirienne. Celle-ci a alors attaqué de diverses façons les soldats ivoiriens : un gendarme ivoirien a alors été tué, les autres ont été quasi lynchés par la foule. Il y a eu à ce moment-là des échanges de coups de feu entre les soldats ivoiriens et la foule ivoirienne. En ce qui concerne les soldats français, ils n'ont jamais, depuis le début, à l'égard de cette foule et de ces milices fait autre chose que des tirs de sommation[1]. »

---

1. www.defense.gouv.fr/sites/defense/decouverte/le_ministre_de_la_defense/.

Le colonel Dubois et la ministre Alliot-Marie ignorent alors encore l'existence d'images qui contredisent leurs déclarations. « L'échange de tirs » entre Ivoiriens ainsi que la « confusion » vont devenir La Vérité.

Pendant cinq bonnes journées au moins...

Sur place à Abidjan, le général Poncet, responsable du contingent français en Côte-d'Ivoire, essaye la théorie du complot. Il explique à Stéphane Haumant qu'il y avait des tireurs blancs embusqués dans la tour de l'hôtel, c'est-à-dire à l'intérieur du périmètre de sécurité français ; ce sont eux qui ont abattu des manifestants ivoiriens, dit-il. Ils voulaient créer un bain de sang, des martyrs, pour embarrasser l'armée française. Ce sont des Israéliens, payés par Gbagbo...

3 décembre 2004. Radio France Internationale.

Un journaliste de RFI interviewe le général Poncet et cherche à le faire sortir du bois. Qu'il parle enfin de ces fameux provocateurs quand il évoque la présence de Blancs dans la tour.

« Vous voulez dire des mercenaires israéliens ?

— Je ne sais pas, répond le général Poncet, puisque nous n'avons pas pu procéder à leur arrestation. Nous ne sommes pas montés au sommet de la tour pour voir, nous n'avons pas dépassé le quatrième étage. [...] Je pense qu'il y avait une volonté manifeste de créer un incident grave le mardi 9.

— Vous croyez que les autorités ivoiriennes ont voulu empêcher un contact entre vous et les mercenaires israéliens ? poursuit le journaliste.

— Vous prononcez le mot de mercenaires israéliens, je préfère dire mercenaires tout court. Il y avait aussi leur centre d'écoutes, j'ai estimé que c'était pas la peine de jeter de l'huile sur le feu. »

Pourquoi le général Poncet insiste-t-il autant sur la possible présence de provocateurs dans la tour ?... Peut-être parce qu'il sait que la télé ivoirienne a montré des snipers blancs postés au sixième étage. Dans la chambre 611, pour être précis. Le général français aimerait nous convaincre que ces tireurs blancs sont des mercenaires à la solde des Ivoiriens payés pour déclencher le feu des Français.

Problème : les Ivoiriens exhibent à la télévision du matériel abandonné au sixième étage par des soldats français dans la chambre 611 : des papiers d'identité, des rations, des munitions...

Lorsque i-télé diffuse enfin les fameuses images de la télévision ivoirienne où l'on voit nettement l'armée française tirer dans la manifestation sur le parking, la donne change... Le malaise s'installe chez tous ceux qui avaient avalisé sans rien dire la version de l'armée. Ces images que tout le monde détenait sans les diffuser sont désormais publiques...

Mi-novembre, je reçois un appel sur mon portable. Un « conseiller en communication » de Gbagbo, un Français. Son nom m'est connu, c'est un ancien proche de Jean-Marie Le Pen en rupture de Front national. Qu'est-ce qu'il fout en Afrique ? Il parle tout en sous-entendus, une diction lente et elliptique qui laisse imaginer l'importance de ce qui se cache derrière ses silences.

« Nous savons que vous détenez des images prises depuis l'intérieur des hélicoptères...

— Ah non, notre équipe a tourné la manifestation depuis le toit de son hôtel, à la longue focale...

— Quoi qu'il en soit, la présidence de la Côte-d'Ivoire a conscience de l'importance de ces images et du risque que leur diffusion fait courir à votre chaîne. Elle est prête à dédommager financièrement un préjudice éventuel pour que les images soient bien diffusées... »

Je n'en reviens pas... À mots châtiés, il est tout simplement en train de me proposer de m'acheter !

« Gardez votre argent, je ne veux pas entendre parler de ça. Je ne suis pas là pour dire du bien ou du mal de votre employeur. Nous sommes journalistes, nous avons été témoins d'un fait, nous le rapportons. Le film passera.

— Je pense que vous ne mesurez pas les difficultés que vous allez rencontrer. Un crime de guerre a été commis et tout sera fait pour l'étouffer.

— Eh bien, soyez présent au jour dit devant votre téléviseur et vous verrez... »

J'ai beau faire le malin, je sais que le spin doctor de Gbagbo n'a pas tout à fait tort. Une sorte de conjuration du silence s'est mise en place. Plus une prudence excessive qu'un véritable complot. Le résultat est le même. Personne n'enquête sur les morts ivoiriens.

Individuellement, certains confrères tentent de résister à la chape de plomb. Certains viennent nous voir. Le bruit a couru. Ils savent eux aussi que nous détenons les images du mitraillage des ponts par les hélicoptères. Si leurs chefs sont gênés par les plans des tueries de l'hôtel prises par la télé ivoirienne – peut-être manipulées, orientées, trafiquées, allez savoir... –, une séquence tournée par une caméra indépendante est forcément irréfutable. Nous considérons que le droit à l'information doit primer sur l'exclusivité de notre scoop. Nous ne refusons pas de voir nos images sur les chaînes concurrentes. Le soir même, l'un des journalistes qui est passé chercher une cassette, un ami, me rappelle. Le sujet a été bloqué par sa direction. Je reconnais le nœud dans sa gorge, il vient de se faire censurer et il tente de lutter contre une déception profonde : « Ils disent qu'on ne voit pas bien, qu'il faut décrypter, que ce n'est pas très spectaculaire. Bref, ils préfèrent ne pas diffuser... »

Nous apprendrons plus tard qu'une cellule de communication de crise a été créée au ministère de la Défense pour contrer l'impact de nos révélations. À chaque coup de fil, les spin doctors infirment. Une cellule d'infirmation, en quelque sorte, qui réussira à faire valoir son point de vue jusqu'au tout dernier moment.

Une volonté farouche de ne pas voir ce qui crève les yeux s'est répandue comme une épidémie. Et la myopie touche même ceux qui font profession de leur sagacité. À l'émission « Arrêt sur images » sur France 5, la rédaction s'était donné douze jours pour « enquêter ». Le 21 novembre, les commentateurs des médias reviennent sur les plans de la télévision ivoirienne. Ils les ont « mille fois » regardés, affirment-ils. Verdict : les soldats ne semblent pas tirer dans la foule... Pendant l'émission on ne cite à aucun moment le chiffre des victimes. Victimes qui semblent inexistantes. En guise d'expertise sur les événements, une brochette de communicants dont aucun n'était présent sur les lieux. Le pic du comique involontaire est atteint lorsque Alain Foka, journaliste à RFI-Paris, objecte à Daniel Schneidermann, patron de l'émission, que les Ivoiriens ont été choqués du « choix de la télévision française de ne jamais donner la parole aux gens qui étaient sur place ». Le commentateur des médias écarquille alors les yeux, sincèrement interloqué :

« Vous faites allusion à quoi ? »

Le 28 novembre 2004, soit dix-neuf jours après les faits, nous avons retrouvé le chef des fameux gendarmes ivoiriens présents à l'hôtel Ivoire. Ceux dont la ministre de la Défense, Michèle Alliot-Marie, a salué le sacrifice. Nous interviewons par téléphone le colonel Guai Bi Poin. Nous sommes deux jours avant la diffusion de notre émission. Ses déclarations vont faire exploser toutes les versions servies jusqu'alors par le ministère de la Défense. Comme l'a déclaré Michèle Alliot-Marie, le gendarme ivoirien confirme être venu s'interposer devant l'hôtel Ivoire entre la manifestation et le dispositif français avec soixante de ses hommes. Mais il nous affirme que les manifestants n'étaient pas armés – même pas de pierres ou de bâtons – et qu'après une bousculade dans la foule, un officier français, le colonel Destremeau, a donné l'ordre à ses hommes de tirer. Ils ont tiré à tir tendu et à balles létales, dit-il. Un gendarme ivoirien a bien été tué, mais par des balles françaises et non ivoiriennes.

L'avant-veille de la diffusion de notre émission, l'Agence France Presse publie aussi les déclarations de Bi Poin. C'est ce soir-là que le cours de la vérité bascule. Lors du « Grand Débat » sur RTL, Michèle Alliot-Marie, interrogée sur l'existence de nos images, reconnaît enfin que oui, « l'armée française a pu faire un usage total de ses armes à feu », c'est-à-dire tuer des manifestants à tir tendu. Les journalistes présents, à qui on ne peut pas reprocher leur manque de tact, n'iront pas jusqu'à rappeler à la ministre ses déclarations de la semaine précédente sur France 3 : « En ce qui concerne les soldats français, ils n'ont jamais, depuis le début, à l'égard de cette foule et de ces milices fait autre chose que des tirs de sommation... »

Pour nous s'engage une course contre la montre. Nous n'avons plus que deux jours avant l'antenne pour interviewer la ministre de la Défense. Notre caméra était la seule présente sur les lieux, ce sont nos images qui ont lancé le débat et il serait légitime qu'elle parle chez nous. Ce qui nous intéresse ? La chaîne de commandement. Savoir qui a donné l'ordre de tirer. Sur la base de quelles données ? Est-ce qu'on peut, depuis Paris, prendre une décision pareille ? Peut-on être intoxiqué ? Qui aurait menti alors ?

J'aurai plusieurs fois au téléphone Philippe Le Corre, un des spin doctors d'Alliot-Marie. C'est un ancien journaliste, plutôt marqué à gauche. De plus en plus, les experts en communication politique viennent du monde de la presse. Ils connaissent les ficelles du métier, les parades, les contre-offensives. De toute évidence, Philippe Le Corre sait la lourdeur du média télé, sa logistique qui l'astreint à des temps de réaction plus lents. Pendant ces deux jours, nous jouerons une étrange partie d'échecs.

Tout d'abord, le ministère a demandé à pouvoir visionner la cassette de notre sujet avant diffusion. C'est contraire à toutes les règles de notre métier. Néanmoins, nous acceptons. Dans une affaire d'une telle gravité, nous souhaitons travailler dans la transparence, ne pas prendre le ministère au piège, leur donner le temps et les moyens d'approfondir le dossier.

Nous sommes naïfs.

La veille de la diffusion, coup de fil à Philippe Le Corre. Il ne nous reste plus que cinq ou six heures pour agir. Il a vu la cassette, il a entendu l'interview du gendarme ivoirien. Il doute beaucoup que la ministre accepte de s'exprimer à la suite d'un officier ivoirien. Dont le témoignage est sujet à caution.

L'entretien téléphonique est truffé de sous-entendus.

« Vous n'ignorez pas que le journaliste de l'AFP qui a diffusé l'interview de l'officier de gendarmerie ivoirien est au bord de la démission ? Il a juste découvert après coup que ce gendarme est totalement inféodé à Gbagbo. C'est un fanatique. Responsable de la répression de manifestations d'opposants.

— Je suis perplexe, lui réponds-je. C'est la ministre elle-même qui a signalé la présence des gendarmes ivoiriens à l'hotel Ivoire. Sans elle, nous n'aurions pas su que des gendarmes étaient intervenus pour protéger les Français. Mais maintenant que leur commandant, un témoin direct, vous me l'accorderez, ne confirme pas votre version, il n'est plus fréquentable...

— Son témoignage est orienté. Il n'est pas neutre. Vous ne devriez pas lui offrir une tribune pareille.

— La base de notre métier c'est de donner la parole à toutes les parties et de réunir le maximum d'éléments matériels pour vérifier les dires des uns et des autres. Le point de vue de l'armée française est largement représenté comme vous avez pu le constater au vu de la cassette. Le général Henri Poncet donne une version détaillée des faits. Maintenant, il serait important d'avoir la position de la chef des armées. Sinon, on peut toujours rediffuser des images de ses déclarations au "Grand Débat", il y a deux jours, où elle reconnaît qu'il y a eu un "usage total" des armes à feu. Mais vous avouerez que c'est moins pointu.

— Vous ne pouvez pas faire ça, s'énerve Philippe Le Corre. Vous ne pouvez pas diffuser des déclarations de la ministre juste derrière un simple officier de la gendarmerie ivoirienne. Ce n'est pas le même rang, vous êtes capable de comprendre ça, n'est-ce pas... »

Je suis peut-être censé comprendre tout seul une idée simple : si le colonel ivoirien disparaissait de l'émission, on pourrait réévaluer notre position. Je fais l'idiot. Je suis assez doué pour faire l'idiot.

« Avant d'être un colonel, un caporal ou un sergent, dis-je, il s'agit d'un témoin direct de dernière heure. Et donc il est légitime qu'on l'interroge. Quant aux aspects politiques de cette histoire, et pour équilibrer le sujet, nous souhaitons avoir la position de la ministre française. Il n'y a rien d'insolite à tout ça. Vous connaissez le b.a.-ba du métier...

— De toute façon, me répond sèchement Philippe Le Corre, la ministre n'a pas le temps aujourd'hui. Vous n'allez peut-être pas me croire mais elle a des choses plus importantes à faire...

— Vous trouvez que ce n'est pas important, cette histoire ?

— Ce n'est pas l'affaire de l'année, non... »

Philippe Le Corre me propose d'interviewer en France un officier de l'armée française tout en me répétant que la ministre n'a pas le temps de me parler aujourd'hui.

Le lendemain à 19 heures, soit deux heures avant notre antenne, manifestement sur la base des informations présentes dans notre film, le ministère de la Défense envoie un communiqué à l'Agence France Presse. Il reconnaît ce que montrent nos images. Oui, des hélicoptères de combat ont tiré environ « 300 obus de 20 millimètres » sur les ponts lors de la nuit du 6 novembre, des tirs de semonce, dans l'eau, et « d'intimidation devant les manifestants ». Le ministère admet qu'il est « possible » que ces tirs aient tué. Pour les justifier, l'armée forge un concept nouveau : la « légitime défense élargie ». En ce qui concerne l'hôtel Ivoire, le communiqué évoque « une manipulation énorme visant à nous pousser à la faute ». Les gendarmes ivoiriens ne sont plus les figures héroïques venues « s'interposer » tels qu'ils avaient été décrits par la ministre Alliot-Marie. Désormais, ils sont dénoncés pour leur « action ambivalente ».

Manque une information essentielle : qui a donné l'ordre de tirer ?

Nous découvrirons au journal de 20 heures de France 2 que, dans l'après-midi, Michèle Alliot-Marie avait finalement trouvé le temps de s'exprimer... La ministre accuse maintenant les gendarmes ivoiriens. Ils ne sont plus venus faire rempart de leurs corps entre les Français et la manifestation. Ils se sont au contraire saisis d'un soldat français et l'ont jeté dans la foule ivre de colère. Pour éviter que le jeune soldat ne soit lynché, les militaires français ont dû faire usage de leurs armes.

Voilà. Le journaliste venu recueillir ses propos ne la relance pas. Aucune question sur les contradictions accumulées. Le communiqué a valeur de point final.

Le 26 novembre 2004, les autorités sanitaires ivoiriennes énoncent un chiffre des pertes civiles : 57 morts, dont 10 par étouffement, et 2 226 blessés. Après notre diffusion, l'équipe de l'émission « Arrêt sur images » (5 décembre 2004) a re-regardé les images de l'hôtel Ivoire et reconnu qu'après tout, oui, l'armée a peut-être bien tiré dans la foule. Dans le journal *Libération*, le colonel Destremeau, responsable des forces françaises à l'hôtel Ivoire, réclame une commission d'enquête pour « l'honneur de ses soldats ».

Il n'y aura pas de commission d'enquête. Le président Gbagbo a engagé les services d'un cabinet d'avocats britannique. Celui-ci a réuni suffisamment d'éléments pour entamer une procédure devant une juridiction indépendante mais Gbagbo préfère garder le dossier sous le coude. Cet homme madré tient à renouer de bonnes relations avec la France. Il n'a pas intérêt à ce qu'on cherche pourquoi ses avions ont bombardé la caserne de l'armée française à Bouaké. Un acharnement dans cette histoire ne l'arrange pas. Seule l'ONG Amnesty International, connue pour son indépendance, mène une investigation sur le terrain. Ses conclusions viennent confirmer ce qui est montré dans notre enquête : s'ils comprennent que l'armée française ait pu tirer par peur d'être submergée, ils dénoncent un « usage excessif de la force et d'armes létales contre des civils[1] ». À part dans *Le Canard enchaîné*, ce rapport sera copieusement ignoré par la presse.

Enfin, en guise d'épilogue, le 17 octobre 2005, le général Henri Poncet, responsable de la force Licorne en Côte-d'Ivoire,

---

1. « Côte-d'Ivoire : leçons à tirer », rapport d'Amnesty International, *op. cit.*

est suspendu de ses fonctions par Michèle Alliot-Marie. Motif ? Il aurait menti à sa ministre de tutelle. Pour couvrir un assassinat commis par ses hommes sur un Ivoirien en mai 2005. Dans *Libération*[1], le spécialiste Défense, Jean-Dominique Merchet, offre une explication plus globale à la sanction. Il suggère que le général paye sa gestion des événements de novembre 2004, la tuerie devant l'hôtel Ivoire et le mitraillage des ponts. Le journaliste, très proche des sources militaires, laisse entendre que Poncet n'aurait pas informé correctement son ministère de tutelle. « Même le centre opérationnel des armées à Paris a mis plusieurs jours avant d'être capable de reconstruire un scénario à peu près crédible des événements. » Sa réaction « brutale » est soulignée : « Utilisation d'hélicoptères de combat pour bloquer la foule sur les ponts. [...] Tirs devant l'hôtel Ivoire devant lequel manifestaient les fidèles de Gbagbo. » Et encore, affirment ses subordonnés, ça aurait pu être pire, s'ils n'avaient pas refusé de « faire du chiffre »... Bizarrement, aujourd'hui encore, personne n'a posé la seule question qui compte : un crime de guerre a-t-il été commis en novembre 2004 ?

---

1. 5 janvier 2006.

Décrédibiliser

L'industrie française du nucléaire exploite une mine d'uranium au Niger, à Arlit. D'après l'enquête de Michel Despratx pour « 90 minutes » (25 avril 2005), cette mine est à l'origine d'une contamination radioactive qui a atteint les ouvriers africains, le village voisin et le réseau d'eau potable. Areva, l'entreprise française responsable de la mine, a refusé de nous rencontrer pour répondre à ces questions. Trois jours avant la diffusion de notre sujet, alors qu'il est bouclé depuis longtemps, qu'il a été envoyé à la presse qui l'a déjà commenté, Areva publie sur son site Internet les résultats d'une enquête qu'elle avait refusé de nous communiquer. Cette étude, menée par des scientifiques de l'IRNS (Institut de radio-protection et de sûreté nucléaire), affirme que les normes de sécurité appliquées au Niger sont les mêmes qu'en Australie et au Canada et que « le taux de radioactivité auquel est exposée la population demeure faible ».

Il est bien sur inimaginable pour nous de ne pas mentionner cette étude. En revanche, il est trop tard pour modifier notre reportage.

« Ils veulent nous prendre en défaut d'objectivité, remarque Luc Hermann, le rédacteur en chef. Si nous omettons le rapport de l'IRNS nous serons considérés comme des journalistes malhonnêtes. Ils le rendent public alors qu'ils savent que le reportage est bouclé. Ils l'ont probablement déjà visionné puisque la cassette se balade dans toutes les rédactions.

— *T'es pas un peu parano ?* s'inquiète le reporter Michel Despratx.

— *Tu verras...* »

Nous décidons d'enregistrer un « plateau » au sein de la rédaction afin que Michel Despratx puisse signaler l'étude et porter un avis. Le 25 avril au soir, mission accomplie, en toute honnêteté nous avons signalé le rapport de l'IRNS et ses limites.

Dès le lendemain, venant confirmer les craintes de Luc Hermann, sur le site Internet d'Areva, un communiqué est publié. Il nous accuse d'avoir « passé sous silence » l'étude de l'IRNS. Voilà bien la preuve de notre « partialité » et « manque d'objectivité manifeste »... Ce qui, de leur point de vue, remettait en cause la crédibilité de notre enquête.

Nous nous empressâmes d'envoyer une cassette vidéo de l'émission en entier qui faisait preuve de notre mention de la fameuse étude. Nous leur demandions par conséquent de modifier les affirmations inexactes publiées sur leur site. Rien ne fut fait. À l'heure où j'écris ces lignes, leur site Internet affiche encore le communiqué mensonger sans aucune rectification d'Areva.

Nicaragua : le laboratoire du « Projet Vérité »

Pour justifier une guerre illégale, en Amérique centrale, au milieu des années 1980, les États-Unis ont jeté les bases d'une machine de propagande qui sera utilisée lors de l'invasion de l'Irak. Nom de code : Projet Vérité. Les mêmes hommes sont aujourd'hui aux commandes. Où l'on découvre que le Nicaragua est la matrice du mensonge sur les armes de destruction massive.

Le 21 mars 1985, un groupe d'intellectuels prestigieux (Bernard-Henri Lévy, Jean-François Revel, Emmanuel Leroy-Ladurie, Fernando Arrabal...) demandait au Congrès américain d'autoriser le président Ronald Reagan à financer les contras[1]. L'objectif de ce groupe armé nicaraguayen : anéantir le gouvernement de gauche tenu par les sandinistes. Un gouvernement élu démocratiquement mais qui avait pour vilain défaut de nourrir une orientation socialiste. Un penchant mortel à quelques heures de vol du territoire américain. À cette époque, dans tous les pays d'Amérique centrale, Washington finance et forme des escadrons de la mort pour faire face à la gauche ou aux guérillas indigènes.

Comment convaincre des démocrates au pedigree impeccable de s'engager en faveur d'un groupe d'extrême droite, d'une organisation terroriste qui n'hésite pas à détruire les « cibles

---

1. *Le Monde*, 21 mars 1985.

83

molles » *(soft targets)*, l'appellation que les militaires donnent aux civils. Sont visés en tout premier lieu les fonctionnaires des services publics, ceux qui travaillent dans les écoles, les coopératives agricoles et les dispensaires médicaux. Les coopérants étrangers constituent aussi une cible légitime[1]. Dans les faits, les contras attaquent les villages agricoles et tirent sur tout ce qui bouge, hommes, femmes et enfants.

Pour aider la Contra à œuvrer avec plus de discernement, la CIA a concocté un manuel technique : « Les opérations psychologiques lors de la guerre de guérilla ». Lorsqu'ils s'adressent à la population, les contras doivent rappeler à chaque début de phrase qu'ils se battent pour la liberté, qu'ils portent une « croisade » pour la démocratie et sont pétris de valeurs « chrétiennes ». Pour répandre une « terreur implicite », ils doivent « prendre en otages les officiels et agents du gouvernement sandiniste ». La possibilité d'une exécution publique est suggérée mais seulement quand la situation s'y prête, quand la population peut y adhérer. Le manuel recommande, « si possible, d'embaucher des criminels professionnels pour réaliser des opérations ciblées[2] »...

Après la révélation de ce *vade-mecum* par Associated Press en octobre 1984, un comité de parlementaires américains enquête et établit que les contras « violaient, torturaient et assassinaient des civils innocents, y compris des enfants » et que des « groupes de civils, notamment des femmes et des enfants, avaient été brûlés, démembrés et décapités ». Cette guerre fera près de 40 000 victimes civiles. Pour amoindrir le scandale, le patron de la CIA, William Casey, était venu expliquer devant le Congrès en 1984 que le manuel d'opérations psychologiques fourni aux contras avait pour but de les « modérer[3] ».

---

1. « The real war : low intensity conflict in Central America », NACLA Report on the Americas, avril-mai 1986.

2. Rapport consultable in extenso sur le site de Granite Island Group, une entreprise de sécurité privée.

3. Rapporté dans le site du Media Watch Dog : doublestandarts.org

Je dois ici avouer une motivation personnelle. Une colère intime. Mieux vaut l'énoncer avec honnêteté dès le début, comme ça on est débarrassé et on peut continuer.

À la fin des années 1980, au cours d'un reportage au Nicaragua, j'ai moi-même été, pendant quelques longues minutes, classé « cible molle » (susceptible, par conséquent, d'être percé par du métal dur...). Je garde une image claire du fossé qui aurait dû accueillir mon dernier souffle. Et j'ai honte, encore aujourd'hui, d'avoir tremblé comme une feuille par ce petit matin froid de février.

Nous avions été arrêtés sur une piste, près de Jinotega, par une patrouille de la Contra. Notre véhicule n'était pas une pimpante voiture de location placardée de gros TV en Scotch noir. Je voyageais avec un coopérant belge dans sa Lada décatie. Le Belge s'était proposé de m'emmener visiter les coopératives agricoles qui vivaient sous le feu de la Contra. Je travaillais alors pour la presse écrite. Pas de caméra de télévision. Pas même d'appareils photo. Notre allure débraillée, notre chevelure et notre absence de matériel désignaient sans marge d'erreur possible les *internacionalistas*, ces brigadistes civils qui étaient venus donner un coup de main à la jeune démocratie nicaraguayenne. Le Belge travaillait effectivement à Radio Sandino. Sa voiture, boueuse, rouillée, munie d'une plaque d'immatriculation d'expatrié, trahissait son statut. Les contras nous avaient sortis du véhicule. Le Belge, aggravant notre cas, avait arrêté le moteur comme d'habitude, en débranchant un fil sous le capot. Un minibus de paysans nicaraguayens qui venait en sens inverse avait lui aussi été stoppé. Ils avaient obligé les voyageurs à sortir. Les femmes pleuraient et les hommes tentaient de contrôler leurs tremblements en croisant les bras, le regard au sol. Mauvais signe : le Belge et moi avions été mis de côté et une dizaine de canons nous regardaient de haut. Le commandant de la colonne contra, un métis aux moustaches tombantes et aux jambes arquées, nous toisait par en dessous, les mains sur les hanches. Il grimpa sur un billot pour se donner de la solennité et entama un discours sur la « racaille communiste étrangère qui venait pourrir la patrie »... Les très jeunes combattants qui nous tenaient sous la menace de leurs fusils tentaient de ne pas croiser nos yeux. Je sentais la gêne affleurer sur leurs visages. Tuer un homme désarmé, à froid, ne doit pas être un geste facile. Dans un éclair, j'ai soudain pressenti une mauvaise chute au discours xénophobe du petit chef. Quelques mois auparavant, en avril 1987, les contras n'avaient pas hésité à tuer un ingénieur américain, un sympathisant sandiniste, Benjamin Linder. Oui, un Américain ! Quasiment une vache sacrée pour eux. Alors pourquoi pas nous ? Avant qu'il ait fini de parler, je m'étais exclamé sur un ton de malentendu outré : « Mais nous sommes journalistes ! *Periodistas ! Periodistas...* » Par je ne sais quel miracle, j'étais parti ce matin-là avec ma carte de presse française. Ce document qui sert surtout à rentrer à l'œil dans les musées parisiens sans faire la queue se trouvait là dans la poche de ma chemise. Je le brandissais et, tout en éloignant d'un geste délicat le canon d'un M16, j'avais profité du flottement pour franchir le cercle. Je l'avais remise au chef contra sans cesser de parler pour éviter que le charme ne se dissipe. Il avait attrapé la carte jaune barrée d'un bandeau bleu, blanc, rouge, l'avait longuement examinée. Recto verso. Il avait l'air un peu contrarié.

Voilà qui modifiait la procédure...

Les contras ne tuaient pas les journalistes. Pas sur leur feuille de route. Il avait entamé un autre discours type, appris par cœur un peu de travers, sur la « dictature sandiniste » et ses « organes de tolérance ». J'avais été encouragé à prendre des notes.

« Tolérance ? Vous êtes sûr ?

— Ne m'interrompez pas ! »

Pendant que je faisais semblant d'écrire en réprimant une douce euphorie – survivre, on allait survivre ! –, j'observais du coin de l'œil l'équipement des combattants. Leur opulence. Bottes et uniformes neufs, fusils d'assaut M16, talkies-walkies, lampes-torches, poignards en sautoir, gourdes, pistolets, cartouchières... Pas de crochets, ni de lanières antiques, pas de ficelle en rafia, le bricolé des soldats qui vivent dans la jungle. Que du velcro et du nylon brillant de neuf. Du matériel moderne. Exclusivement américain. En face, les sandinistes de l'armée régulière étaient moins étincelants, équipés chacun d'un pantalon rapiécé, d'une chemise avec, dans le meilleur des cas, la plupart de ses boutons et d'une arme écaillée.

C'est cette armée de gueux que le président Reagan se devait de rhabiller en menace sérieuse pour le monde libre. Pas facile. D'autant que lorsqu'il devient président des États-Unis d'Amérique, en 1981, Reagan doit faire face à une presse enivrée par son triomphe en contre-pouvoir dans l'affaire du Watergate. Des journalistes qui cultivent un esprit d'investigation offensif et, globalement, un certain mépris pour cet acteur de série B, populiste et réactionnaire. Pour la nouvelle administration conservatrice, leur mise au pas sera une priorité. Une cellule spécialisée va réussir à les fragiliser peu à peu. En moins de dix ans, effrayés, intoxiqués, les rédacteurs en chef seront rendus dociles. Pour cela, la Maison-Blanche va développer une opération de « propagande blanche » à l'ampleur inédite dans l'histoire américaine. Le nom de code du projet n'aurait pas déplu à George Orwell : Project Truth, Projet Vérité.

Pourquoi est-il fondamental de comprendre ce qui s'est passé au Nicaragua dans les années 1980 ? D'après Greg Grandin, professeur à l'université de New York : « Les guerres de Reagan en Amérique centrale doivent être comprises comme un essai pour ce qui se passe aujourd'hui au Moyen-Orient. C'est lors de ces guerres que s'est formée la coalition de néoconservateurs, d'évangélistes chrétiens, de néolibéraux et de nationalistes qui soutient l'expansionnisme de Bush aujourd'hui[1]. »

En effet, les hommes de Reagan triomphent maintenant aux postes clés du gouvernement de George W. Bush. Et le bourrage de crâne sur les « armes de destruction massive » irakiennes ressemble étrangement aux mensonges du Projet Vérité au Nicaragua...

---

1. Greg Grandin, *Empire's Workshop*, Metropolitan Books, mai 2006.

Objectivement, la tâche était rude pour les psyop de Reagan. Repeindre un minuscule pays d'Amérique centrale, 3 millions d'habitants, exsangue, misérable, en ruine, en « danger pour notre hémisphère »... Il y fallait du talent et des moyens. Ils ne manqueront pas. Pourquoi une telle urgence à pulvériser un moustique ? Parce que Washington craignait une contamination. La fameuse théorie des dominos. William Casey, le patron de la CIA de l'époque, l'a admis sans tourner autour du pot : il fallait « ne pas permettre que le Nicaragua existe en tant qu'État modèle de gauche à partir duquel les flammes de la révolution se propageraient vers le nord[1] ». Une vision de cauchemar hante les États-Unis depuis les insurrections populaires de Zapata et Villa : le Mexique tombe et le socialisme rouge s'installe le long du rio Grande. Dans la diplomatie américaine, il existe un axe majeur : la doctrine Monroe. Celle-ci n'octroie aux États d'Amérique centrale et de la Caraïbe qu'une souveraineté limitée. La démocratie, oui, à une condition : que les intérêts commerciaux et politiques des États-Unis ne soient pas remis en cause. Sinon ? Ils envoient leurs troupes et envahissent les pays désobéissants (84 fois depuis 1798) ou télécommandent des putschs (25 coups d'État ces trente dernières années).

Au Nicaragua, les Américains avaient installé une dynastie de chefs d'État corrompus, les très riches et très meurtriers Somoza. Pendant quarante années, de père en fils, ces tyrans kleptomanes servirent en bons mercenaires les intérêts de Washington. De Somoza père, le président américain Franklin Delano Roosevelt dira : « Somoza est un fils de pute. Mais c'est NOTRE fils de pute ! » Dans les années 1970, une guérilla nationaliste, de gauche, les sandinistes, s'est formée pour renverser le dernier des Somoza. La voie militaire était la seule issue pour l'opposition. En matière de dialogue politique, Somoza nourrissait une préférence pour les arguments balis-

---

1. Bob Woodward, *Veil : the Secret Wars of the CIA, 1981-1987*, Simon and Schuster, 1987.

tiques. Il avait fait assassiner Joaquín Chamorro, le directeur de *La Prensa*, un journal qui ne lui était pas favorable. De lui, son propre « conseiller en image » américain écrira : « C'est un enfant gâté devenu adulte, un je-sais-tout qui demande des conseils mais n'en tient pas compte, un porc, un violent, une insupportable brute[1]... »

En 1978, en pleine offensive de la guérilla sandiniste, la Garde nationale de Somoza, trop convaincue de son impunité, commet une légère erreur. Elle assassine un journaliste américain. Sans savoir qu'un photographe filme à distance. Aux États-Unis, c'est un électrochoc. Ouverture des journaux. Scandale national. Le président Carter est obligé de réagir. Il lâche Somoza. Qui s'écroule alors en quelques semaines. En juillet 1979, les *muchachos* sandinistes entrent dans Managua. Somoza a fui. La capitale tombe sans violences excessives. Contrairement à La Havane, en 1959, lors de la prise de pouvoir par Castro et Che Guevara, les pelotons d'exécution ne fusillent pas à tour de bras. Les sandinistes semblent plus inspirés par la révolution des œillets portugaise que par le modèle bolchevique autoritaire.

En 1981, Ronald Reagan, conservateur républicain et anti-communiste obsessionnel, remplace le démocrate Jimmy Carter à la présidence des États-Unis.

Il veut réinstaller une Amérique impériale. Il animera deux grandes guerres. L'une en Afghanistan contre la présence soviétique. L'autre au Nicaragua contre les sandinistes. Il financera avec générosité deux mouvements supplétifs : les islamistes et les contras, affublés de la même appellation lyrique : *freedom fighters*, les combattants de la liberté, « les amants de la liberté et de la démocratie auxquels nous devons venir en aide où qu'ils se trouvent[2] ».

---

1. Norman Wolfson, « Selling Somoza : the lost cause of a PR man », *National Review*, 20 juillet 1979, rapporté par John Stauber et Sheldon Rampton dans *Toxic Sludge is Good for You*, Common Courage Press, 1995.

2. Cité dans « CIA et cocaïne : enquête à hauts risques », « 90 minutes », Canal+, 25 avril 2005.

Avec le Nicaragua, Reagan patine un peu. Les sandinistes naviguent entre le marxisme et le christianisme, ils cultivent un style « échevelés-en-treillis » qui affiche mal à Washington et ils entretiennent de bonnes relations avec Cuba et l'Union soviétique. Mais, d'un autre côté, ils sont aussi soutenus par la Suède, les social-démocraties d'Europe du Nord et certains d'entre eux courtisent l'Internationale socialiste. De plus, ils n'ont pas éliminé les partis d'opposition et affirment vouloir respecter le suffrage universel. Réalité ? Mensonge ? Manipulation ? Malheureusement l'Histoire n'est pas avare de révolutions bien intentionnées qui tournent au franc cauchemar.

À la fin des années 1980, je me rends en reportage au Nicaragua avec la ferme intention d'en avoir le cœur net. À l'aéroport de Managua, je grimpe dans une épave roulante qui n'a pas renoncé au titre de taxi. « Déposez-moi au centre-ville... »

Au bout d'une vingtaine de kilomètres, la voiture s'est arrêtée au milieu d'un champ de ruines. En toute logique, je me dis que mon chauffeur a mal compris. Il me largue en banlieue à cause de ma mauvaise prononciation... Je répète en détachant les syllabes.

« *Cen-tro ciu-dad... Cen-tro ciu-dad...*

— C'est ici, monsieur... Ils n'ont jamais reconstruit depuis le tremblement de terre. »

En 1972, un séisme monstrueux avait rasé la capitale. La communauté internationale avait versé des millions de dollars. Somoza avait viré directement l'argent sur ses comptes suisses. La ville s'était reconstruite en pôles urbains isolés les uns des autres. Avec des fonds suédois, les sandinistes avaient rebâti un ou deux bâtiments publics. Pour le reste, la désolation et la misère sautaient aux yeux. Un vieux blindé minuscule et rouillé servait d'aire de jeux à des gosses sans chaussures... Des chiens faméliques et pelés traînaient dans les gravats. Voilà donc le pays dont la menace militaire mobilisait la machine de guerre américaine...

Mon radar à dictature est en alerte automatique. Je guette les signes. Les silences soudains. Les regards qui fouillent. Les chuchotements inquiets. Au bout de deux heures à Cuba, mon préjugé favorable envers le « socialisme tropical » de Fidel s'était dissipé. J'avais repéré la peur dans les yeux. Lorsqu'ils prenaient le risque de s'adresser à moi dans la rue, les Cubains guettaient sans cesse les « ventilateurs », surnom donné aux informateurs invisibles noyés dans la population ; ils évoquaient la *doble moral*, double langage permanent, double forme de pensée, schizophrénie des peuples soumis au quadrillage d'un État tyrannique. De cela, au Nicaragua, je ne perçois rien. Dans la rue, j'achète *La Prensa*, journal d'opposition violemment antisandiniste. Un soir, dans un restaurant, j'entends tonner un homme massif au teint clair, apparemment nourri à la viande de bœuf en excès : « Je hais ces communistes de merde ! » Sur l'île du *comandante* Castro, il serait allé terminer son repas et sans doute ceux des dix prochaines années dans une cantine de pénitencier. À Managua, l'économie de marché n'a pas disparu. La ville n'a pas la teinte grisâtre, lugubre, de La Havane. Il y a des restaurants, des magasins et des gargotes.

Et surtout, les partis d'opposition distribuent des tracts dans la rue. Manifestent librement.

Bien sûr, le pays souffre sous le poids de la guerre et de l'embargo. Les autobus tchécoslovaques bondés, cacochymes, pestilentiels, sont insuffisants. La lassitude, les difficultés pour survivre creusent les visages. Les sandinistes en rajoutent dans la mobilisation volontaire de la population et l'enthousiasme révolutionnaire un peu exagéré. Mais je ne vois pas de peur. Jamais de peur.

Le gouvernement sandiniste porte les sempiternelles valeurs des républicains d'Amérique latine, les mêmes depuis Bolívar et les indépendances arrachées aux colonisateurs ibériques (sans doute aussi les valeurs des sans-culottes de 1789) : redistribution aux petits paysans des grandes exploitations agricoles héritées du colonialisme, éducation et santé pour tous, autonomie par rapport au puissant voisin américain... Le système de santé publique mis en place porte assez vite ses fruits. La mortalité infantile chute. Au point que l'Organisation mondiale de la santé, à Genève, l'érige en modèle reproductible dans les autres pays en voie de développement. Un prix Nobel de la paix argentin, le chrétien Adolfo Pérez Esquivel, se rend plusieurs fois au Nicaragua. Il est sidéré. Leur campagne d'alphabétisation, dit-il, est « l'une des plus efficaces d'Amérique latine ». Le gouvernement de Managua, remarque-t-il, a aboli la peine de mort et « fait preuve d'une retenue extraordinaire dans le traitement de ses ennemis vaincus[1] ».

Washington n'a pas attendu que les sandinistes commettent le moindre abus de pouvoir pour commencer à financer les premiers groupes armés antigouvernementaux dès 1980. Ce sont d'anciens militaires de la Garde nationale de Somoza, plus habitués à terroriser la population qu'à se battre. Les contras, c'est leur nom, s'illustrent par leurs exactions. Le soutien américain est officiel. Les ports sont minés. L'embargo étrangle le pays et les communautés agricoles sont attaquées. Des centaines de civils sont tués avec des armes et de l'argent de Washington. Pour la première fois de leur histoire, les États-Unis font l'objet d'une procédure judiciaire pour terrorisme à la Cour internationale de justice de La Haye.

De leur côté, les sandinistes viennent de mettre en place une démocratie parlementaire et s'engagent à se soumettre au choix des urnes. En 1984, ils organisent des élections. Quatre cents observateurs internationaux scrutent attentivement la régularité du scrutin. Les sandinistes remportent loyalement la victoire avec les deux tiers des suffrages exprimés.

Du coup, le Congrès américain hésite un peu à renouveler son soutien à l'effort de guerre de Reagan. Les parlementaires se demandent s'il existe vraiment une raison valable d'attaquer un État de droit. Comment justifier de financer avec l'argent du contribuable américain une agression militaire contre un gouvernement démocratiquement élu ? Ne va-t-on pas à l'encontre des

---

1. *The New York Times*, 2 avril 1985, rapporté par Andréas Freund dans *Journalisme et mésinformation*, La Pensée sauvage, Paris, 1991.

principes de l'Amérique ? En 1984, le Congrès refuse son aide à Reagan. Jusqu'en 1986, les financements de la Contra avec de l'argent public sont rendus illégaux. À ce moment, l'administration Reagan comprend qu'elle va devoir gagner la guerre de la propagande contre l'opinion publique nationale et internationale. Au sein de la Maison-Blanche est créée une cellule de « communication » : le bureau de la diplomatie publique, Office for Public Diplomacy. Sa mission : mettre un « chapeau noir » sur les sandinistes et un « chapeau blanc » sur les contras. Tous les réseaux seront mobilisés, les *think tanks*, toutes les fondations de la droite extrême, tous les soutiens du grand business privé sont mis à la disposition de la croisade de Reagan.

Revenons au Café de Flore et à la pétition des intellectuels parisiens. C'est dans ce contexte d'offensive idéologique qu'elle est publiée, en 1985. Elle est signée par une quinzaine de personnalités. Des dissidents du bloc de l'Est réfugiés en France, d'anciens résistants français et quelques intellectuels perçus comme étant de gauche, tel Bernard-Henri Lévy. Le saint Graal en communication-propagande est de légitimer une politique de droite par un homme de gauche, une industrie polluante par un écologiste, de la nourriture industrielle par un diététicien.

Le texte appelle le Congrès américain à reprendre un financement militaire contre cette « dictature » gérée par un « parti totalitaire ».

Pour « totalitaire », il faut trouver des arguments concrets. Alors ils écrivent : « Ainsi que les élections l'ont montré, et malgré les pressions du Front sandiniste de libération nationale, plus de la moitié des électeurs nicaraguayens lui ont refusé leur suffrage. » Par quelle contorsion arrivent-ils à un tel résultat ? Le taux de participation est de 80 % et 66,95 % des votes sont allés aux sandinistes. L'équation qu'ils proposent est la suivante : 66,95 % d'électeurs sur 80 % de participation, ça fait moins de la moitié de la population en âge de voter. Parmi ces esprits brillants personne ne s'est saisi d'une calculette pour vérifier. Le calcul est faux. Les sandinistes sont en fait élus avec

53 % de la totalité du corps électoral. De plus, si les pétitionnaires avaient appliqué ce même mode de calcul à l'homme qu'ils révèrent, Ronald Reagan, ils auraient découvert qu'au vu d'un taux de participation de 50 % seulement des électeurs américains, celui-ci n'a remporté son siège qu'avec 33 % des voix de l'ensemble du collège électoral. Ce qui signifie que deux Américains sur trois lui ont refusé leur vote et qu'on peut donc dans leur logique questionner la légitimité démocratique du gouvernement américain[1].

Qui a convaincu ces belles signatures de s'engager de manière aussi aveugle dans cette opération de propagande en faveur d'assassins ? Vingt ans plus tard, les mémoires flanchent. Interrogé en 2003 pour l'émission « Lundi investigation », BHL ne se souvient pas.

« Vous avez le document ? demande-t-il au journaliste.

— Bien sûr...

— Eh bien oui alors... »

En 2005, Bernard-Henri Lévy se ravisera (qu'il est triste pour un homme dont le modèle est Malraux pendant la guerre d'Espagne d'avoir loupé la seule occasion de prendre, en son temps, le parti des républicains contre celui des franquistes...). Non, il n'a jamais signé ce texte, on lui aura volé sa signature. C'est ce qu'il explique à deux journalistes, Nicolas Beau et Olivier Toscer, qui enquêtent sur son parcours politique.

D'où vient l'initiative de cette pétition ? De la branche européenne d'un groupe américain : The International of Resistance, financée notamment par une fondation conservatrice privée, la John Olin Foundation, toute dévouée au président Reagan[2].

BHL et d'autres intellectuels ont-ils pu vraiment signer ce texte sans le savoir ? Sans se dédire à l'époque ? Au crédit de leur bonne foi, il n'est pas impossible, vu les multiples montages, manipulations et mensonges développés par Washington, qu'une

---

1. Cité par Andréas Freund, dans *Journalisme et mésinformation, op. cit.*
2. Nicolas Beau et Olivier Toscer, *Une imposture française,* Les Arènes, 2006.

partie des signataires n'aient effectivement pas été consultés avant de « signer ». Ou plutôt qu'ils aient été assez naïfs ou enflammés pour se laisser abuser par l'énorme machine de propagande. Ils ne furent pas les seuls. Le 6 février 1982, *Le Figaro Magazine* publiait une photo très spectaculaire d'un amoncellement de corps livrés aux flammes : un « massacre d'Indiens Miskitos » par les sandinistes. L'image rappelait implacablement celles des camps de la mort. Ces photos avaient été produites par le secrétaire d'État aux Affaires étrangères, Alexander Haig, lors d'une conférence de presse événement.

Haig crie au génocide sandiniste (toujours émouvant de voir un membre du gouvernement américain se scandaliser pour le sort des Indiens...).

Il s'agit d'une manipulation grossière. En fait, ces photos ont été prises après un tremblement de terre, bien avant que les sandinistes n'arrivent au pouvoir. La Croix-Rouge avait décidé de mettre le feu aux cadavres pour éviter les épidémies. C'est le propre photographe, auteur de l'image, qui a reconnu son cliché dans les pages du *Figaro*. Celui-ci a été détourné et recadré afin de faire sortir du champ le personnel de la Croix-Rouge. Scandalisé le photographe produit l'original.

C'est l'une des nombreuses opérations, ratée celle-ci, imputables à l'Office for Public Diplomacy. L'Office a passé contrat avec des instituts de sondages qui vont surveiller en permanence les réactions du public américain sur le Nicaragua. Objectif : repérer les « boutons » sur lesquels appuyer. En 1984, ils créent une fausse crise militaire. Ils affirment que le Nicaragua va recevoir des avions de chasse soviétiques MIG avec lesquels il pourra attaquer le territoire américain. L'information est bidon mais elle sort pendant les élections présidentielles, elle fait événement pendant quelques jours dans tous les journaux télévisés et booste l'image de Reagan en rempart contre une agression rouge. Matraquée, l'info devient : « Breaking News : the Mig crisis in Nicaragua »... Le démenti flou et discret qui s'ensuit ne dissipera pas l'impression de menace militaire créée dans le public[1].

Il y aura aussi de faux déserteurs. Une fausse invasion du Honduras. Un faux trafic de cocaïne. Un faux arsenal d'armes chimiques. L'OPD (Office for Public Diplomacy) s'était spécialisé dans la fuite d'infos confidentielles fausses. Les sources étaient au plus haut niveau. Au point que toutes les manipulations de l'OPD seront condamnées par une commission parlementaire américaine en 1987 et deviendront pour l'histoire des objets d'études universitaires[2].

D'après certains journalistes qui ont eu à y faire face, l'Office for Public Diplomacy est le « premier ministère de la Propagande américain par temps de paix. [...] En utilisant les méthodes scientifiques des relations publiques modernes et les techniques testées au combat des opérations psychologiques, le gouvernement a bâti une structure sans précédent [...] visant à garder les médias dans la ligne officielle et à empêcher l'information polémique d'atteindre le public américain[3] ».

Le responsable Amérique latine de la cellule fut Otto Reich, un Américano-Cubain, blond et replet, sanglé dans le costume bleu nuit des opérationnels de Washington. Vingt ans plus tard, c'est le même homme qui « traite » le cas Hugo Chávez au Venezuela ; en 2002, il est ambassadeur à Caracas quand un coup d'État financé par les Américains tente de renverser ce président de gauche élu par des élections démocratiques et régulières. Le coup échoue.

Pendant les années 1980, les méthodes de Reich pour contrôler les médias reposaient principalement sur l'intimidation. Il n'hésitait pas à débarquer physiquement dans les journaux pour se confronter aux rédacteurs en chef. Un document déclassifié

1. John Stauber et Sheldon Rampton, *Toxic Sludge is Good for You, op. cit.*
2. Barry Adam, « Nicaragua, the peace process and television news », *Canadian Journal of Communication*, université de Windsor.
3. Robert Parry et Peter Kornbluh, « Iran/Contra's untold story », *Foreign Policy*, n° 72.

par le National Security Archive décrit une de ses interventions auprès de la chaîne CBS.

Il n'avait pas apprécié un reportage, trop favorable, selon lui, à la guérilla gauchiste du Salvador[1]. Reich va voir le chef du service étranger de CBS. Ils regardent ensemble la cassette vidéo. Reich inonde de récriminations le journaliste qui prend des notes et rapporte à ses supérieurs. Une deuxième réunion est alors organisée avec ceux-ci. Le ton est plus apaisé. Pendant deux heures, Reich explique qu'il « ne veut embarrasser personne mais simplement pointer quelques erreurs dans l'information reçue par le peuple américain ». Il rapporte dans son mémo que les huiles de CBS sont « très cordiales et coopératives ». Le texte précise que ce type d'opérations a été « répété des douzaines de fois ces derniers mois ». Les officiels de Washington se réjouissent de ces nouvelles relations avec la hiérarchie de la chaîne qui leur permettront de « supprimer la désinformation » et aussi de « pouvoir exprimer très fortement *(agressively)* nos objectifs politiques »...

En langue parlée, ça signifie que les directions des rédactions pètent de trouille et sont à leur botte. L'action de Reich fut particulièrement violente contre NPR, la Radio publique nationale, financée par des fonds publics. En 1984, il leur fait savoir qu'il a quelqu'un qui écoute leurs émissions avec un chronomètre en main, pour vérifier qu'il n'y a pas trop de propos anti-contras sur l'antenne, qu'ils sont surveillés[2].

Les coups de pression à répétition finissent par porter leurs fruits. Au point que les grands médias passent sous silence un événement historique. En 1986, la Cour internationale de justice de La Haye qui avait été saisie sur la conduite des États-Unis au Nicaragua rend son verdict. Pour la première fois, Washington est condamné pour « usage illégal de la force », un synonyme de « terrorisme ». Suite à cette décision, les États-

---

1. Mémorandum de George Shultz au président Reagan, 15 avril 1984.
2. Robert Parry, *Lost History*, The Media Consortium, 1999.

Unis n'auront de cesse de torpiller toutes les tentatives d'établissement d'un tribunal international.

Le plus célèbre des présentateurs télé, Dan Rather, de CBS, le reconnaîtra, cette période marque un tournant dans l'histoire du journalisme américain : « Ça ne me fait pas plaisir de dire ça, mais à un moment donné dans les années 1980, la presse américaine a en gros commencé à se conduire comme si le plus important dans notre métier, c'était d'avoir de bonnes relations avec la personnalité, l'organisation ou l'institution que nous couvrions[1]. »

Un journaliste a particulièrement subi les assauts du « bureau de la diplomatie publique » : Robert Parry. Il avait exposé, au sein de la Maison-Blanche, un ancien officier de Marines, Oliver North, grand architecte de circuits de financement illégaux des contras. North avait fourni des armes aux mollahs iraniens, notamment. Les hommes de Téhéran alimentaient alors de leur côté le groupe armé sud-américain. L'affaire fut nommée Iran-Contragate. Parry ne s'arrêta pas là, il fut aussi le premier à dénoncer les contacts de la structure de North avec les hommes du cartel de Medellín. Les révélations de Robert Parry auraient pu entraîner la démission du président Reagan. Dix ans auparavant, la mise en lumière d'une suite de mensonges comparables dans le scandale du Watergate avait abouti à la démission du président de l'époque : Richard Nixon. Les deux journalistes du *Washington Post* responsables du scoop, Bernstein et Woodward, sont restés des mythes pour les investigateurs de toutes les rédactions.

Robert Parry aura connu un autre sort. Il est plutôt devenu une sorte de légende de la note de bas de page. Lire attentivement un texte sur les coups tordus de l'administration Reagan, c'est trouver des dizaines de références à ses enquêtes. On comprend mieux à travers son histoire ce qui a changé alors pour les journalistes américains.

J'ai rencontré Robert Parry en janvier 2005. Il habite près de

---

1. *Boston Herald*, 18 septembre 1991, rapporté par FAIR.

Washington DC, à Arlington, de l'autre côté du Potomac, à portée de voiture du Pentagone. Il vit retiré dans un pavillon anonyme : murs en bois peint, moquette épaisse comme un matelas. Parry porte la tenue de camouflage du journaliste de Washington : cheveu court et bien peigné, pull en V sur chemise à carreaux, pantalon de toile beige et mocassins bordeaux. Sans doute a-t-il beaucoup œuvré pour gommer toute dissonance dans son allure, tout ce qui pourrait concourir à le repousser dans la marge. Lorsqu'on s'attaque au pouvoir, ici, au centre du monde, mieux vaut afficher une normalité sans épi, voire un soupçon de ringardise. Trop d'originalité a vite fait de vous disqualifier.

Parry vit entouré de son ordinateur, d'un téléphone, de journaux et de livres annotés tandis qu'il surveille d'un œil la chaîne parlementaire C-Span. Il cumule quelques boulots alimentaires et fait vivre un site Internet, « Consortium News », où il s'exprime librement pour un public de résistants. Il est imbibé depuis l'université de la parole des pères fondateurs de l'indépendance américaine, les Thomas Paine, Jefferson, Franklin... Pour faire court, il place Abraham Lincoln bien au-dessus de Karl Marx. « C'est la vérité qui est patriotique. Pas le mensonge d'État », lâche-t-il, sans l'ombre d'une ironie.

Il travaillait pour l'agence Associated Press lorsqu'il a publié les premières dépêches sur les contras au Nicaragua. De fil en aiguille, il va finir par provoquer la chute d'Oliver North et son procès public en 1987. Les activités illégales de North sont exposées. Mais la Maison-Blanche organise tout pour que North serve de fusible. Officiellement le président américain Ronald Reagan n'était pas au courant des activités illégales menées par North à quelques dizaines de mètres de son bureau. Et les auditions publiques n'aborderont pas les activités les plus stupéfiantes (au sens propre...) de cette structure secrète. La collaboration avec des trafiquants de cocaïne des cartels colombiens. Alors qu'au même moment l'épouse du président, Nancy Reagan, occupait les télévisions avec sa campagne « Dites non à la drogue ! », des bases contrôlées par la CIA ont servi aux déplacements d'avions qui convoyaient à l'aller des armes vers les contras et au retour des tonnes de cocaïne vers le nord[1].

Dans les scoops de Robert Parry, il y avait suffisamment d'éléments pour envoyer n'importe quel dirigeant politique devant une haute cour de justice. Pourtant, derrière ses révélations, la machine démocratique s'est grippée. Les médias ont stationné. Après avoir rencontré des « sources officielles », le correspondant du *New York Times* chargé de suivre les auditions de l'Iran-Contragate écrira qu'il n'existe aucune « preuve » du rôle joué par l'argent de la drogue dans le financement des contras. Il justifiera ainsi ses précautions : « Cette histoire peut faire tomber la république. Elle peut faire tellement de dégâts, les conséquences sont si vertigineuses que pour que nous puissions suivre cette piste, ça nécessite d'amasser un gros tas de preuves des plus concrètes[2]... »

Un homme politique décide pourtant de s'emparer de l'histoire : un certain John Kerry. Ce jeune sénateur démocrate du Massachusetts s'est opposé à la poursuite de la guerre du Vietnam, il est entouré de juristes exigeants. Il lance, sur la base des révélations de Parry, une commission d'enquête sénatoriale. De 1986 à 1988, John Kerry et ses hommes vont auditionner des centaines de témoins, des dealers, des policiers, des politiques, des banquiers, tous venus confirmer les découvertes du journaliste. Certains sont passés au polygraphe, le détecteur de mensonges. Kerry recoupe, entend, convoque. Il s'avance sur une *terra incognita*. Il découvre une nébuleuse où se mêlent pouvoir et réseaux criminels, raison d'État et alliances louches. Les liens avec Manuel Noriega, narco-président du Panamá. L'utilisation d'une banque mafieuse, la BCCI, et de paradis fiscaux pour la circulation des capitaux liés aux armes et à la drogue. L'implication du Colombien Jorge Morales dans l'arri-

---

1. Rapport de la commission John Kerry pour le comité des Affaires étrangères du sénat américain, consultable sur http://www.thememoryhole.org/Kerry/.
2. « In these times », 5 août 1987.

vée sur le territoire américain de centaines de kilos de cocaïne. Opération supervisée par des hommes de la CIA.

« Ce que nous avions mis au jour, raconte Jonatan Winer, l'un des enquêteurs de John Kerry, c'est la face obscure de la mondialisation. Une infrastructure par laquelle circulaient l'argent sale et la drogue. Une sorte de quatrième dimension où escrocs et espions pouvaient venir à collaborer. Il était vital pour nous d'agir sur ce réseau, de le combattre. Cette même infrastructure, les mêmes banques par exemple, ont servi aussi à des groupes terroristes islamistes comme Al Qaida qui vont s'attaquer à la démocratie américaine par la suite[1]. »

Mais le rapport Kerry, rendu public en 1989, sera copieusement ignoré. Jonatan Winer, vingt ans après, est toujours en colère : « C'est comme si quelqu'un avait fait un horrible bruit avec une horrible odeur dans une pièce pleine de monde. Tout le monde est sorti abandonnant le coupable avec son odeur, son rapport, embarrassé. Notre rapport était juste, enquêté, correct, précis. Et il a été ignoré, pour toutes ces raisons. »

Voire tourné en ridicule par quelques plumes de la grande presse. « Kerry a été traité d'allumé, de barjot conspiration-niste, par *Newsweek*, se souvient Parry. Et il a compris que s'il voulait durer dans l'establishment politique de ce pays, il ferait mieux de se concentrer sur d'autres aspects de sa carrière... »

Le candidat Kerry à la présidence des États-Unis n'invoquera jamais, tout au long de la campagne électorale de 2004, l'enquête de sa commission. Elle lui donnait pourtant des arguments contre George W. Bush qui avait recyclé à des postes clés un certain nombre de personnages mouillés dans l'opération clandestine de soutien aux contras. Mais, désormais, le rapport Kerry était devenu une gêne, un trou noir dans son parcours politique. Une enquête maudite qu'il valait mieux oublier.

« L'histoire a été enterrée sous nos yeux, poursuit Robert Parry. Comme depuis dix ans, les grands journaux étouffent

---

1. Entretiens avec l'auteur, janvier 2005.

toutes les affaires importantes qui incommodent la Maison-Blanche[1]. »

Ses révélations vont coûter sa carrière à Robert Parry. En 1987, il avait quitté l'agence Associated Press pour *Newsweek*. Un poste plus prestigieux mais aussi plus difficile. Il comprend que son espace se réduit lors d'un dîner chez son rédacteur en chef en mars 1987. Parmi les convives, il y a le général Brent Scrowcroft et Dick Cheney, le futur vice-président de George W. Bush. Au cours du repas, une polémique feutrée naît avec les deux officiels au sujet du Iran-Contragate. Son rédacteur en chef le fait taire et Parry comprend le message de ce drôle de plan de table : « Parfois, Bob, il faut faire ce qui est juste pour le pays. »

Robert Parry va s'apercevoir que les conservateurs de la Maison-Blanche œuvrent contre ses enquêtes auprès de ses supérieurs hiérarchiques. Il se retrouve peu à peu entravé. En 1990, il décide de démissionner. Il devient journaliste indépendant et écrit des livres, raconte ce qu'il a vu, en première ligne : la disparition de chapitres entiers de l'histoire des États-Unis. Pour lui, la « gestion de la perception » est en train d'écrire l'Histoire en direct. Même là où les États-Unis sont complices de crimes contre l'humanité (notamment en Amérique centrale), cette machine a réussi à effacer des massacres, à escamoter des génocides comme ceux du Guatemala où 200 000 Indiens Mayas ont été tués par des unités militaires financées et entraînées par les Américains.

« Cette nouvelle catégorie d'histoires perdues était encore plus troublante parce que les crimes n'étaient pas inconnus. En effet, nombre d'entre eux étaient relatés par des enquêteurs liés aux organisations de défense de droits de l'homme et des journalistes courageux. Mais ces crimes semblaient disparaître dans les limbes de l'Histoire. Ils étaient connus mais inconnus. Ils étaient ignorés, méticuleusement, volontairement, et de manière criminelle parfois... Par la presse aussi bien que par le gouver-

---

1. Entretien avec l'auteur, janvier 2005.

nement. Ils sont devenus des "histoires perdues" et les citoyens américains sont convaincus de "faits" contraires à ce qui s'est vraiment passé... [...] Comment une chose pareille a-t-elle pu arriver ? Comment les journalistes américains, admirés dans le monde entier pour l'enquête sur le Watergate, dans les années 1970, ont-ils pu se transformer dans la meute people accrochée à Monica Lewinsky pendant les années 1990[1] ? »

En juin 2004, Ronald Reagan meurt. Les célébrations sont dénuées de bilan critique. Pour le grand public américain, Reagan restera dans l'Histoire comme le cow-boy lyrique qui a fait mordre la poussière aux Rouges. Seule l'implacable décrépitude infligée par la maladie d'Alzheimer aura frustré l'ancien président d'une retraite de gentil papy dans son ranch californien. Quant aux officiels américains qui se sont illustrés sous Reagan en Amérique centrale, ils tiennent aujourd'hui les manettes. En février 2005, Bush nomme John Negroponte grand tsar du renseignement. Dans les années 1980, il avait été ambassadeur au Honduras au pic de l'activité des escadrons de la mort. Il chapeaute désormais la CIA et le DIA. Elliot Abrams, condamné pour avoir menti devant le Congrès pour protéger la cellule occulte pro-contras puis amnistié, est devenu conseiller spécial du président pour le « processus démocratique » au Moyen-Orient et contrôle l'action des États-Unis en Irak. John Bolton, fonctionnaire au ministère de la Justice pendant le scandale du financement de la Contra par les ayatollahs de l'Iran, est désormais le représentant des États-Unis aux Nations unies.

Quant au Nicaragua, on reparle de lui. En 1990, Washington est arrivé à ses fins. Après dix ans d'une guerre sanglante et d'un embargo étouffant, la population exténuée a préféré voter pour la paix et la sécurité, c'est-à-dire contre les sandinistes. En février 1990, respectant le verdict des urnes, Daniel Ortega quitte le gouvernement. La Contra a démobilisé. Mais malgré la fin du conflit et quelques investissements étrangers, le pays

---

1. Robert Parry, *Lost History, op. cit.*

s'est enfoncé peu à peu dans une misère noire. En 2003, des paysans affamés se sont mis à marcher par dizaines de milliers sur Managua, la capitale. Quatorze sont morts en chemin. Les régions du café, frappées par la chute des cours des matières premières, sont soumises à la famine. Le chômage ou le sous-emploi touchent 80 % de la population. Les conditions sanitaires sont redevenues ce qu'elles étaient au milieu des années 1960. Alors en 2006, les Nicaraguayens ont voté de nouveau pour les sandinistes. Daniel Ortega est revenu au pouvoir démocratiquement.

Sursaut d'angoisse à Washington. Certes, George W. Bush a engagé l'Amérique dans un combat armé pour la démocratie, mais il pensait surtout au Moyen-Orient. Pas à l'Amérique centrale. Washington remobilise donc de nouveau contre les sandinistes. La menace communiste ayant quelque peu disparu, il fallut trouver un nouveau péril. Cette fois, ce sera le terrorisme... Un lobby néoconservateur dénonce la présence d'opérationnels d'Al-Qaida en Amérique latine. Ces islamistes en sombrero recrutent, paraît-il[1]. Donald Rumsfeld a remarqué que l'armée du Nicaragua détient des missiles sol-air Sam-7. Ces armes, dit-il, « peuvent être employées par des terroristes, des révolutionnaires, ou d'autres qui meurent d'envie de tuer des gens[2] ».

Otto Reich, l'homme qui surveillait les rédactions dans les années 1980 pour le compte de l'Office for Public Diplomacy, a repris du service dans cette nouvelle aventure. Il a inventé un nouvel « axe du mal ». Il passe par Cuba, les sandinistes du Nicaragua. Et le Venezuela de Chávez (oui, un pays avec d'énormes réserves pétrolières...).

De cette décennie Reagan qui verra l'intimidation du journalisme d'investigation américain, on retiendra une « histoire perdue » peut-être plus grave que les autres : la collaboration entre les services secrets américains et les cartels de la cocaïne

---

1. *The New York Times*, 5 avril 2005.
2. *Ibid.*

colombiens. Aucun des officiers qui ont organisé et couvert ce réseau n'a été inquiété. Oliver North, le responsable des opérations occultes, a poursuivi une carrière tranquille au Parti républicain et tient tous les dimanches une tribune militariste sur Fox News, la télé de propagande conservatrice.

Lorsqu'on refait le film des événements de l'époque, qu'on relit les comptes-rendus des auditions de justice et des enquêtes sénatoriales, on s'aperçoit qu'un petit détail est resté dans l'ombre : la cocaïne. La cocaïne que les « combattants de la liberté » échangeaient contre des armes pour combattre les sandinistes... Apparemment elle arrivait sur le sol américain... Où allait-elle ? Vers quelles populations ? Pour quels dégâts ?

Ces questions-là, il fallait être fou pour les poser. Un journaliste, Gary Webb, a tenté de le faire (voir : États-Unis, le scoop qui tue, p. 237).

Il en est mort.

2

Les ingénieurs de la manipulation

« Ce n'est plus vraiment de la propagande, c'est de la "prop-agenda". Il ne s'agit plus du contrôle de ce que nous pensons mais du contrôle de ce à quoi nous pensons. Quand nos gouvernements veulent nous vendre une mesure, ils s'assurent qu'elle est la seule sur l'agenda, la seule dont tout le monde parle. »

BRIAN ENO, *The Observer*, 17 août 2003

L'industrie de consentement

Ils sont invisibles et de plus en plus nombreux. Ils sont très bien payés et bien plus sympathiques que des militants. Ils inventent une nouvelle langue. Ils gèrent les crises. Ils tentent de piloter ce qui atterrit dans la tête du public.

Nous nous sommes rencontrés dans la pénombre voûtée d'une boîte de nuit, pour l'anniversaire d'un ami commun. Un homme d'une petite quarantaine d'années. Affable. Bronzé sur tranche. Le pli de son pantalon calculé au millimètre près pour couvrir ses Berlutti, ni trop, ni trop peu, admirable. Pour le costume – recyclage luxe des vestes à revers étroits des jeunes prolétaires *mods* – j'ai pensé Dior. Mais ça pouvait aussi être Prada... Aucun doute pour la montre : une Rolex.

Lorsqu'on nous présenta, son sourire soyeux se figea en rictus.

« Je sais très bien qui vous êtes, me dit-il.

— Vous êtes journaliste ?

— Communication de crise... »

Il s'est fondu dans la fête sans un mot de plus. Quelques heures plus tard, l'alcool avait érodé ses défenses. Le nœud de cravate un peu défait, il est revenu vers moi. Il avait abandonné son expression de bonne facture. Avec réticence, au début, puis de plus en plus volubile, il se confia. Il avait fait partie d'une cellule spéciale chargée de détruire l'une de nos enquêtes. Trois ans auparavant, certaines de nos révélations avaient mis en difficulté une multinationale française prise en faute dans un pays du tiers-monde (sur un dossier que je n'évoquerai pas, par respect pour sa confiance). À l'époque nous avions pris contact avec leur service de presse. Nos rapports étaient courtois et apparemment loyaux. Nous aurions dû nous méfier. Derrière leurs sourires et leurs manières ouvertes, ils avaient engagé une équipe d'experts en « communication » pour passer au crible nos infos, trouver la faille, le point faible. Après tout ce temps, l'inconnu de la soirée connaissait encore par cœur les noms propres, pourtant bien exotiques et presque imprononçables, de nos témoins majeurs.

« On a cherché l'erreur, me dit-il, on a décrypté vos interviews. Vous avez eu de la chance. On a trouvé quelques approximations dans la traduction mais rien de substantiel. On ne vous aurait pas ratés sinon. Ils étaient verts, les clients. En même temps, ça leur apprendra à aller grenouiller dans des pays de merde... »

Il n'était pas censé me dire tout ça. Les professionnels de la « com' de crise » signent des contrats avec une sérieuse clause de confidentialité. Peut-être ne se sentait-il pas très fier... Envie de se confier. De se justifier. Longtemps, il avait été journaliste. Plutôt de gauche. Plutôt précaire... « J'en avais marre de fermer les journaux les uns derrière les autres, d'être payé au lance-pierre... Quand j'étais payé... Marre du chômage, de tirer la langue à la fin du mois. J'ai eu des gosses... J'ai décidé de me tourner vers un secteur plus bankable... Entre deux piges misérables, j'ai fait un coup, puis deux... J'ai plus arrêté... » Il pilotait les médias, valorisait son vieux carnet d'adresses et son savoir-faire. « C'est pas génial, je te l'accorde, sauf quand c'est pour la bonne cause, ce qui arrive quand même, vu les bagarres contre les Américains sur les marchés internationaux... Et quand le chèque tombe dans la boîte aux lettres, ça apaise les problèmes moraux... »

Spin doctors. C'est le nom qu'on leur donne aux États-Unis. Traduction libre : les maîtres de l'embobine... Leur métier est de « gérer l'opinion publique ». La guerre économique aidant, ils sont de plus en plus nombreux. À la fin des années 1990, le budget américain de l'industrie des relations publiques a dépassé celui de la publicité. D'après John Stauber et Sheldon Rampton, les deux meilleurs spécialistes de la profession, le nombre des salariés des agences de relations publiques, 150 000, dépasse celui des journalistes, 130 000. Les « PR » scrutent le public avec des moyens de plus en plus sophistiqués. Ils ont accès aux fichiers électroniques, connaissent les habitudes de consommation, réalisent des « psychographiques » par villes et par quartiers. Ils savent sur quels boutons appuyer. Ils fabriquent des données et les placent dans les journaux tout en dissimulant en être les auteurs. « La persuasion est par définition subtile, explique un cadre des *public relations*. Le meilleur matériel de PR finit par ressembler à de l'information. Vous ne savez jamais quand une agence de public relations est efficace ; vous réalisez simplement que, petit à petit, l'opinion change[1]. »

En France, c'est un secteur encore jeune. Presque artisanal. La « conseillère image » du président Chirac, par exemple, n'est autre que sa fille Claude. Une proximité affective dont les techniciens anglo-saxons pensent qu'elle peut troubler le jugement en cas de crise majeure. Les grands patrons français se répartissent en gros entre deux spin doctors concurrents : Anne Méaux et Michel Calzaroni. Toujours vissés à leurs portables, ils sont la charnière obligée entre les journalistes économiques et leurs sources. Chacun a sa méthode pour « traiter » la presse. Michel Calzaroni met les journalistes en fiches : leurs goûts, leur style et leurs préférences. Anne Méaux organise chez elle des dîners informels entre éditorialistes vedettes et grands patrons ; il faut créer des complicités, des connivences[2].

Les spin doctors travaillent parfois dans des agences publicitaires, ce qui leur donne un pouvoir de pression supplémentaire sur une presse très dépendante des recettes de la réclame.

---

1. John Stauber et Sheldon Rampton, *Toxic Sludge is Good for You*, *op. cit.*
2. *Le Nouvel Observateur*, 15 mai 2003.

Stéphane Fouks, d'Euro RSCG, n'hésite pas à saisir son téléphone pour menacer le directeur du *Point* de supprimer des budgets pub si celui-ci publiait une information gênante pour un de ses clients placé en garde à vue[1].

La violence dans les rapports avec les journalistes est exceptionnelle. Presque un aveu d'échec, de maladresse. En général, les rapports sont on ne peut plus courtois. Les spin doctors connaissent nos besoins, nos ficelles, parlent le franglais pathétique de notre jargon : « dead line », « rushes », « off », « on ». Ils agitent tous les hochets que nos oreilles adorent : « exclu », « all access », « un petit créneau en fin d'après-midi »... Ils savent aussi mâcher le travail aux plus pressés, ou aux plus flemmards, à coups de « dossiers de presse » bien présentés, bien écrits, bourrés d'infos, de jolies formules et de chiffres. Il n'y a plus qu'à se servir, recopier, ça gagne tellement de temps. Aux États-Unis, 40 % de ce qui est publié dans la presse est directement reproduit, sans altération, des communiqués des public relations[2].

Les spin doctors qui nous intéressent travaillent pour des industries armées de moyens considérables ou pour les cabinets ministériels. Et leur cahier des charges est clair : encadrer les journalistes, les canaliser, les orienter en fonction des intérêts de leur client. Ils peuvent servir d' « experts ». Dans votre journal favori, vous voyez souvent interrogée une tête parlante de l'American Enterprise ou de la Heritage Foundation. Ces faux « instituts de recherche » sont de vraies officines de propagande financées par la droite dure de l'industrie américaine. Il est bien rare que votre journal vous le signale...

Personne n'échappe à leur influence. En octobre 2004, le journaliste Bernard Nicolas s'était intéressé pour « 90 minutes » à une bataille industrielle. D'un côté, le plus gros fonds d'investissement américain, Carlyle : 18 milliards de dollars placés sur toute la planète et, jusqu'en septembre 2001, un conseil

---

1. *Le Monde*, 10 mai 2006.
2. John Stauber et Sheldon Rampton, *Toxic Sludge is Good for You, op. cit.*

d'administration où se côtoyaient George Bush père et Ben Laden frère. Face à eux, une papeterie française, Otor, prise d'assaut par les Américains. Gros combat de spin doctors. Carlyle avait embauché Michel Calzaroni. De son côté, Otor s'était offert les services d'un cabinet nettement moins prestigieux, beaucoup plus maladroit et sans doute vraiment moins cher : Sirius Consulting. Celui-ci avait par exemple créé un faux site altermondialiste, « Stop Carlyle », vite démasqué, et troublait avec une légèreté de pachyderme les réunions de l'adversaire.

L'enquête avait été menée en toute indépendance et en entendant toutes les parties. Mais des « conseillers en communication » de Sirius Consulting « aidaient » Bernard Nicolas avec un empressement suspect. Ils fournissaient documents, pièces, témoignages... Deux mois plus tard, grâce à des perquisitions menées dans le cadre d'une procédure judiciaire, nous avions appris que ces « proches d'Otor » aux fonctions floues avaient été payés plusieurs dizaines de milliers d'euros pour « l'aide » qu'ils avaient apportée à Bernard Nicolas au cours de son travail[1]. Le combat du papetier Otor était peut-être légitime mais il avait utilisé les armes de ses adversaires. Sans grand succès. À l'arrivée, le fonds d'investissement américain parviendra tout de même à prendre le contrôle du papetier français.

L'industrie qui utilise avec le plus d'habileté les services des experts en communication est celle du médicament. Incroyablement bénéficiaire, la pharmacie n'a pas le droit de faire de la publicité en dehors des journaux médicaux professionnels. Voilà pourquoi elle doit courtiser la presse, voire la piloter, pour faire parler de ses produits. De manière tout à fait assumée. « De toute façon, il faut le savoir, l'excès d'indépendance nuit à la qualité, nous avait affirmé Bernard Lemoine, vice-président délégué du LEEM (Les entreprises du médicament), le lobby chargé de la communication des laboratoires pharmaceutiques. Les gens qui disent être indépendants ont de très mauvaises

---

1. *Challenges*, 2 décembre 2004.

expressions journalistiques. Plus on est indépendant moins on est bon[1]... » Pour M. Lemoine, les journalistes doivent être « assistés » pour ne pas écrire trop de bêtises. L'industrie chouchoute particulièrement les journalistes spécialisés. Et les budgets sont replets. À force d'être assimilés à une forme de corruption soft, les « voyages de presse » ont beaucoup diminué. Certains journalistes santé doivent le regretter, eux qu'on transportait à l'œil dans des palaces à Venise, Lisbonne ou Istanbul pendant un long week-end, juste pour deux heures de « séminaire » autour d'un nouveau médicament de la firme invitante... De là, un taux longtemps faible d'enquêtes sérieuses sur les effets secondaires de certains produits pharmaceutiques dangereux. L'autre stratégie était de payer quelques médecins communicants, apparemment indépendants, capables, tel le bon docteur Knock qui décèle des malades qui s'ignorent, d'exagérer dans les médias une pathologie pour justifier la mise sur le marché d'un médicament. C'est ce qu'avait parfaitement réussi Pfizer avec les TOC, troubles obsessionnels compulsifs à l'importance gonflée, lors du lancement du Zoloft pour enfants[2]. Le laboratoire prétendait qu'un enfant par classe était atteint.

Pour donner toute leur puissance, les meilleurs spin doctors ont besoin d'une vraie guerre. Le conflit du Kosovo fut un sommet de leur art subtil. Plus tard, viendraient les mensonges et les pièces forgées qui ont conduit les Américains à l'invasion de l'Irak en 2003. Mais le Kosovo est une guerre d'avant le 11 septembre 2001, menée par des gouvernements de centre gauche sous l'œil de médias de plus en plus critiques, de moins en moins gogos. Une guerre aussi où les spin doctors avaient le sentiment de manipuler pour la bonne cause. Des populations albanaises vivaient sous le joug du tyran serbe Milošević qui avait installé au cœur de l'Europe une forme nouvelle d'apar-

---

1. « Médicaments : comment on nous manipule », Canal+, 2 février 2004.
2. Luc Hermann, « Antidépresseurs pour enfants : la fin d'un tabou », Canal+, 16 avril 2002.

theid. « Il fallait chaque jour trouver des façons créatives de rappeler à l'opinion publique pourquoi l'OTAN menait cette guerre, explique James Rubin, l'un des conseillers en communication de Bill Clinton. Sachez bien que si les journalistes mettaient autant d'énergie, d'enthousiasme, d'intelligence, de créativité à parler des bonnes nouvelles qu'ils mettent à étaler les mauvaises nouvelles, on n'aurait pas besoin de spin doctors. Le problème c'est que les médias ne parlent que des mauvaises nouvelles. »

Au début de la guerre, au siège de l'OTAN, c'est au souriant et polyglotte Jamie Shea qu'est dévolue la tâche de justifier la guerre devant les caméras. L'homme est un universitaire charmant aux manières policées, apparemment peu préparé à l'épreuve qui l'attend. Il fait face à cinq cents journalistes sourcilleux alors que le *carpet-bombing* de la Coalition commence à produire ses premières grosses bavures. Au bout d'un mois, Jamie Shea perd pied. Le 19 avril 1999, il sera gentiment poussé sur le côté (« secondé » en langage diplomatique) par le Dark Vador des spin doctors : Alaistair Campbell, le publicitaire qui a vendu Tony Blair comme une savonnette aux électeurs britanniques. Campbell restera au firmament jusqu'en 2003. Après le suicide de Robert Kelly, un expert très critique envers l'engagement militaire britannique en Irak, il démissionne, suspecté d'avoir nourri une campagne de presse infamante contre la victime.

Avec Campbell, Jamie Shea va apprendre à parler comme les tabloïds, ces journaux populaires anglais qui aiment les formules chocs. On change de rythme.

Soudain les Serbes organisent des « safaris » avec les populations albanaises. Il y a des « viols collectifs de jeunes filles ». Clou du spectacle : « Les Serbes ont attrapé sept cents jeunes garçons, les plus jeunes ont quatorze ans, pour servir comme boucliers humains ou banque du sang pour les blessés serbes... » Des informations invérifiables, invérifiées par la suite, mais reprises à pleines brassées par la presse internationale (le *Sun* a particulièrement goûté l'image des vampires serbes...).

Le triomphe suprême des spin doctors est de faire naître une idée. D'en manipuler le sens. Seuls les très grands y parviennent. Ceux-là correspondent parfaitement à la définition de la propagande orwellienne. Ils peuvent associer une notion émancipatrice à un comportement aliénant. Ou vice versa.

Revenons à l'histoire.

Le père des spin doctors, le premier qui a théorisé sa pratique, c'est Edward Bernays. Ce neveu américain de Sigmund Freud se vantait d'avoir fusionné la psychanalyse avec la manipulation des masses. Son ouvrage majeur, écrit dans les années 1920, deviendra une bible pour les futurs spécialistes de la communication, y compris Joseph Goebbels, le propagandiste du parti nazi[1]. Son titre : *The Engeneering of Consent*[2], qu'on peut traduire par « La fabrication du consentement », résume assez bien l'objectif final de ce nouveau corps de métier.

Bernays a commencé sa carrière comme attaché de presse du ténor d'opéra Enrico Caruso. Puis, il participa à l'effort de propagande américain pendant le conflit de 14-18. C'est là qu'il fit ses premières armes dans la manipulation de l'opinion. « Si vous pouviez utiliser la propagande pour la guerre, il était certainement possible de faire de même pour la paix. [...] Propagande était devenu un mot négatif alors j'ai trouvé un nouveau mot. J'ai appelé ça : relations publiques[3]. »

Bernays a retenu des travaux de son oncle Freud que l'homme est agité de forces irrationnelles, de désirs inconscients. Et que si l'on appuie sur les boutons adéquats, on peut orienter les choix des masses. Il va mettre ses talents au service des grandes entreprises américaines. Son plus beau coup, il le

---

1. John Stauber et Sheldon Rampton, *Toxic Sludge is Good for You*, *op. cit.*
2. Edward Bernays, *The Engeneering of Consent*, Norman, University of Oklahoma Press.
3. Interview de Bernays réalisée en 1991, quatre ans avant sa mort, et diffusée dans le premier épisode de la série documentaire britannique « The Century of the self », Adam Curtis, BBC, 29 avril 2002.

réalisa dans les années 1920 pour l'industrie du tabac. L'idée naît à l'initiative du grand patron des cigarettiers.

« Il m'a dit : "Nous exploitons uniquement la moitié du marché", se souvient Bernays. Les hommes ont imposé un tabou : les femmes ne doivent pas fumer en public. Est-ce que vous pouvez faire quelque chose contre ça ? J'ai dit : laissez-moi y réfléchir. Je vais consulter un psychanalyste. » Bernays s'adressa à un psy new-yorkais de renom. La cigarette, lui expliqua-t-il, représente un symbole de pouvoir phallique pour les femmes. Il suffit de transformer l'acte de fumer en défi contre le pouvoir masculin, alors les femmes fumeront car elles auront leur propre pénis.

Bernays va profiter d'une parade de Pâques à New York, en 1929. Il savait que les suffragettes, les féministes américaines, allaient perturber le défilé. À l'époque, les femmes américaines sont parmi les premières sur la planète à se battre pour obtenir le droit de vote. La presse serait là pour couvrir l'événement. Bernays va alors secrètement payer un groupe de jeunes filles pour qu'elles intègrent le cortège féministe. Elles sont jolies, jeunes, leurs corps élancés ondoient dans les derniers vêtements à la mode. Elles arborent une allure à la Louise Brooks. Elles sont désirables. Glamour. Elles attirent les regards des caméras et appareils photos. Dissimulés dans leurs jarretières, il y a des étuis à cigarettes. Au moment voulu, chacune va en allumer une avec fierté. Ce groupe de jeunes femmes exhibe une banderole : Torches of Freedom. Les Torches de la Liberté. Symbole fort. La torche de la Liberté est brandie par la statue du même nom qui accueille les immigrants à Ellis Island. On est au cœur du mythe américain. Le lendemain, en première page du *New York Times* : le premier article sur les Torches de la Liberté. L'image se répand dans tout le pays. Elle dit : pour s'affranchir, il faut fumer. Les femmes américaines fumeront. Leur désir profond et légitime de liberté et d'indépendance face au pouvoir masculin passera par une addiction meurtrière : la cigarette.

Après ce coup d'éclat, Bernays s'érige en magicien des public relations. Dans les années 1930, il va participer au harcèlement du président des États-Unis d'Amérique, Franklin Delano Roosevelt, par le patronat américain. Après le krach spéculatif de 1929, l'Amérique est à genoux. Des millions de chômeurs hantent les rues des grandes villes. Certains partent s'échouer vers l'ouest, entassant toute leur famille dans des voitures épuisées. Le président démocrate Roosevelt a un œil sur l'Europe. Il voit comment cette misère sociale devient vite le terreau fertile de la folie fasciste. Il s'est entouré d'une équipe de jeunes conseillers progressistes, sociaux-démocrates, lecteurs de Marx pour certains. Leur analyse est claire : une certaine forme de capitalisme fou, sans contre-pouvoirs, sans régulation, peut mener le pays vers le pire. Ces hommes vont convaincre Roosevelt qu'il faut arracher la destinée des États-Unis d'Amérique aux mains des trusts et des boursicoteurs. Ils vont, pour cela, se servir de l'argent de l'État. Pour donner du travail aux chômeurs, Roosevelt lance une grande campagne de travaux publics : le New Deal. Les patrons américains sont furieux. Tout ça ressemble trop à du socialisme. Ils créent un groupe de lobbying aux moyens illimités : la National Association of Manufacturers. Ils vont financer une croisade idéologique contre le président. Cette tâche, ils la confient à Edward Bernays. Celui-ci va créer un lien émotionnel entre le public et le *big business*. Il fait réaliser des centaines de films de propagande, des affiches géantes sont collées dans tout le pays, on peut y lire : « Ce qui est bon pour l'industrie est bon pour votre famille. » Ou bien : « Vous prospérez quand les usines prospèrent. » Un jeune acteur américain participera à la campagne de la National Association of Manufacturers : Ronald Reagan[1]. Un demi-siècle plus tard, Reagan sera président des États-Unis et démantèlera l'État providence mis en place par Roosevelt.

Dans la presse des années 1930, Bernays téléguide des attaques très dures contre Roosevelt, l'homme qui va vaincre Hitler dix ans plus tard. Ces attaques sont portées par des journalistes apparemment indépendants. En fait, ils sont payés en sous-main

---

1. Stewart Ewen, interviewé par le site Internet « Commitment ».

par le patronat américain. Pour se défendre, les hommes de Roosevelt produisent un étonnant petit film éducatif. Ils tentent d'alerter le public américain contre les spin doctors. Dans ce document en noir et blanc, on voit un moustachu gominé, à l'élégance cossue, se pencher vers un homme politique ou un patron de groupe de presse et lui susurrer quelques conseils fourbes à l'oreille tout en caressant du bout des doigts le cuir de son fauteuil club. La voix off, urgente, semble dénoncer ses messes basses : « Ils tentent d'atteindre leurs objectifs en travaillant totalement dans la coulisse, ils corrompent et ils mentent au public. [...] Leurs méthodes sont un grave danger pour les institutions démocratiques. » Le tout nimbé d'une musique dramatique qui ressemble à celle des *Envahisseurs*. Ce clip d'utilité publique, diffusé dans les cinémas pendant les Actualités, tente d'enseigner aux citoyens à reconnaître les manipulations dans la presse, notamment en pistant des mots-clés dans certains articles, en désignant les journalistes qui se sont mis au service de la National Association of Manufacturers[1].

Bernays invente la communication politique moderne. Basée sur l'image et l'émotion. « Ce n'est plus le peuple qui décide, explique Stewart Ewen, mais les désirs enfouis du peuple... »

Aux États-Unis, le spécialiste du gouvernement au « ressenti » est un sondeur républicain : Frank Luntz. Il a créé de véritables « laboratoires de mots » où s'élaborent les expressions qu'utiliseront les hommes politiques pour gagner les cerveaux des électeurs. Il applique une théorie simple. Pour persuader les gens, il ne faut pas leur présenter une idée nouvelle mais découvrir ce qu'ils pensent déjà et s'en servir. Luntz réunit donc des citoyens, extrait d'eux des mots clés qui serviront à bâtir le discours politique de ses employeurs. Ainsi a-t-il remarqué la puissance rassurante des mots en « -ité » : sécurité, opportunité, égalité, responsabilité, communauté. « La perception EST la réalité, dit Luntz. En fait, la perception est supérieure à la réalité[2]. »

---

1. Adam Curtis, « The Century of the self », BBC, 29 avril 2002.
2. Nicholas Lemann, « The Word Lab », *The New Yorker*, 16 octobre 2000.

Un cas français : Nicolas Sarkozy

Je n'ai rencontré qu'une seule fois Nicolas Sarkozy. C'était en avril 2005, pour une interview devant clôturer une enquête de six mois menée par Jean-Baptiste Rivoire sur le parcours et les méthodes politiques du leader de la droite et ministre de l'Intérieur. Nous voulions faire le portrait d'un homme tendu vers un seul objectif : devenir président de la République française. Sarkozy est jeune. Cinquante ans. Il appartient à cette nouvelle génération de politiques qui ont grandi avec la télévision. Il connaît les règles de la machine. Lors de ses contacts avec la garde rapprochée du ministre, Jean-Baptiste avait été frappé par l'obsession médiatique : « Il vit entouré de types accrochés à leurs portables avec un journaliste au bout du fil et ils vont de coup en coup. C'est la force de vente permanente... »

Alors que Nicolas Sarkozy pénètre dans la pièce où nous l'attendons, au siège de l'UMP, Jean-Pierre, le cameraman, filme son entrée. Notre seule intention : capter notre premier contact de manière non apprêtée plutôt que de rejouer un « bonjour » bidon pour la caméra. Nicolas Sarkozy s'immobilise, flaire le piège : « Oh, c'est quoi ça ? Éteignez ça tout de suite ! ».

Pendant six mois, il ne nous avait jamais laissés le filmer dans la coulisse. Pas le moindre accès. Et ce matin, ça continuait. Il voulait éliminer l'imprévisible. Cet homme si concentré sur la gestion de son image souhaitait en contrôler la mise en scène dans chaque détail.

Après des tractations incertaines de plusieurs semaines, Franck Louvrier, un de ses conseillers en communication, nous avait garanti deux heures d'interview. La veille, il nous avait rappelés pour nous dire qu'en fait ça serait une heure seulement. Et ce matin, Nicolas Sarkozy bloque.

« C'est quinze minutes et c'est tout...

— C'est impossible, il s'agit d'une enquête longue qui va donner lieu à un film d'une heure à l'antenne, on s'était entendus là-dessus depuis le début...

— Attendez, je connais le truc, rétorque le ministre... Vous allez faire du montage. Moi je suis un homme de direct...

— Il faut qu'il y ait une relation de confiance entre nous. Même si les questions sont polémiques, nous ne tronquerons pas vos réponses... »

En fait, l'entretien filmé durera bel et bien une heure et nous vaudra un ticket d'entrée pour le club des journalistes que Nicolas Sarkozy ne souhaite pas tutoyer...

Au premier rang des questions qui ont agacé le candidat à la présidence : son recours systématique aux recettes du marketing. Il n'est pas le seul en France, à droite comme à gauche, mais Sarkozy a passé la vitesse supérieure. André Santini, député de droite, homme libre et poète cynique, nous avait ainsi décrit le système Sarko : « Il fait de la mousse délibérée. C'est de l'image subliminale. Tous les jours, il faut qu'il y ait une carte postale qui parte... »

Nicolas Sarkozy veut être populaire. Pour cela, il doit découvrir ce qui se cache dans la tête des Français. Que son discours résonne. Qu'il appuie sur les bonnes touches. Il s'est entouré de grands professionnels de la mesure d'opinion. Notamment Pierre Giacometti, directeur de l'institut de sondage IPSOS. Au centre de son dispositif : les *focus groups*. Inventée par l'industrie publicitaire, cette méthode vise à tester le ressenti d'un produit auprès des consommateurs.

En 1995, aux États-Unis, j'avais eu la chance de pouvoir filmer un focus group. Il portait sur un nouveau soda ciblant les adolescents. Une douzaine de jeunes avaient été réunis dans une salle sonorisée. Afin d'obtenir les réactions les plus authentiques, les moins inhibées, il n'y avait aucun adulte parmi eux. Sur la table, trois bouteilles multicolores. Un miroir était accroché au mur. C'était une glace sans tain. Derrière, se tenaient des professionnels munis de micros sans fil. Au sein du groupe, ils avaient deux « agents », des jeunes équipés d'oreillettes. Les marketeurs transmettaient les questions par micro : Que pensent-ils de la couleur ? Du goût ? De l'emballage ? Plutôt cool ? Ou bien trop traditionnel ?... Ils guettaient leurs moindres réactions. Surtout les non verbales, les postures du corps ou les mimiques qui trahissent le plus nettement les désirs profonds, les répulsions et les dégoûts. L'un des « guetteurs » avait sursauté quand un gamin avait qualifié l'étiquette de la bouteille de *bad*, mauvaise. Au microphone, il avait ordonné aux deux complices qu'ils lui demandent de préciser sa pensée : « Qu'est-ce qu'il veut dire par "bad" ? Je répète : demandez-lui ce qu'il veut dire par "bad"... »

Il faut faire très attention, nous avait-il expliqué, bad, mauvais, méchant, pour un adolescent peut avoir un sens positif. N'oubliez pas : c'est l'âge de la rébellion et le produit rencontrera plus de succès s'il est associé à une attitude rebelle[1]...

Quand nous lui avions demandé pourquoi il utilisait en politique les recettes qui servent à vendre de la lessive, Nicolas Sarkozy ne s'était pas seulement irrité. Il s'était adressé à nous comme à des confrères, des spécialistes du spectacle, qui ne devraient pas poser de questions aussi naïves.

« Pardonnez-moi mais, oui, j'essaye de travailler professionnellement. Je ne demande pas : sondage, mon beau miroir, qu'est-ce que je dois dire ? Jamais. En revanche, j'essaye de regarder si mes propos ont été compris, entendus... D'ailleurs, vous, quand vous fabriquez la grille de Canal+, vous faites des tests ? Vous avez des mesures d'audience...

— Non, pas moi, avais-je répondu. Je fais un sujet parce que j'estime qu'il est important. Mais je ne sonde pas le public avant...

---

1. « Les enfants de la pub », « Envoyé spécial », France 2, février 1995.

— D'accord... mais vous sonderez, vous ou votre chaîne, l'indice de satisfaction des téléspectateurs. D'ailleurs, vous n'êtes pas nombriliste, ça vous intéresse de savoir si le reportage que vous avez fait a passionné les téléspectateurs...

— Justement, en télé, les programmateurs procèdent souvent à l'envers : d'abord on identifie les goûts du public puis on lui donne ce qu'on croit qu'il veut voir. Est-ce que c'est juste de faire pareil en politique ?

— Jamais ! Ça n'a jamais marché ! Et je vais vous dire pourquoi : les aspirations des Français sont bien souvent contradictoires. Par exemple, ils veulent moins d'impôts mais plus de dépenses pour leur région ou leur ville. [...] Et puis vous ne manquez pas à la déontologie en faisant des post-tests...

— Est-ce qu'il y a des idées que vous vous êtes appropriées dans les focus groups ?

— Il y a une intuition que j'avais eue assez tôt – et c'était pas si évident – que le travail, la fermeté, l'autorité revenaient... Quand je suis devenu ministre, j'ai fait réaliser des post-tests, c'est-à-dire que j'ai professionnalisé tout ça et ça m'a confirmé dans l'idée que cette intuition était juste. [...] Mais vous savez, on ne peut pas tricher. On peut tricher dix minutes. Mais quand vous faites trois fois « 100 minutes pour convaincre » (l'émission de France 2), vous croyez qu'avec la loupe qu'est la télévision, on peut se présenter tout ce temps comme quelqu'un qu'on n'est pas ?... »

Pierre Giacometti, de l'institut IPSOS, nous avait expliqué comment ces émissions grand public avaient assis sa popularité : « Les gens ont l'impression que Sarkozy règle les problèmes dans une logique assez consumériste. C'est : J'ai un souci, Sarko le résout. »

Une lecture critique dirait que rien de saillant ne peut émerger des focus groups. Qu'ils sont le socle d'un populisme moderne. Comment prendre un risque politique quand on s'évertue à tuer dans l'œuf toute dissonance ? Aurait-on aboli la peine de mort en 1981 si l'on s'était appuyé sur un focus group ? Pas sûr.

Nicolas Sarkozy, lui-même, reconnaît reculer lorsque ses

propositions politiques vont à l'encontre de la perception du public. Prenons l'exemple de la discrimination des « minorités visibles ». Plus personne ne nie qu'il existe un frein structurel de la société française à l'intégration des jeunes Français d'origine arabe ou africaine. Des centaines de tests d'embauche et de recherche de logement l'ont prouvé : à compétences ou à revenus égaux, un Arabe n'a aucune chance face à un Français. Or, cette communauté représente en gros cinq à six millions d'électeurs qui sont là pour rester. Et elle est en colère. Parfois même en ébullition. Contrairement à une droite archaïque qui les considère encore comme des immigrés provisoires, Nicolas Sarkozy a compris que la France allait devenir pour toujours une société pluriethnique. Et que, demain, un homme politique ne pourra gagner sans ces minorités. Il déniche une proposition aux États-Unis : la discrimination positive. C'est-à-dire : garantir des quotas de minorités dans les universités et certains emplois. Appliquée dans les années 1960, cette *affirmative action* est parvenue à dégager une classe moyenne noire. L'idée est audacieuse. Généreuse. Totalement innovante pour la France. Voire provocatrice. Sarkozy teste la proposition sur un focus group. Surgit alors un immense rejet : Y en a que pour les Arabes, pourquoi est-ce qu'on ne ferait rien pour les Français pauvres ? Les études qualitatives le montrent, la violence au travail, la précarité massive, la peur du chômage génèrent des réactions xénophobes dans la population française. Aller contre ce courant d'époque est dangereux. Bien sûr, Nicolas Sarkozy pourrait imposer une vision, convaincre les citoyens que seule la justice peut engendrer plus de sécurité...

Il préfère rétrograder. Il continue à trouver l'idée intéressante mais au cas par cas, selon la bonne volonté des uns et des autres : « À quoi bon faire une loi, nous dit-il, il y a déjà trop de lois... »

L'un des défis majeurs pour Nicolas Sarkozy est de ne pas se positionner trop à droite. Il doit ratisser large, et pour cela accepter de dire tout et son contraire. Ainsi, il défend à la fois l'idée de la rupture avec le contrat social français, la fin du contrat à durée indéterminée, principal rempart des salariés contre la précarité. Mais il peut aussi tenir un discours très social de protection des travailleurs, à Douai et Agen. Discours auquel personne ne croit, y compris dans ses propres rangs : « Nicolas veut gagner, explique Renaud Dutreil, il doit donc rassembler et élargir. Peu importe, par exemple, la sincérité de son discours gaulliste social d'Agen. Le pragmatisme est sa marque[1]. »

En termes marketing, Pierre Giacometti exprime la même idée avec des mots différents : « Il doit travailler sur l'ensemble de ses cibles, des segments, et ne jamais laisser penser qu'il est définitivement étiqueté de droite. Et donc, il va chercher un certain nombre de terrains pour corriger le tir. Y compris des terrains sur lesquels il peut même avoir certaines convictions... »

La carrière fulgurante de Nicolas Sarkozy dans l'opinion publique commence alors qu'il n'a que trente-huit ans, un jour de mai 1993, lors d'une prise d'otages surmédiatisée. Le 13 mai au matin, un informaticien dépressif et suicidaire, Éric Schmitt alias Human Bomb, s'est retranché avec une vingtaine d'enfants dans une école maternelle de Neuilly-sur-Seine. Il est bardé d'explosifs et menace de tout faire sauter si on ne lui apporte pas une rançon. Autour du périmètre de sécurité, l'espace est saturé de journalistes. Le suspense va durer quarante-six heures. Dès la fin de matinée, Human Bomb, apparemment perméable aux arguments des négociateurs policiers, relâche la majorité des enfants, un par un. Au journal de 13 heures, une image frappe la France, un père serrant son fils dans ses bras. Identification. Émotion. Fusion.

Nicolas Sarkozy, ministre du Budget et maire de Neuilly, s'invite dans la cellule de crise. Il va s'improviser négociateur et réussit lui aussi à obtenir un enfant. Le geste est audacieux, dénote un vrai courage physique et un culot très au-dessus de la moyenne. Le procureur de la République, Pierre Lyon-Caen

---

1. *Le Monde*, 2 septembre 2006.

(pas moins courageux puisqu'il était présent sur place pendant tout l'événement...), se souvient avec ironie du souci immédiat de Nicolas Sarkozy : « Il se fait donner un enfant. Pourquoi pas ? Qu'il mette lui aussi la main à la pâte... Mais son réflexe, qui montre l'animal politique, c'est de faire venir la caméra des pompiers. Parce qu'il n'y avait pas de journalistes évidemment dans ce périmètre sécurisé. Le seul homme de communication sur les lieux, c'était le cameraman des pompiers... »

Human Bomb propulse Nicolas Sarkozy pour la première fois dans le baromètre de popularité du *Figaro*. Il en retiendra une leçon : les happenings payent. Il ne cessera d'en émailler sa communication. En 2005, son cabinet est orfèvre en événements « sexy », c'est-à-dire risqués, conflictuels, attractifs, qui excitent les journalistes et définissent les sommaires des journaux télévisés. Dans son équipe, on appelle ça : « nourrir la bête[1] ».

Le 25 octobre 2005, en pleine nuit, il amène les caméras sur la ZUP d'Argenteuil. Le *pitch* : une conférence de presse nocturne du ministre de l'Intérieur dans un des commissariats Fort Apache de banlieue.

Cortège de voitures officielles, escorte, gyrophares, motards, camions satellites des télévisions... Les habitants de la ZUP n'en croient pas leurs yeux. Sur la dalle, il y a un mélange de jeunes chahuteurs et de pères de famille. Avant même que Nicolas Sarkozy ne sorte de sa voiture, avant même qu'un quelconque incident n'éclate, les Brigades anticriminalité montent sur le parvis de la cité. Elles tentent de repousser les badauds. Premières tensions. Certains résistent : « Me touchez pas, j'ai le droit de regarder... »

S'il y avait une mince chance que la visite se passe dans un calme relatif, elle vient de s'évanouir. Dès que le ministre arrive, un cri fuse : « Sarko, on t'encule... » Puis des projectiles (légers...) pleuvent. De ce moment hautement télégénique, les caméras ne loupent rien.

Un journaliste de RTL tend son micro.

---

1. *Le Monde*, 29 septembre 2006.

« Vous vous attendiez à cet accueil ?

— Tout à fait, c'est même pour ça que je suis venu... », réplique Nicolas Sarkozy.

Le ministre lève la tête vers les fenêtres et assure à une habitante qu'il va la « débarrasser de toute cette racaille ». Cette petite phrase, apparemment imprévue, arme une bombe à retardement.

Quelques mètres plus loin, une femme surgit dans le champ des caméras. Elle a une trentaine d'années, elle est maghrébine. Elle porte une écharpe noire.

« Monsieur Sarkozy, vous allez faire quelque chose pour nous ?

— Je vous le promets, madame », lui déclare le ministre en jetant un rapide coup d'œil aux journalistes.

Ensuite, le cortège s'engouffre dans le commissariat exigu où se tient la conférence de presse. À l'entrée, la sécurité filtre étroitement : seulement les officiels et les journalistes. Tout le monde s'entasse pour écouter l'annonce d'une série de mesures contre la délinquance. Il y aura en permanence 17 compagnies de CRS et 7 escadrons de gendarmerie.

Soudain, aux côtés de Nicolas Sarkozy, revoilà la femme maghrébine à l'écharpe noire. Qui l'a placée là ?

Et voici que le ministre prend à témoin les caméras et se lance dans son interview :

« Tenez, cette dame, elle m'a interrogé, je ne vous connaissais pas, madame... Vous habitez le quartier ?

— Oui, j'habite le quartier.

— Voilà... Et vous êtes pour les droits de l'homme, aussi ?

— Oui, pour les droits de l'homme, c'est ça...

— Parfait... Voilà, et vous êtes descendue en tenue du soir (il désigne ses pieds qu'on devine chaussés de pantoufles)...

— Oui, pour vous dire ce que j'apprécie...

— Voilà, ben dites-le, c'est tout (on sent une petite irritation poindre dans la voix du ministre qui trouve que sa cliente n'est peut-être pas à la hauteur...).

— Mais oui, c'est vrai, c'est pour avoir le droit de... le droit de... (elle semble chercher son texte).

— De vivre ! lui souffle le ministre.

— De vivre ! Voilà, tout simplement... Si je suis sortie comme ça, c'est pour ça...

— Et on peut pas dire que madame refuse les jeunes du quartier, relance Nicolas Sarkozy. Parce que j'imagine que vous êtes du quartier ? Vous êtes de la même origine que les jeunes du quartier ? Sans être indiscret ?

— Oui, oui... C'est ça...

— Et vous ne supportez plus cette ambiance ?

— Non. »

À ce moment, le ministre se tourne vers les journalistes.

« Interrogez d'autres habitants du quartier, ils vous diront tous la même chose. (Il revient à nouveau à la dame en noir.) Eh bien, vous pourrez leur dire qu'il y aura la police dorénavant.

— Oui, quand il y a la police on est plus en sécurité quand même... »

Ayant visionné sur la longueur les images de l'événement, je me suis attaché à cette petite dame à l'écharpe noire qui ne sonnait pas juste. Qui est-elle ? J'ai retrouvé des militants associatifs qui habitent l'immeuble surplombant le commissariat. Je leur ai montré sa photo puis la bande vidéo. Inconnue. Ce n'est pas une voisine. Un jeune stagiaire de notre rédaction a fait le tour de plusieurs bâtiments muni de la photo sans parvenir à la retrouver. L'UMP du département ne la connaît pas. La mairie d'Argenteuil non plus, ni même la mairie de quartier dont les fonctionnaires étaient pourtant présents dans le commissariat ce soir-là. Personne n'arrive à retrouver la femme « descendue spontanément de chez elle » pour quémander plus de sécurité devant les caméras...

Comment le cabinet du ministre de l'Intérieur a-t-il pu mettre en scène aussi délibérément le témoignage d'une « habitante » sans vérifier qu'il ne s'agit pas d'une mythomane, d'une déséquilibrée ou d'une affabulatrice ? Quoi qu'il en soit, les journaux télévisés n'en garderont aucune trace. Il ne restera de cette soirée qu'un seul mot : « racaille »... Pris comme un stigmate collectif par l'ensemble de la population des banlieues, il va résonner quelques jours plus tard lors des émeutes urbaines les plus violentes qu'ait jamais connues le pays. « Nourrir la bête » n'est pas sans danger...

Sur l'affiche, Nicolas Sarkozy aimerait apparaître en super-flic. Inflexible et efficace. Après la mort d'un jeune homme à La Courneuve en octobre 2005, il promet de mettre tous les moyens et de « nettoyer au Kärcher ». Auparavant, en février 2003, il était allé à Toulouse annoncer la fin de la police de proximité, trop « laxiste », dans une conférence de presse spectaculaire où il avait tancé devant les caméras un préfet pétrifié. Il inaugurait une nouvelle ère. Celle de la police d'intervention, d'arrestation. Des déclarations qui claquaient et qui laissaient supposer que le ministère de l'Intérieur allait mettre le paquet sur les quartiers abandonnés. Ce que personne, quoi qu'il en soit, n'irait vérifier.

Mais le réel, imprévisible, vient tout bouleverser. En septembre 2006, est rendu public un rapport interne du préfet de police de Seine-Saint-Denis, le département le plus dur[1]. Le fonctionnaire y dénonce la « diminution très perceptible » du nombre d'agents affectés à la sécurité publique. L'explosion de la délinquance, écrit-il, est liée au développement des inégalités économiques : « Les écarts se creusent, les envies s'exacerbent. » Résultat : les vols avec violence ont augmenté de 22,62 % et la part des mineurs dans ces actes est passée à 47,67 %. Nicolas Sarkozy est furieux. Il convoque une vingtaine de commissaires dès le lendemain. D'après Le Canard enchaîné, il les traite de « crétins », d'« incapables » et de « connards »[2]. Ce que révèle la lettre du préfet : malgré les promesses du ministre, les moyens n'ont pas augmenté. Le commissariat du Bourget, censé symboliquement nettoyer « au Kärcher » la délinquance à La Courneuve, a vu ses effectifs

---

1. *Le Monde*, 20 septembre 2006.
2. *Le Canard enchaîné*, 27 septembre 2006.

diminuer de 20 %. À Drancy, il n'y a qu'une unique voiture de patrouille. Les seuls effectifs supplémentaires mobilisés : 225 CRS qui savent gérer les émeutes mais pas garder la paix. Depuis la disparition de la police de proximité, les interventions sont devenues paramilitaires et génératrices d'affrontements. Désormais, dit un gradé, « nous allons partout mais seulement en commando et pas très longtemps... ».

Le 20 septembre 2006, une opération « commando » tourne mal pour deux policiers à Corbeil-Essonnes. Ils sont passés violemment à tabac par une bande de jeunes dont ils voulaient contrôler l'identité. Le ministère de l'Intérieur autorisera un certain nombre de télévisions à réaliser une interview d'un des policiers sur son lit d'hôpital. Son visage est tuméfié. Il fait l'ouverture des journaux télévisés. Le surlendemain, 220 policiers débarquent à l'aube pour arrêter les coupables. Là aussi, l'intervention est filmée et fera l'ouverture des 20 heures. *Bis repetita* quelques jours plus tard, aux Mureaux. Après des incidents dus à la poursuite d'un jeune qui conduisait sa voiture sans assurance, la police, le RAID, débarque un matin avec des dizaines de caméras. Aux yeux du public, une sorte d'équilibre est rétabli. Pour André Santini, c'est fondamental : « L'important, c'est que les gens aient l'impression que ça va mieux. Que le problème de l'insécurité soit moins préoccupant. C'est toujours l'impression qui compte en matière d'insécurité. »

Laisser faire le vacarme

Nous sommes le 11 septembre 2001. Il est 14 h 55 à Londres. 9 h 55 à New York. Depuis quelques minutes à peine, les télés du monde entier diffusent en boucle les images des avions percutant les tours du World Trade Center. Toute la planète, sidérée, contemple la destruction. À 14 h 55 donc, Jo Moore, une spin doctor du ministère anglais des Transports, est l'une des seules à ne pas se laisser happer par la force hypnotique du spectacle. Elle se met sur son ordinateur et envoie un mail à un supérieur : « C'est maintenant une très bonne journée pour sortir tout ce que nous voulons enterrer. Les dépenses des conseillers, par exemple[1] ? »

La conseillère en communication l'ignore encore mais elle va apprendre très vite que, dans ce genre d'affaires, la trace écrite est mal venue. Le téléphone est plus sûr. Du fait d'un règlement de comptes interne à son service, le mail va fuiter, se retrouver dans la presse. Un peu penaude, Jo Moore s'excusera et sauvera ainsi son job. Mais quatre mois plus tard, elle récidive. Cette fois, c'est l'enterrement de la princesse Margaret qu'elle aurait voulu mettre à profit pour faire passer une autre mauvaise nouvelle. Elle est licenciée ainsi que son supérieur hiérarchique au département de la Communication[2]...

---

1. *The Daily Telegraph*, 10 octobre 2001.
2. *The Daily Telegraph*, 16 février 2002.

Jo Moore a compris les bases de la diversion mais elle a négligé une règle d'or : pour que les manipulations fonctionnent, mieux vaut qu'elles restent invisibles.

L'une des firmes de relations publiques françaises les plus efficaces, Taylor Nielsen Sofres Media Intelligence, a créé une unité de bruit médiatique. Ce dispositif de veille sur 80 médias mesure en permanence les thèmes abordés. TNS Media Intelligence travaille à la commande pour des clients et fournit des analyses qui permettent de choisir le moment opportun pour communiquer une information. Soit pour ne pas être écrasé par un bruit adverse trop important. Soit, au contraire, pour profiter du bruit. Ainsi, pendant le fracas autour de l'interdiction du voile islamique dans les écoles, un analyste-consultant attaché au baromètre CSA de l'opinion publique, Stéphane Rozès, rédige ainsi sa synthèse pour la période : « Depuis le retournement de la croissance [...] l'impression d'une démission face à l'insécurité économique et sociale et d'une politique inégalitaire a fait plonger la confiance dans le couple exécutif [Chirac-Raffarin]. L'hypermédiatisation des problèmes et débats sur le "voile islamique" et l'annonce d'une loi d'interdiction des "signes religieux ostensibles" à l'école auront suffi à la redresser[1]. »

Dans un monde où la censure est morte, l'effet de diversion est devenu l'une des armes majeures des spécialistes en communication. Pendant l'été de la guerre en Irak, en 2003, le gouvernement Bush va profiter de l'émotion publique autour du conflit pour faire passer en toute discrétion nombre de réglementations scandaleuses[2]. Ainsi, désormais, les constructeurs automobiles américains n'auront plus à publier les informations sur leurs véhicules frappés d'un défaut de fabrication, afin de ne pas créer de « dommage substantiel dans la compétition » aux industriels. Sous la pression de l'industrie du papier, la coupe d'arbres dans les forêts fédérales est rendue plus

---

1. http ://www.csa-tmo.fr/fra/dataset/data2003/cote20031216.htm.
2. *The New York Times*, 14 août 2004.

facile. En mars 2003, certaines mesures de sécurité qui proté-geaient les mineurs de charbon sont revues à la baisse. En mai 2003, l'administration Bush annule une loi qui proposait d'installer un dispositif pour prémunir les personnels hospitaliers contre le retour de la tuberculose en hausse dans plus de 20 États. Le mois suivant, le ministère du Travail américain annule l'obligation qui existait pour les employeurs de recenser précisément les accidents du travail sur leurs sites. Au mois d'août, l'administration Bush a autorisé des milliers d'entreprises à développer leurs usines en les dispensant de respecter la réglementation de contrôles antipollution, trop chers.

Ce sont des décisions qui produiront à moyen terme des conséquences en termes de santé publique, qui coûteront des vies humaines. Peut-être plus encore que celles des soldats qui meurent tous les jours en Irak. Pourtant, elles sont passées inaperçues. Comme le résume assez bien le représentant démocrate Dave Obey : « Avec toute l'attention du public concentrée sur l'Irak et Ben Laden, cela donne au gouvernement une chance inespérée de tout faire passer par-derrière sans que personne ne remarque rien. »

3

Ce qui passe sous le radar

« Le monde à l'envers nous apprend à subir la réalité au lieu de la changer, à oublier le passé au lieu de l'écouter et à accepter l'avenir au lieu de l'imaginer. »

Eduardo GALEANO, *Sens dessus dessous*,
éditions Homnisphères, 2004

France : le travail homicide

Sans faire de bruit, la flexibilité et la précarité sont en train de redéfinir le visage des entreprises. Elles génèrent un stress et une violence inconnus jusqu'alors. Cette mutation de fond dans le monde du travail, sans doute la plus importante de ce début de siècle, est passée sous silence.

« Mort d'origine naturelle. » Voilà ce que le médecin de Sollac-Dunkerque a écrit instantanément sur le certificat de décès, le 8 mai 2001. Rudy Norbert venait d'être foudroyé par un malaise à trente-deux ans sur son poste de travail. Le médecin, salarié par l'entreprise, n'a pas posé de questions. Ni sur les horaires, ni sur les conditions de travail. Il n'y avait rien d'anormal à constater. Rudy Norbert travaillait pour Mécapress, l'une des dizaines de petites entreprises sous-traitantes qui interviennent sur le site de Sollac, le géant de la métallurgie. En moins d'un an, chez Mécapress, c'est le deuxième homme qui meurt d'arrêt cardiaque. Dans l'indifférence générale. La mort de Rudy aurait dû passer totalement inaperçue. Mais il y a eu un grain de sable. La veuve. Elle va se rebeller. Porter plainte. La justice ouvre une enquête pour « homicide involontaire ». Elle va mettre au jour une série de dissimulations : on a caché comment des hommes pouvaient être menés jusqu'à l'overdose de travail. Dans les médias, le décès de Rudy Norbert reste un non-événement. Un accident sans importance, sans signification, enterré sous les milliers d'accidents du travail, la sous-couche de la banalité. Rien à signaler.

Imaginons maintenant un autre cas de figure : Rudy Norbert assassiné par un jeune des cités. Ou mieux : une bande de jeunes des cités, une meute au teint bistre armée de briques. Sa bonne tête de gars du Nord serait venue nous percuter dès l'ouverture de nos journaux télévisés. L'insécurité dans les quartiers sensibles est devenue une rubrique des 20 heures. Aujourd'hui, une simple bagarre avec un blessé léger dans une base de loisirs du centre de la France peut mériter un sujet développé[1]. La violence qui gangrène les entreprises, elle, n'existe pas. Sauf lorsqu'elle surgit en éruption d'hystérie sociale, quand des grévistes désespérés mettent le feu à des entrepôts ou menacent de polluer des rivières. Les ouvriers, espèce en voie d'extinction, ont presque disparu de notre vocabulaire. Ringardisés. En sursis, comme de grands lézards patauds inadaptés à la Modernité.

Sur les chaînes de montage, dans les ateliers, les bureaux-usines où chaque geste est surveillé, minuté, le quotidien est devenu de plus en plus invivable... Et surtout de moins en moins visible. À Sollac, les restructurations ont externalisé un homme sur trois. 30 % des salariés qui travaillent sur le site sont désormais membres de petites entreprises sous-traitantes hyperflexibles, sans syndicats, sans possibilité de nuire ou de protester donc de rendre publiques les conditions de travail de plus en plus inhumaines. L'histoire de Rudy Norbert montre comment certains secteurs du monde du travail se sont ainsi transformés en zones de non-droit aussi pathogènes que les terribles et très médiatiques territoires « racaille »...

Normalement, Rudy Norbert aurait dû tenir le choc. Il ne comptait pas de points faibles. Travailleur nouveau modèle, trentenaire, pas alcoolique, motivé, dynamique. La vitesse et la disponibilité d'un employé McDonald's au service de la métal-

---

1. Journal de 20 heures, France 2, 28 avril 2006.

lurgie. Ce cocktail violent, ses artères ne l'ont pas supporté. Il laisse une jeune veuve au regard bleu plein de questions, dépassée par les traites trop lourdes d'une maison et des soucis d'enfants : l'une de ses deux petites filles a besoin de cachets pour étouffer sa colère, pour accepter l'idée de ne plus avoir de papa.

Au départ, Rudy Norbert travaillait pour Sollac, une filiale d'Arcelor, le conglomérat européen de l'acier. Les hommes du coin vivent au rythme du métal dans de drôles de paysages. Ici, les usines aux hangars amples comme des cathédrales, les hauts fourneaux, transforment le minerai par le feu. Sur des kilomètres, la fumée massive prend des allures de montagne. Des cheminées interminables crachent des flammes. À l'aube, le ciel est sanglant. C'est l'heure où les bus déversent leur cargaison d'ouvriers sur le parking. Là, d'autres cars les attendent pour les transporter sur leur site de travail. La zone industrielle, grande comme une ville, gardée comme une base militaire, tourne le dos à la mer du Nord. La métallurgie est le dernier fortin de la classe ouvrière. On vote CGT, de père en fils, à près de 70 %. Il subsiste ici un peu de cette solidarité qui s'est effilochée ailleurs. Sans cette anomalie, sans doute n'aurions-nous jamais entendu parler de Rudy Norbert.

Je suis reçu dans les locaux syndicaux. Des Algeco au bout du parking. Les syndicalistes ont un peu hésité à me voir. Ils se méfient des médias. Ils sont bourrus, parlent fort et me regardent de travers. Avec eux, le sourire se gagne avec le temps. Comme la confiance. J'ai envie de leur dire qu'en face ils ont des armes autrement efficaces : de jolies attachées de presse, polies, bien habillées, parfumées et bien élevées, et qu'un peu de gentillesse peut suffire pour gagner les cœurs, influencer un article, faire passer un point de vue. Mais je ne dis rien parce que moi, personnellement, je préfère leur style.

« Normalement, on n'a pas le droit de parler de la mort de Rudy, me dit Didier Verstraet, un grand type avec un blouson un peu court aux bras qui s'est chargé du dossier. Parce que les gars de la sous-traitance, ils font pas partie du personnel Sollac... C'est ça l'effet concret des restructurations. Nous, les militants syndicaux, on peut pas aller trop mettre notre nez dans les boîtes sous-traitantes... Même si, bien sûr, on essaye de le faire quand même quand on connaît les gars, qu'ils bossaient avec nous avant... »

De 2002 à 2003, l'ancien PDG d'Arcelor, Francis Mer, l'homme qui a mené la privatisation et les plans sociaux, est devenu ministre de l'Économie et des Finances du gouvernement formé par Jean-Pierre Raffarin. Mer ne s'est jamais caché d'être un patron de combat. Surnommé John Wayne, y compris par les siens. François Fillon, son collègue chargé des Affaires sociales, un peu embarrassé par une vague de licenciements au sabre, voulait faire voter un dispositif pour protéger les salariés. Francis Mer ne se gêna pas pour tancer son collègue ministre devant les micros d'une radio : « Les licenciements sont l'affaire des patrons, pas de l'État[1]. » Dans les faits, Francis Mer est moins inflexible. Il restructura la sidérurgie à coups de dizaines de milliers de licenciements, grâce à une subvention publique de 85 milliards de francs. La *perla maxima* du ministre-patron au menton carré, peut-être celle qui finit par lui coûter son poste, fut énoncée au journal de 20 heures, sur France 2, le 16 octobre 2003 : « Ceux qui gagnent beaucoup d'argent, c'est qu'ils le méritent [...]. Cela veut dire qu'ils apportent à la société une valeur supérieure à ceux qui gagnent moins. » À l'heure où les héritiers triomphent, où l'ascenseur social fonctionne de plus en plus mal, où l'on reste coincé dans sa classe sociale d'origine comme dans une caste, certaines formules choquent. À force de ne pas dissimuler ce qu'il pense, Francis Mer devra quitter le gouvernement.

C'est à la fin des années 1990, après avoir licencié près de 100 000 salariés, que les dirigeants de Sollac ont réorganisé la production. Ils sont conseillés par une équipe de Japonais, spécialistes du modèle Toyota. Les Japonais arrivent avec une méthode. Presque une philosophie. Tout est écrit noir sur blanc

---

1. RTL infos, 7 décembre 2002.

dans un document épais : Total Production Maintenance. Le texte est parsemé de slogans paramilitaires corporate tels qu'on les aime au Japon. « Atteindre le rendement maximal des équipements. » « Éradiquer les temps morts. » « Chasser les pertes humaines. » « Monter en cadence et arriver à la vitesse maximale de production. » Et puis, en grosses lettres noires sur fond rouge, capitales, corps 32, une sentence qui vibre comme un *banzaï !* : « ENTRETENIR L'ÉQUIPEMENT EST UNE MISSION POUR L'HOMME. »

Comprenez : l'homme doit être mis au service de la machine. Et pas le contraire. Constitutif du modèle d'excellence japonais : il convient d'avoir recours à des sous-traitants, des entreprises extérieures qui travaillent à la tâche. Ils sont plus souples, plus dépendants. Ils sont les petits soldats anxieux du développement japonais. Au pays du Soleil levant, ce type de management qui repose sur le « flux tendu », le « zéro stock », « zéro défaut » génère un stress inconnu jusqu'alors. Les avocats du travail nippons affirment que près de 30 000 salariés meurent chaque année d'épuisement nerveux du fait de cette organisation du travail. Trois fois plus que les accidents de la route. Le ministère du Travail a créé une nomenclature stricte – un excès massif d'heures supplémentaires aboutissant à deux types de décès fulgurants : la crise cardiaque et l'attaque cérébrale. Celle-ci réduit le chiffre des morts à une moyenne de 200 par an. Le phénomène porte un nom : *karoshi*. Les morts ne cessent d'augmenter alors que le chômage et la précarité de l'emploi étendent leur ombre inquiétante sur le territoire le plus onéreux de la planète.

Les managers de Sollac-Arcelor écoutent religieusement ces Japonais savants, maîtres en rationalisation de la production. Il faut externaliser les coûts. Externaliser les hommes. Didier Verstraet, de la CGT, se souvient de l'accueil cérémonieux réservé à la délégation japonaise : « Il manquait plus que le tapis rouge... Y avait un vieux surtout, dès qu'ils s'arrêtaient trente secondes quelque part, t'avais un loufiat qui rappliquait en trottant avec un siège pliant. Fallait le voir se poser dessus avec un air d'empereur ! Ça faisait bien rigoler les gars. Bon, après, quand on a compris que c'était pas du folklore, qu'on allait en baver... on a moins rigolé. »

Car Sollac applique. Plan social après plan social, la direction des ressources humaines va transformer un tiers des salariés en sous-traitants. Nombre de ces entreprises extérieures ont été créées par d'anciens contremaîtres de Sollac. La direction utilise un joli mot apicole pour qualifier l'externalisation : essaimage. L'essaimage est le départ de groupes d'abeilles d'une colonie mère pour former d'autres colonies. Sollac fait pousser des dizaines de petites boîtes à son service. Des boîtes avec très peu de salariés, hyperflexibles, qui jouent avec les limites de la légalité. Des sous-traitants sans contre-pouvoirs, les syndicats des métallos n'y mettent pas les pieds. C'est dans l'une de ces boîtes que Rudy Norbert va s'engager.

Pour Rudy, le plan social tombe bien. Il profite des indemnités. Il vient d'avoir trente ans et avec Nathalie, sa compagne, ils se sont lancés dans un crédit un peu trop lourd : une maison de brique rouge qu'il retape le week-end. Elle et lui ont grandi dans la misère ouvrière du Nord, familles nombreuses dans des logis sans confort. De leur vie, ils ne sont jamais partis en vacances. Ils se sont juré d'offrir à leurs deux petites filles une vie plus souriante. Une jolie maison, l'école, l'université peut-être... Qu'elles aient un bel avenir. Cette ambition-là leur suffit pour vivre. En s'embauchant dans une boîte de sous-traitance, Rudy sait qu'il peut gagner plus d'argent. Faire des heures supplémentaires. Il n'est pas feignant. Nathalie court entre deux jobs.

Rudy rejoint Mécapress, une petite entreprise familiale dirigée par M. François, un ancien agent de maîtrise qui a la confiance de Sollac. M. François, petite moustache bien taillée sur faciès rubicond, nourrit un humour à embonpoint. Il sait être cordial, M. François. Et il l'a prévenu, s'il est pas cossard, s'il rechigne pas devant le boulot, il peut augmenter sa paye de 2 000 ou même 3 000 francs les bons mois. M. François est toujours là pour une petite avance, les fins de mois, quand les ouvriers sont un peu à court. De temps en temps, il les invite au restaurant, histoire de souder les hommes. En revanche, il a prévenu tout le monde : pas de syndicat dans sa boîte. « Quand il s'énervait, se souvient Nathalie, il criait : Il suffit que je mette un coup de pied dans une poubelle et des gars comme vous, il y en a dix qui sortent ! »

Rudy va peu à peu découvrir que M. François exige une disponibilité complète, totale, permanente. Ceux qui n'ont pas de quoi se payer un téléphone portable portent un beeper à la ceinture. La règle, c'est qu'ils peuvent être joints à tout moment, le jour ou la nuit. C'est désormais la machine qui décidera de leur vie.

« Le plus dur, se souvient Nathalie, avec un peu de honte, c'est que Rudy était toujours inquiet. Il n'y avait jamais un moment où il pouvait se dire : là, je suis sûr d'être au calme. Le téléphone pouvait sonner en plein milieu de la nuit et il était obligé de repartir. Il savait jamais quand il reviendrait. Un jour, il a travaillé vingt-huit heures d'affilée. Il était toujours sous tension. Jamais il débranchait... »

Rudy Norbert, sa spécialité, c'est l'entretien des bandes transporteuses, d'énormes tapis roulants de caoutchouc noir qui élèvent le minerai jusqu'au haut fourneau. Le boulot est dur, lourd, pesant. Dans le froid, la pluie ou au contraire près de la chaleur extrême du fourneau. En cas de pépin, il faut se presser car chaque minute perdue coûte cher. Si les bandes transporteuses tombent en panne, tout le processus s'arrête. Rudy Norbert est capable de travailler deux jours de suite en serrant les dents. C'est possible à Mécapress. Grâce à des heures supplémentaires énormes, parfois 70 heures de plus par mois, les ouvriers arrivent à des salaires de 9 000 francs. Parfois même, les mois les plus exténuants : 10 000 francs net. C'est illégal mais, pour échapper aux contrôles, le patron déguise les heures sup en fausses primes sur la fiche de paie : prime d'ancienneté, d'assiduité, de hauteur, d'insalubrité et même prime de dépannage... Agrafé à la fiche de paie, au crayon à papier sur une feuille volante : le nombre d'heures supplémentaires auxquelles ces sommes correspondent. Les plus faibles cassent.

« On les voyait débarquer sur le parking, se souvient Didier Verstraet de la CGT, ils étaient de plus en plus livides, creusés. C'était terrible parce qu'il y avait pas mal d'anciens copains, des gars qui avaient accepté d'être externalisés pour toucher un peu d'argent au passage. Ils calculaient pas ce qu'il leur arriverait après. Le Gilbert, quand il est mort, on a pas été tellement surpris vu la tête qu'il avait... »

Le 19 juin 2000, Gilbert Libier, cinquante et un ans, un des collègues de Rudy Norbert à Mécapress, s'écroule pendant la pause déjeuner : crise cardiaque. Aussitôt, M. François fonce chez sa femme, Sylvette Libier. Hébétée, démunie, en état de grande vulnérabilité, elle se laisse prendre en main.

« M. François m'a dit qu'il fallait pas demander d'autopsie, rien... Qu'il voulait pas avoir d'ennuis parce que le Gilbert, il buvait un petit coup de temps en temps... » Sylvette ne réagira pas. Pourtant, elle se souvient clairement du beeper qui pouvait sonner à tout moment : « Il était jamais tranquille, Gilbert. Parfois, il éteignait son bidule, là, et il inventait des histoires... Qu'il était à la chasse, ou à l'hôpital... Pour pouvoir dormir. » Le médecin de ville n'a jamais dénoté d'anomalie cardiaque mais le médecin de Sollac constate que Gilbert Libier fumait un paquet de cigarettes par jour. Terrain fragile donc. Son décès est aussitôt classé en « mort naturelle ». En joignant les deux médecins au téléphone, je m'aperçois que personne n'avait pris la peine de les informer des dizaines d'heures supplémentaires illégales, invisibles. Pourtant, un contrôleur du travail réalise une enquête après le décès. Il découvre que la charge de labeur lourd et dangereux est trop importante pour le nombre de salariés. Il recommande à l'employeur d'embaucher. C'est le contraire qui va se produire. Entre la mort de Gilbert en juin 2000 et celle de Rudy en mai 2001, les effectifs de Mécapress passent de 41 à 34 salariés[1].

---

1. Extrait de l'ordonnance judiciaire du 14 juin 2004.

Rudy Norbert est secoué par le décès de Gilbert. Un soir, il parle à Nathalie. « Il m'a dit : "Si jamais il m'arrive quelque chose, te laisse pas faire..." »

Mais Rudy ne quitte pas Mécapress. « Vous savez, dans le Nord, on trouve pas du boulot comme ça, explique Nathalie. Bien sûr, il aurait dû partir mais il y avait les traites de la maison... M. François lui avait donné un statut d'agent de maîtrise mais il travaillait encore plus dur. On avait besoin de l'argent. » Rudy peut offrir les premières vacances de leur vie à Nathalie et aux filles. Ils partent dans le Jura. Premier film de vacances sur la caméra vidéo achetée pour l'occasion. On voit Rudy, un petit anneau à l'oreille, coiffé en pétard, l'œil juvénile, qui se balance et fait le pitre pour faire rire ses filles. On voit Nathalie, très blonde, dont le visage retrouve des rondeurs d'enfance. Rudy déambule, nonchalant, dans un sentier bordé de sapins. Ses deux filles courent autour de lui. « En fait, se souvient Nathalie, il était pas détendu. Il savait qu'il allait reprendre le boulot. »

Le 7 mai 2001, Rudy Norbert a travaillé vingt et une heures de suite sur les bandes transporteuses. Il est rentré à l'aube chez lui, se reposer un peu. Dans la journée, il a traîné sans vraiment parvenir à dormir et le soir même, à 2 h 30 du matin, il a dû repartir sur le site. Rudy est responsable du haut fourneau n° 4 et il faut absolument avoir réparé la bande transporteuse avant le 8 mai. L'enrouleur est en panne. Toute l'équipe est mobilisée. Il faut terminer le chantier quelle que soit l'heure. Nathalie se souvient que Rudy est reparti dans la nuit, sonné debout. Un fond de remords dans la voix, elle lâche : « Il avait pas eu le temps de récupérer... Il aurait jamais dû y aller. »

Vers 6 heures du matin, Rudy a un malaise à l'usine. Tête qui tourne, fatigue, essoufflement. Son chef de chantier, Richard Schultz, lui conseille de se reposer un peu. D'aller s'asseoir cinq minutes dans la voiture de la société. Rudy s'est assis, il a posé sa tête contre la vitre de la portière, il a fermé les yeux. Et il est mort. Quand son chef a ouvert la portière, une demi-heure plus tard, il est tombé comme une masse. Appelé en urgence, le médecin de l'entreprise a constaté l'arrêt cardiaque. Il a rédigé aussitôt un certificat de décès portant la mention : « Mort d'origine naturelle ». La police reprend cette mention. Elle éteint a priori la possibilité d'une enquête pénale.

À 8 h 30, des policiers à la mine contrite sonnent à la porte de Nathalie pour lui annoncer la nouvelle. De son vertige, de la douleur, du sol qui s'est mis à tanguer, elle préfère ne pas parler aujourd'hui. Avec une pudeur combattante, elle dit juste : « Je me suis souvenue de ce qu'il m'avait dit : Te laisse pas faire. » Elle se rend immédiatement à Mécapress. Elle veut des explications. Richard Schultz, le chef de chantier, est là. Il lui jure que, bien sûr, il a proposé à Rudy de l'emmener à l'infirmerie du personnel de Sollac mais que celui-ci a refusé, qu'il a préféré s'asseoir dans la voiture. Mais Nathalie ne s'en tient pas là. Elle va voir la CGT Sollac. Les militants syndicaux lui expliquent pourquoi le sous-traitant n'a pas dû insister très fort pour que Rudy se rende à l'infirmerie. Selon eux, Sollac s'est donné pour objectif de faire baisser drastiquement le chiffre des accidents du travail : la consigne est d'éviter de signaler des incidents. Nathalie se souvient : quelques mois auparavant, une blessure de Rudy, un éclat de métal était venu se ficher dans son arcade sourcilière, tout près de l'œil, ça pissait le sang, le chef de chantier l'avait ramené chez lui sans passer par l'infirmerie, elle avait dû emmener Rudy chez le médecin de famille, en payant de sa poche... Elle pense : si Rudy avait été emmené à l'infirmerie au moment de son malaise, peut-être vivrait-il encore ? Comme une automate, elle s'occupe des funérailles. Le 14 mai 2001, cinq jours après son décès, Rudy est incinéré. Moins cher qu'une tombe.

Et puis Nathalie va se battre. Elle établit un dossier médical : Rudy ne souffrait d'aucune fragilité congénitale, pas de pathologie cardio-vasculaire, pas d'alcool. Huit mois après les faits, l'inspection du travail mène une enquête. Un contrôleur découvre les pratiques de l'entreprise Mécapress. Il arrive que les ouvriers travaillent vingt-quatre heures de suite. Les horaires ne sont jamais respectés. Depuis la mort de Rudy Norbert, les fiches horaires ont disparu. Les heures supplémentaires illégales sont maquillées en fausses primes. Les conclusions de l'enquête sont nettes et sans nuances inutiles : les dépassements importants et répétés des horaires de travail ont « conduit à un épuisement physique du salarié »[1].

Pour Nathalie, l'enquête sur Rudy est une libération. La preuve est faite : elle peut exiger une prise en compte du décès comme accident du travail. La presse locale la soutient. « Mort par overdose de travail », titre *La Liberté*. Nathalie porte plainte. Une procédure judiciaire est déclenchée. Pour homicide involontaire. Entendue par un juge, une secrétaire avoue aux policiers qu'après la mort de Rudy les preuves des dépassements horaires ont été systématiquement détruites : « M. Schultz a fait disparaître les documents de décompte de la durée de travail pour sept agents de maîtrise de mai 2000 à décembre 2000. » Tous les salariés entendus par le magistrat instructeur parlent de stress, d'épuisement, de grande tension et de durées de travail éprouvantes. Toujours d'après l'instruction, le contremaître, M. Schultz, ne nie pas le surtravail mais affirme qu'il a donné l'ordre à Rudy Norbert de rentrer chez lui le soir de sa mort. Celui-ci aurait refusé de lui obéir...

En janvier 2004, alors que la procédure n'est pas menée à son terme, j'appelle le responsable de la communication de Sollac : Jean Bodart. L'homme est un ancien du cabinet du maire socialiste de Dunkerque, Michel Delebarre. Je sollicite de pouvoir interroger un dirigeant sur le décès de Rudy Norbert. Le spin doctor a une défense toute prête : l'accident, si accident il y a eu, ne concerne pas son entreprise puisqu'il s'agit d'un sous-traitant. J'insiste : « Il y a 30 % de sous-traitants sur votre site, il s'agit donc d'une politique avec des conséquences humaines, voilà pourquoi je souhaiterais interviewer un responsable. »

M. Bodart finit par me proposer de rencontrer un technicien, le chargé de la sécurité du site de Sollac, Jean-Marie Bulcke.

---

1. Extrait de l'ordonnance judiciaire du 14 juin 2004.

J'accepte. Je prends rendez-vous avec lui à Paris, dans le hall d'accueil du siège d'Arcelor, sur le parvis de la Défense. Bulcke a une tête de brave type dépassé par les événements. Je suis sûr qu'il y a dix ans il portait encore un bleu de travail. Nous réalisons l'interview au milieu des gens qui vont et viennent. L'homme est un peu gêné de se retrouver face à une caméra de télévision. Pas vraiment préparé à porter le chapeau pour toute une stratégie industrielle :

« On ne peut pas vérifier le temps de travail de tous les gens qui sont sur le site, m'explique-t-il. On n'a aucun moyen. C'est au sous-traitant de le faire... »

Pourquoi Rudy Norbert n'a pas eu accès à l'infirmerie au moment de son malaise ? M. Bulcke préférerait ne pas s'étendre pour ne pas « mettre en porte à faux Richard Schultz », le chef de chantier Mécapress, qu'il connaît bien puisque celui-ci a travaillé très longtemps en direct pour Sollac et qui « est vraiment quelqu'un de bien, croyez-moi »...

Et puis Rudy Norbert n'avait pas besoin ce matin-là d'assistance médicale.

« Il n'avait pas à demander de se rendre à l'infirmerie, affirme M. Bulcke. Il n'y avait pas d'éléments suffisants qui pouvaient laisser penser...

— Tout de même, il avait travaillé vingt et une heures de suite la veille, il était épuisé...

— Je ne sais pas, je ne connais pas la vérité dans cette histoire.

— Toujours est-il que Rudy Norbert est mort quelques minutes après son malaise...

— M. Schultz ne pouvait pas s'imaginer que ça allait se terminer comme ça...

— Pourtant six mois auparavant, un autre ouvrier, Gilbert Libier, était mort dans des conditions similaires...

— Ah non, triomphe M. Bulcke, dans le cas de Libier, c'est pas pareil, il avait des antécédents...

— L'entreprise Sollac a-t-elle mené une enquête interne sur les agissements de son sous-traitant ?

— Non, pas du tout, me répond M. Bulcke, nous ne voulons pas gêner la bonne marche de la justice. Et puis encore une fois, je vous le répète, ces questions doivent être posées à l'entreprise sous-traitante, Mécapress. Nous ne sommes pas responsables[1]. »

Nous ne parviendrons jamais à avoir des explications de la part de l'encadrement de Mécapress. Au téléphone, la secrétaire nous ment : « Ils ne travaillent plus ici... » Alors nous nous déplaçons sur leur site à Dunkerque. Leurs bureaux sont logés dans des bâtiments métalliques préfabriqués. Le bruit a couru que nous sommes dans le coin. Nous ne passons pas le barrage de l'accueil. Les portes des bureaux se ferment et quand nous arrivons dans les ateliers, ils ont été désertés par les responsables.

La CGT partage la plainte contre Mécapress avec Nathalie. « On donne un coup de main à la veuve dans les démarches mais nous ne pouvons pas nous occuper des affaires internes des sous-traitants. » Une procédure criminelle est ouverte. Au vu des éléments réunis, un juge d'instruction enquêtera pendant trois ans, pour homicide involontaire. Le 27 mai 2004, il rend une ordonnance de non-lieu. Son instruction montre pourtant que les horaires n'étaient pas respectés, la surcharge de travail était énorme, que Rudy Norbert était en bonne santé, que tous les ouvriers entendus par l'inspection du travail dénoncent « des conditions pénibles, stressantes et des durées éprouvantes de travail », que les preuves des dépassements horaires ont été détruites. Mais, en l'absence d'autopsie du corps, celui-ci ayant été incinéré, « il n'est pas possible d'induire de ces pratiques illicites que la mort de Rudy Norbert est la conséquence directe de ses horaires de travail »...

Pour ses anciens camarades, ce qui a tué Rudy Norbert n'est pas très mystérieux : c'est le travail obsessionnel qui envahit chaque espace de la vie privée, qui prend la tête nuit et jour,

---

1. Entretien avec l'auteur.

éreinte et détruit le sommeil. Pourtant, même après sa mort, il reste un succès statistique pour les experts en restructurations industrielles. Aucun indice chiffré visible et accessible ne permet de mesurer comment le travail l'a détruit. Au contraire, tous les indicateurs se conjuguent pour exalter le triomphe du travail flexible.

Rudy ne pointe pas au chômage. Preuve que les restructurations créent de l'emploi. Rudy gagne plus d'argent, deux à trois mille francs de plus : son pouvoir d'achat a progressé. Rudy a acheté sa maison à crédit : il revitalise l'économie de sa région. Rudy participe à la croissance économique. Rudy n'est pas allé à l'infirmerie lors de son malaise ; appelé devant son corps sans vie, le médecin de l'entreprise a délivré sans poser de questions un certificat de « mort naturelle ». Donc, Rudy n'est pas comptabilisé dans les accidents de travail d'Arcelor-Sollac, une entreprise qui tient ses objectifs de société modèle en la matière. Les fiches d'heures supplémentaires illégales ont été détruites, donc, jusqu'à preuve du contraire le sous-traitant qui emploie Rudy respecte à peu près la loi sur les 35 heures ; en l'absence de sanctions, ces pratiques délinquantes ne sont enregistrées nulle part. La justice classe le décès en non-lieu tout en reconnaissant les multiples « pratiques illicites » de Mécapress. Là aussi, le destin de Rudy échappera aux statistiques. Et même si l'entreprise Mécapress avait été condamnée, la sanction judiciaire ne serait pas imputable au donneur d'ordres Sollac, pas responsable des pratiques mises en place par ses sous-traitants sur son site. Seule une vérification par le réel permet de mettre en lumière le management par la peur, la misère humaine, le stress à un niveau tel qu'il peut tuer un homme. Aucun thermomètre ne permet de quantifier cette réalité-là. Invisible statistiquement, le travail qui tue n'altère pas les chiffres de la bonne santé économique d'un groupe. Au contraire, serait-on tenté de dire...

En février 2005, Arcelor annonçait des bénéfices records pour 2004 : 2,3 milliards d'euros. 900 % de hausse. Les journalistes économiques remarquent que la firme touche « aujourd'hui d'une certaine manière les dividendes parfois amers d'une décennie de restructurations massives[1] ».

À l'heure actuelle, nous ignorons totalement combien de salariés meurent des conséquences liées à l'excès de travail en France. Dans d'autres pays, le phénomène est pris au sérieux, identifié, étudié. Au Japon, bien sûr. Mais aussi en Europe du Nord. En Finlande par exemple. En février 2004, le *British Journal of Medicine* publie les résultats d'une étude finnoise menée pendant sept années sur des employés municipaux travaillant dans des administrations particulièrement touchées par les licenciements et des coupes budgétaires. Conclusion d'une grande brutalité : « Ceux qui travaillaient dans les unités de travail les plus touchées par les suppressions d'emplois ont un taux de mortalité cardiaque deux fois plus important [que la moyenne nationale][2]. »

En France, aucune enquête épidémiologique nationale n'a jamais été menée. Mais certains médecins du travail l'affirment : la montée de la précarité, de la sous-traitance, du travail émietté, hyperflexible, a généré des formes de pathologies nouvelles. Des consultations « souffrance au travail » ont vu le jour dans les grandes villes. Ces médecins identifient des ruptures d'anévrisme successives à l'annonce d'un licenciement, des maladies cardiovasculaires liées à la pression, des infarctus directement imputables à des causes professionnelles.

Infarctus, accident cérébral... ce sont les deux symptômes officiellement reconnus par le ministère de la Santé et du Travail au Japon pour qualifier le karoshi, la mort par excès de travail.

Des signes annonçaient un phénomène de fond, aussi souterrain que puissant. Le succès surprenant de deux petits livres *Souffrance en France* de Christophe Dejours (Le Seuil, 1998) et *Le Harcèlement moral* de Marie-France Hirigoyen (Syros,

---

1. *L'Expansion*, 17 février 2005.
2. Dr Jussi Vahtera et Mika Kivimaki, Institut finlandais de médecine du travail, *British Journal of Medicine*, février 2004.

1998). Deux livres âpres, a priori réservés à des lecteurs avertis, voire universitaires, et qui vont toucher le très grand public. Près d'un demi-million d'exemplaires vendus quasiment sans promotion. Ces livres de médecin et de sociologue du travail annonçaient l'arrivée en France des effets dévastateurs du management au stress et à la précarité.

Quelle place cette question occupe-t-elle dans les médias ? Quasiment aucune. Dans les années 1970, il existait une rubrique « Social » dans les grands journaux. Dans les années 1980, elle a été remplacée par une rubrique « Économie ». Andreas Freund, un journaliste du *New York Times* alors en poste à Paris, remarque que cette actualité-là disparaît du radar au moment de la présidence Mitterrand : « Saviez-vous par exemple qu'en six ans, à partir de 1983, une véritable répression syndicale a eu pour résultat le licenciement de 55 000 représentants du personnel dans les entreprises française ? Si vous ne le saviez pas, c'est que votre journal ne vous l'a pas dit[1]. »

Lors d'une enquête sur le management au harcèlement dans les hypermarchés Auchan, nous avions découvert des cas de suicide, de dépression profonde, des gens brisés, qui ne parvenaient même plus à verbaliser ce qu'ils avaient traversé. On nous avait « fuité » des notes de service dans lesquelles un petit chef mutait une syndicaliste résistante sur un poste particulièrement dur. À son chef de rayon, on recommandait de « la tuer ». Écrit noir sur blanc. Des employés nous avaient raconté comment, mis au courant de l'arrivée d'une équipe du magazine « Capital » (M6), ils avaient organisé un débrayage sauvage devant les caméras pour qu'enfin soient dénoncées les méthodes Auchan. En vain. Le cameraman de « Capital » capta bel et bien l'explosion spontanée des caissières (de la bonne télé...). Les images ne furent pas gardées au montage. Elles ne cadraient pas avec l'angle du sujet : « La *success story* Auchan ». Un reportage honnête qui, par ailleurs, ne relevait ni de l'hagiographie, ni du publireportage. Mais qui ne se souciait pas du cauchemar vécu par les salariés. Pas le sujet.

---

1. Andréas Freund, *Journalisme et mésinformation*, op. cit.

152

Pour accéder à la visibilité, l'ouvrier français a de plus en plus recours à l'action kamikaze. Les incendies volontaires d'usine ou les pollutions de rivière aux produits chimiques se multiplient. Ce niveau de violence surprend d'autant plus que la presse n'a pas accès au monde de l'entreprise. Le secret est l'un des mieux tenus en France. Les pouvoirs publics tendent à réduire les pouvoirs des inspecteurs du travail. Les sanctions professionnelles exercées par Martine Aubry, ministre socialiste, contre l'inspecteur du travail Gérard Filoche, un peu trop bavard devant les médias, ont plongé ce corps de fonctionnaires dans un silence encore plus apeuré. Le devoir de réserve ressemble fort à un bâillon, une forme légale d'omerta.

La parole de ceux qui prennent le risque de s'exprimer est d'autant plus précieuse. Parmi eux, un collectif de neuf médecins du travail de Bourg-en-Bresse, une ville de la France profonde, oubliée des caméras. Ces médecins couvrent 25 000 salariés des PME. Depuis vingt ans, chaque jour dans l'intimité de leur cabinet, ils ont vu la population salariée dépérir peu à peu. « Le travail est contaminé », disent-ils.

Ces médecins, je les rencontre dans une salle anonyme et impersonnelle. Ils semblent atteints par ce qu'ils traversent quotidiennement : traits tirés, marqués, nervosité de leurs mains. Contagion du syndrome... Les plus faibles d'entre eux vont aussi avoir besoin d'aide. « Au début, raconte Odile Chapuis, l'une des plus actives du collectif, on se croisait et on se racontait ce qu'on voyait monter dans nos cabinets. On a réalisé que c'était un phénomène de fond, énorme. Mais complètement nié par les médias, les autorités sanitaires ou publiques. Du coup, on s'est réunis pour affirmer qu'il ne s'agissait pas simplement d'un médecin du travail dépressif de plus qui se plaignait ou qui avait le sentiment de devenir fou. On constate tous la même chose. Une certaine forme de travail est en train de détruire les gens. »

En février 2004, ils ont de leur propre chef décidé de rédiger un rapport de synthèse comme on tire un signal d'alarme.

Que disent-ils ? Il existe des femmes de ménage payées à la minute qui courent d'un emploi à l'autre pour gagner moins que le smic. Les maladies du squelette explosent à mesure que les cadences augmentent. Les troubles psychologiques graves dus au stress se multiplient. Les vieilles solidarités ouvrières se dissolvent. Ils écrivent : les entreprises « manipulent de façon très pernicieuse ces affaiblissements dans le sens de l'intérêt économique. Elles sauront très bien utiliser les gens qui soignent leur anxiété dans l'hyperactivisme en les angoissant encore et toujours plus. Nous voyons de plus en plus d'effondrements physiques ou psychiques gravissimes (tentatives de suicide, bouffées délirantes, dépressions...) ».

Ils pointent aussi l'apparition de ce que les Américains appellent les *working poor*, ceux dont l'emploi ne suffit pas pour les arracher à la misère : « Il n'est plus vrai aujourd'hui que le travail évite d'être exclu et permet d'avoir des moyens dignes de subsistance ; pour bien des travailleurs précaires il faut travailler beaucoup pour être pauvre. Cette forme de souffrance – avoir du mal à subvenir aux besoins essentiels de la famille – s'exprime de manière nouvelle et plus fréquente dans nos cabinets. »

Les médecins du travail sont en première ligne pour identifier les maladies du travail. Pourtant, un discret décret du gouvernement passe pendant les vacances, le 30 juillet 2004. Il réduit la portée de leur surveillance. La visite médicale obligatoire n'aura plus lieu tous les ans désormais mais seulement tous les deux ans. De plus, chaque médecin voit son quota de salariés augmenter de 20 % : le plafond passe de 2 700 à 3 300 salariés par médecin. Chaque médecin du travail supervisera désormais jusqu'à 450 entreprises, contre 200 à 300 auparavant.

Et on rogne aussi les prérogatives des inspecteurs du travail. Ce corps, conçu comme un contre-pouvoir plutôt au service des salariés, va changer de fonction. Son rôle sera désormais de mettre en œuvre la « politique du travail », en d'autres termes : appliquer les mesures prises par le gouvernement et notamment surveiller les chômeurs et les sans-papiers dans le travail illégal. Une instance supérieure, le Conseil national de l'inspection du travail, sera chargée de veiller sur leurs bonnes manières déontologiques. Les inspecteurs du travail ont le sentiment d'être passés sous contrôle. Comme des gêneurs qui entraveraient le dynamisme économique. Ils ne se sont pas remis de la relative indifférence qui a accueilli l'assassinat de deux d'entre eux par un agriculteur de Dordogne, le 2 septembre 2005. Ils venaient vérifier le contrat de ses travailleurs saisonniers. Ils ont été tués de deux coups de fusil.

La généralisation de la précarité a aussi des conséquences politiques dramatiques. Ainsi, la Commission européenne a lancé une colossale enquête pour en mesurer l'impact. En 2002, plus de 6 000 ouvriers ont été longuement interrogés dans huit pays européens[1]. Rappelons que pour les statisticiens, tout échantillon de population supérieur à 2 000 personnes correspond à la réalité. Les conclusions des statisticiens sont alarmantes.

Les ouvriers « protestent contre une diminution de la sécurité de l'emploi, une augmentation du stress, la concurrence omniprésente, la précarité de l'emploi et la faiblesse des salaires. Ces facteurs ont amené certaines personnes à être de plus en plus à l'écoute des idées xénophobes, racistes, populistes de droite ».

L'étude montre que ceux qui ont bénéficié du changement, ceux qu'on appelle les « gagnants de la modernisation », tendent à adopter une « attitude concurrente agressive » et « sont tout aussi sensibles au discours d'extrême droite que les ouvriers, bien que pour des raisons différentes ».

En France, les sondages d'opinion le prouvent, les idées de Le Pen sont de plus en plus séduisantes pour les ouvriers. En décembre 2005, il n'y a plus qu'un Français sur trois à trouver « inacceptables » les idées du parti d'extrême droite[2].

Un peu plus loin, le rapport poursuit : « Les coupures dans les dépenses sociales et les mécanismes de protection sociale sont largement responsables du sentiment d'insécurité sociale

1. http ://www.siren.at/en.
2. Sondage TNS-Sofres cité par *Le Monde*, 15 décembre 2005.

accrue... Enfin, la concurrence croissante du marché de l'emploi, les licenciements et le stress dans un climat de travail en pleine déliquescence nourrissent également un sentiment d'injustice. »

Cette enquête vaut preuve. Elle offre des voies à l'action publique. Elle secoue les idées reçues...

Elle est entièrement passée sous silence.

Au gouvernement, la tendance ne semble pas aller dans le sens de la plus grande protection du salarié. Au cours d'une convention « sociale » de l'UMP en mars 2005, Gérard Larcher, ministre délégué aux Relations du travail, se lâche : « Nous avons dans ce pays une lecture salafiste du Code du travail, comme s'il était intouchable, définitivement impénétrable, sauf par les seuls oulémas de la Cour de cassation[1]... » Rigolades et applaudissements nourris chez les parlementaires. Le salafisme est la branche la plus fanatique de l'islam. Dans un pays où cinq millions de personnes courent après un job fixe, un peu de sécurité au travail, où des patrons voyous déménagent les machines en pleine nuit, où les délocalisations se multiplient, le temps partiel explose et le harcèlement se répand comme méthode de gestion, le ministre déclare qu'on protège les droits du salarié jusqu'au fanatisme... Gérard Larcher a commis une erreur. Ce genre de boutades peut coûter cher. Le lendemain, il est interpellé par l'opposition devant l'Assemblée nationale. Penaud, il s'excuse : « Je ne savais pas que mes propos vaudraient une dépêche de presse et peut-être ai-je usé d'une métaphore trop religieuse[2]... » Gérard Larcher a de la chance. Ses déclarations seront écrasées par le bruit de fond médiatique. La presse ne le poursuivra pas pour qu'il en dise un peu plus long sur un thème qui nous concerne tous : le droit du travail. Pour découvrir les explications embarrassées du ministre délégué aux

---

1. Rapporté par *Libération*, 18 mars 2005.
2. Assemblée nationale, compte-rendu de la deuxième séance du mercredi 16 mars 2005.

Relations du travail il faudra aller fouiller dans les pages grisâtres, serrées, hostiles, du bulletin interne de l'Assemblée nationale, publication certes passionnante mais à diffusion restreinte. Cette fois-ci, les conseillers image du gouvernement n'auront pas eu à se mobiliser pour amortir la gaffe. L'onde de choc est mort-née. Ses propos n'auront pas de conséquences.

Comme n'aura aucune conséquence la mort de Rudy Norbert. Aucune sanction, aucune répercussion médiatique. Les pratiques des sous-traitants continuent. À l'été 2006, à Dunkerque, il y a eu un mort de plus. Par arrêt cardiaque, le 11 juillet 2006, pendant une journée à la chaleur suffocante. Patrick Darcy, quarante-quatre ans, ouvrier intérimaire travaillait dans la zone de laminage, l'une des plus chaudes du site. Dehors, il faisait 38 °C. À l'intérieur, d'après les syndicats, entre 48 °C et 50 °C. La veille, les registres indiquent que Darcy avait travaillé pendant dix heures. Le jour de son malaise cardiaque, il entamait sa onzième heure, ce qui est illégal au regard de la pénibilité du travail. À nouveau, il semble que les registres horaires aient été falsifiés[1]. La zone de repos des salariés du sous-traitant se trouvait à quatre kilomètres de leur lieu de travail et ils ne disposaient pas d'eau. Darcy avait commencé à travailler sans contrat de travail et donc sans couverture sociale, quatre jours auparavant. À nouveau, le certificat de décès indique : mort naturelle. La famille a porté plainte. Quant à la direction d'Arcelor, elle n'a pas manqué de signaler qu'elle n'était « pas l'employeur du salarié décédé »...

---

1. *L'Humanité*, 17 août 2006.

Intimider

« *Bonjour. Michel Calzaroni à l'appareil...* » *Au bout du fil, j'ai le* « *conseiller image* » *d'un des patrons les plus puissants de France, Claude Bébéar, des assurances AXA. La voix est dépourvue d'hostilité. Claire. Urbaine. Courtoise. Je n'ai jamais vu physiquement Calzaroni. Juste quelques photos lointaines qui illustraient un article du* Nouvel Observateur *:* « *Les faiseurs de roi* »[1]. *On le voyait en costume sombre, concentré sur son téléphone portable ; ou encore en témoin de mariage de Jean-Marc Sylvestre, le plus célèbre des journalistes économiques qui officie sur TF1, LCI et France Inter.*

Calzaroni ne s'expose pas. Il est à la fois un pouvoir de l'ombre et l'ombre du pouvoir. Je sais qu'il a été membre dans sa jeunesse d'Occident, un groupuscule d'extrême droite. Qu'il a fait le coup de poing contre les gauchistes. Puis il s'est calmé (les gauchistes aussi...). Il est devenu attaché de presse pour le CNPF, le syndicat patronal devenu Medef. On dit de lui qu'il a tissé un redoutable réseau. Des grands patrons, des hommes politiques, des journalistes. Lorsqu'il était conseiller image de François Léotard, ministre de la Défense, il pouvait influencer des papiers, changer deux mots dans un titre (« Bien entendu, c'est off », Daniel Carton, Albin Michel). On lui prête beaucoup. Peut-être trop. Dans le petit monde médiatique, on

---

1. *Le Nouvel Observateur*, 15 mai 2003.

parle et parle jusqu'à faire enfler les réputations, les exagérer. Pour ceux qui savent en jouer, la rumeur devient alors un des socles de la puissance.

« Je vous appelle, poursuit-il d'un ton léger, juste pour éclaircir un petit point... Pour éviter qu'on n'en arrive à des choses désagréables... »

Sous le voile délicat de la politesse, voire la proximité amicale du ton, je vois poindre la menace métallique du procès.

« On me dit que vous auriez filmé Claude Bébéar en caméra cachée ?... »

Stéphane Haumant a réalisé pour « 90 minutes » un sujet sur des cas de harcèlement moral au sein du groupe d'assurances dirigé par Claude Bébéar[1]. L'histoire remonte à 1997, lorsque les deux géants des assurances AXA et UAP décident de fusionner. À l'occasion de la fusion, la nouvelle direction va proposer à certains agents de signer un nouveau contrat de travail qui réduit leur rémunération. Ils sont des milliers à refuser. Ceux que nous avions rencontrés nous avaient décrit une stratégie massive pour les pousser au départ. Les faire craquer. Ce que nous avait confirmé un « nettoyeur ». Il nous avait raconté comment il organisait des mises en concurrence internes et imposait des objectifs impossibles à atteindre. Résultat : les plus faibles partent d'eux-mêmes. Cinq cents d'entre eux portent plainte pour harcèlement aux prud'hommes. Ils affirment qu'il s'agit en fait d'une opération pour éviter de payer des indemnités de licenciement telles que la loi les prévoit.

Ces accusations contrastaient violemment avec l'image de patron chrétien, de mécène social, projetée par Claude Bébéar et protégée par Michel Calzaroni. La vitrine du site Internet d'AXA l'affiche : il s'agit d'une entreprise humaniste qui s'efforce de créer un « environnement de travail respectueux des personnes » et de lutter contre « toute forme de harcèlement ». À l'américaine, AXA veut inscrire sa marque dans la galaxie des entreprises compassionnelles. Elle crée même une fonda-

---

1. « 90 minutes », 19 juin 2001.

tion, Atout Cœur, intervenant partout dans le monde contre le sida, la toxicomanie et pour promouvoir l'intégration des handicapés.

Après avoir essuyé de multiples refus d'interviews, c'est lors d'une rencontre d'Atout Cœur que Stéphane Haumant avait en mai 2001 sollicité Claude Bébéar. Il était accompagné d'un cameraman et d'un ingénieur du son, on ne peut plus visibles, et la question était très claire elle aussi : « Il y a 550 de vos salariés qui sont aux prud'hommes parce qu'ils estiment être harcelés... Est-ce que vous le savez ? »

D'un air malicieux, le super-patron avait désigné Henri de Castries, son subordonné.

« C'est lui que ça concerne... Mais oui, je la connais cette histoire... »

Sans que son sourire se dissipe, il s'était éclipsé.

Henri de Castries avait tricoté quelques explications : « Oui, il y a des cas, limités, c'est un sujet difficile une restructuration. Même s'il y a des progrès réels, ce n'est jamais facile... »

Quelques jours avant la diffusion, donc, coup de téléphone du « conseiller en image », Michel Calzaroni. En bon professionnel, il était au courant de l'existence du sujet. Tout cela ne le ravissait guère mais il semblait placer au-dessus de tout la liberté de la presse. Il s'inquiétait exclusivement de la loyauté de nos procédés. Si des images avaient été prises à son insu, cela relevait d'une méthode non déontologique. Je le rassurai :

« Nous n'avons pas utilisé de caméra cachée... Il s'agissait d'un événement public de la fondation Atout Cœur, nous nous y sommes rendus avec une caméra tout ce qu'il y a de plus apparente... »

Michel Calzaroni posa encore quelques questions techniques. S'informa de l'émission. Quelle heure, combien de temps. Me glissa de nouveau qu'il vaut mieux toujours se parler, combien il répugnait à la brutalité... Puis il raccrocha. Tout semblait aplani.

Une semaine après la diffusion du reportage, la page des « Confidentiels médias » de L'Express, l'un des espaces les mieux informés et les plus lus par les professionnels de la communication, publiait une indiscrétion : après la diffusion de notre enquête, en mesure de représailles, AXA avait retiré son budget publicitaire à i-télévision, la chaîne tout info du groupe Canal+[1]...

Vérifications faites, les choses ne semblent pas si claires. Personne ne se souvient d'une telle « mesure de représailles ». Intoxication ? Méprise ? Mystère... Pour les autres médias, l'article avait valeur d'avertissement : voilà ce qui pend au nez de ceux qui s'aventurent à rapporter avec trop de détails les anecdotes malheureuses de la restructuration AXA-UAP. Les budgets publicitaires des compagnies d'assurances sont substantiels. La publicité est indispensable à la survie de la presse. Dans les mois qui suivirent, la « restructuration » s'accéléra sans susciter d'intérêt dans la plupart des journaux. En 2003, 5 100 emplois sont supprimés dont 1 800 à la suite d'une démission et 2 100 pour faute grave, c'est-à-dire sans indemnités et en toute invisibilité. Les procédures judiciaires sont lentes et fastidieuses, elles s'étalent dans toute la France. L'association des salariés victimes, l'AVIF, en tient la synthèse. Ainsi, en 2003, sur 300 jugements rendus par les prud'hommes, seuls 61 ont été gagnés par l'employeur. Dans la majorité des cas, les tribunaux valident les doléances des agents d'assurances.

En décembre 2003, c'est un événement tragique qui va réveiller la presse. La veille de la Saint-Sylvestre, Dominique Faure, ancien courtier, s'immole par le feu devant le siège d'AXA, en plein cœur de Paris. Dans une lettre à un ami, il explique son geste : « AXA a été ignoble avec moi. Je n'en pouvais plus. [...] J'ai souffert le martyre. Quel gâchis. » Après vingt-cinq ans au service du groupe et après plusieurs années de brimades, il venait d'être révoqué. Pour les obsèques, AXA a envoyé une couronne de fleurs : « À notre ancien agent général d'AXA ».

---

1. *L'Express*, 28 juin 2001.

Sida : les charniers de la guerre des brevets

Le sida a tué des millions de personnes qui auraient pu être sauvées par la trithérapie. Dans les pays du Sud, des laboratoires locaux pouvaient produire des copies de molécules à bon marché, les génériques, et sauver des populations entières. Pendant des années, les trusts du médicament occidentaux ont mené une guerre occulte pour l'empêcher. À cause de ce retard, des milliers de personnes sont mortes. Pourquoi a-t-on mis si longtemps à en parler ?

Il est beau comme un personnage de synthèse, Al Gore. Un sourire tout en dents, plaqué sur un visage lustré, comme moulé dans la paraffine. Il ouvre grands les bras. Son image est paramétrée pour ratisser le plus large possible. Nous sommes en juin 1999, il vient de se porter candidat à l'investiture du Parti démocrate pour l'élection du président des États-Unis d'Amérique. Il le sait : s'il veut le job, il faut séduire. Il porte le costume sur mesure des Power Brokers mais ne manque jamais de faire état de ses engagements impeccables. Militant écologiste : il a signé un livre contre le réchauffement climatique. Humaniste : il soutient les droits des homosexuels et la liberté d'avorter. Et même social : il a promis lui aussi, comme Clinton, de donner une sécurité sociale aux 42 millions d'Américains précaires qui ne sont couverts par aucune assurance maladie dans le plus féroce système de santé privé de la planète (en deux mandats consécutifs, Clinton n'a pas trouvé le temps de tenir sa promesse ; en revanche, il a supprimé des allocations aux mères célibataires au chômage). Bref, Gore fait beaucoup d'efforts pour reluire en icône du mec bien.

Le 17 juin 1999, Al Gore sourit sous les lumières dans un meeting démocrate à New York. La veille, il vient d'annoncer qu'il se présenterait en 2001 contre George W. Bush. La foule lui semble acquise. Soudain, depuis l'assistance fusent des huées, des sifflets hostiles. On lance vers l'estrade de faux dollars à son effigie maculés de rouge sang : « Gore, marionnette de l'industrie pharmaceutique ».

Un activiste d'Act Up hurle au vice-président : « 22 millions de personnes vont mourir du sida sans médicaments en Afrique du Sud. Pourquoi voulez-vous leur mort ? » Al Gore lui répond au micro : « Je veux bien parler de ça avec vous mais en privé. » Une autre militante prend la parole : « Et pourquoi vous n'utiliseriez pas ce forum public pour vous expliquer sur vos liens avec l'industrie pharmaceutique ? Expliquez-nous pourquoi quatre de vos conseillers sont liés à l'industrie la plus bénéficiaire de ce pays ? Pourquoi utilisez-vous votre position de vice-président de la commission binationale États-Unis / Afrique du Sud pour sécuriser les profits de l'industrie pharmaceutique aux dépens des hommes et des femmes qui meurent du sida ? »

L'effet de surprise est terminé. Des policiers se dirigent vers les trouble-fête et les ceinturent. Al Gore reprend la parole. Il tonne au micro : « J'aime ce pays. J'aime le premier amendement de notre Constitution qui donne le droit à chacun de s'exprimer librement. Tendons une main vers ceux qui sont venus exercer ici le premier amendement ! » Et l'assistance d'applaudir alors que les activistes gesticulent, s'agrippent et n'ont pas renoncé à se faire entendre. Ils sont traînés hors de l'enceinte du meeting par les officiers de police. « Et maintenant, poursuit Gore, donnons-leur une autre main !... Allez, plus fort !... » Et redoublent les applaudissements. Ils recouvrent les voix des perturbateurs qui s'égosillent en vain dans la salle. « Et maintenant, dit Gore en laissant doucement retomber sa voix, c'est à mon tour de parler... Laissez-moi dire, en réponse à ceux qui ont peut-être choisi une manière inconvenante de s'exprimer, que la crise du sida en Afrique doit retenir toute notre attention, aux États-Unis et dans le monde... Cette épidémie a été ignorée trop longtemps dans notre pays et je suis fier que notre nation se soit résolue à tenter de faire quelque chose là-dessus. »

Après l'expulsion de la douzaine de militants antisida, le meeting a repris comme si de rien n'était. Pourtant, à chacun de ses meetings, les activistes sont présents. La veille, dans le Tennessee, il venait annoncer sa candidature. Moment crucial. Les caméras de CNN, prévenues, s'étaient déplacées. Mais, grain de sable dans le spectacle, pendant un plan large sur la foule, des pancartes manuscrites, touches dissonantes au milieu du matériel promotionnel de campagne rouge, blanc et bleu, étaient apparues : « Gore's Greed Kills » (l'avidité de Gore tue), « HIV Drugs for Africa » (des médicaments contre le sida en Afrique !). Les hommes de la sécurité s'étaient jetés sur les militants qui les brandissaient et pendant un court moment on ne voyait que ce remous des corps à l'écran.

De cette série d'incidents insolites, la grande presse n'a pas gardé trace. Le vice-président des États-Unis d'Amérique, première puissance mondiale, est accusé de livrer l'Afrique à l'épidémie. De priver des millions d'êtres humains des médicaments qui pourraient les sauver. Et ça passe à l'as. À la fois aux États-Unis et en Europe... Comment est-ce possible ? Bien sûr, il y a la rhétorique des militants d'Act Up. Forcément extrême, propagandiste, outrée... Mais quelle est la part de réalité derrière leurs cris ? Seul le *Washington Post* se fend d'un article, discret et factuel, dans le cadre du compte-rendu de la campagne électorale[1]. Un texte que le hasard (ô combien malicieux et signifiant...) aura placé sur la même page qu'une publicité de PhRMA, le richissime lobby des industries pharmaceutiques.

Les deux journalistes du *Post* interrogent un conseiller de Gore qui préfère garder l'anonymat. Celui-ci reconnaît, embarrassé, que le vice-président se trouve dans une position délicate,

---

1. *The Washington Post*, 18 juin 1999.

coincé entre l'ampleur de l'épidémie en Afrique du Sud et les besoins des entreprises américaines : « Il est évident que le vice-président doit se bagarrer pour les intérêts commerciaux des firmes américaines mais, en même temps, il réalise que cette maladie est une menace majeure pour le bien-être et même la stabilité future de l'Afrique du Sud. » Un représentant du lobby homosexuel, soutenu par Al Gore, s'exprime à son tour pour souligner la « complexité de la question des brevets », « sans solution facile », mais, ajoute-t-il, « dénoncer le vice-président là-dessus, c'est vraiment injuste ». L'incident illustre comment s'agencent multinationales et pouvoir politique, à quoi sert vraiment l'Organisation mondiale du commerce, comment fonctionnent les médias et l'énorme pouvoir de l'opinion publique. L'histoire se perdra en chemin. Pas reprise, pas fouillée, pas éclairée. Laissée aux bons soins d'obscurs sites Internet activistes à l'impact forcément limité.

Rappelons le contexte : depuis le milieu des années 1990, la découverte des trithérapies permet de stopper la maladie. Des millions de malades cessent d'avoir la mort pour unique horizon. Le sida devient une maladie chronique, presque gérable. Problème : 99 % des malades qui sont sauvés par les molécules de la trithérapie habitent au Nord, dans les pays développés qui prennent en charge un traitement cher. Trop cher pour l'hémisphère Sud. Alors on sait qu'une hécatombe se profile en Afrique, en Asie et en Amérique latine. Les chiffres sont fous. Des projections qui n'appartiennent pas au cerveau humain : jusqu'à 40 millions de morts. Deux fois plus que la Seconde Guerre mondiale. Sept fois plus que les camps nazis. Qui pourra dire, au regard de l'Histoire : je ne savais pas ? Nous avons tous été parfaitement alertés. En temps réel. Les unes de journaux ne nous ont pas épargné les images d'enfants et leurs yeux exorbités, mélange d'appel à l'aide et de résignation, air de déjà-vu qui laisse impuissant.

L'Afrique est la plus touchée. 22 millions de personnes vont mourir. L'équivalent moderne de la peste noire médiévale. Et la maladie vient souvent s'additionner à l'incompétence de nombreux dirigeants africains. En 1999, l'idée communément admise c'est : les traitements sont trop chers. 10 400 dollars par an et par patient, la générosité de l'aide humanitaire des pays riches ne peut pas tout.

Pourtant, dans une totale indifférence, Médecins sans frontières hurle que des traitements moins onéreux existent, qu'il est possible de sauver des centaines de milliers de vie et qu'au nom de leurs « droits de propriété intellectuelle » les multinationales du médicament bloquent la diffusion des génériques, ces copies des molécules qui sont fabriquées dans les pays du Sud pour un vingtième du prix. L'ONG humanitaire s'agite frénétiquement pour faire comprendre au monde qu'il s'agit d'une guerre commerciale. La première des grandes guerres de la mondialisation. « Les médias et l'opinion publique semblent impossibles à réveiller, nous dit-on à Médecins sans frontières lorsque nous décidons de nous lancer dans l'enquête, on ne peut parler de censure proprement dite, il s'agit plutôt d'un désintérêt. Trop technique. Trop compliqué. Sans affect. Il faudrait que quelques grands titres se jettent à l'eau et amorcent la pompe mais là, c'est : les autres n'en parlent pas alors nous on n'en parle pas... »

Pour comprendre ce cercle vicieux du silence, il fallait remonter jusqu'au centre de la spirale : la presse américaine.

Aux États-Unis, l'industrie pharmaceutique est une des plus riches. Ces dernières années, les profits dans ce secteur ont augmenté de 36 %. C'est le premier annonceur publicitaire. Pour un journal, perdre les budgets des laboratoires n'est pas anodin. Selon l'institut IMS Health, en 1999, près de deux milliards de dollars ont été dépensés en pages et spots de publicité pour vanter les bienfaits des médicaments vendus sur ordonnance. L'année suivante, ce budget a quasiment doublé. Sur toutes les chaînes de télévision américaines se multiplient les clips publicitaires des grands labos, les mêmes qui produisent la trithérapie. Y compris au cœur des émissions d'information.

Comment ne pas se dire que cette manne financière est à l'origine de la relative tiédeur des grands médias américains ?...

Et la presse française ? Les journaux médicaux, totalement dépendants des laboratoires pharmaceutiques (à l'exception de l'excellente revue *Prescrire*), ne peuvent pas bouger. Les titres généralistes, en revanche, ne prennent pas de publicités pharmaceutiques. La loi française l'interdit. Ils pourraient s'emparer de la question. En faire un enjeu de combat. À l'égal des campagnes qu'ils ont menées contre le sida en Occident. Or, ils ne font rien de substantiel. Ignorent même la question des brevets et des génériques pour certains d'entre eux. Les spécialistes de l'Afrique qui auraient dû jouer le rôle d'alerte renoncent. Souffrent-ils du syndrome postgauchiste fréquent dans la presse française : poussées d'angoisse à l'idée d'avoir l'air tiers-mondiste ? Stephen Smith, par exemple, homme qui a bourlingué sur le continent noir pendant des années, à l'expertise indiscutable, rédige un livre à succès : *Négrologie*[1]. Il y décrit sa vision de l'apocalypse africaine dans le menu. Corruption. Complexe de victime. Incompétence. Sur le chapitre sida en Afrique, il réussit le prodige de ne pas écrire une seule fois les mots « brevet » et « génériques ». Sa seule cible : les imbécillités (par ailleurs tout à fait avérées) de Thabo Mbeki, le président sud-africain. Au fond, l'homme qui aura le mieux raconté cette guerre, c'est l'ancien espion devenu écrivain, John Le Carré, dans *La Constance du jardinier*[2]. Nous allions découvrir à chaque pas de notre enquête que cet épisode invisible de la mondialisation a effectivement tout du roman d'espionnage moderne.

Un pays deviendra la principale arène de ce conflit. C'est aussi le plus touché par l'épidémie : l'Afrique du Sud, 6 millions de malades.

Nous y envoyons un reporter, en septembre 1999, alors que la bataille est le plus acharnée. Notre caméra est confrontée

---

1. Stephen Smith, *Négrologie*, Calmann-Lévy, 2002.
2. John Le Carré, *La Constance du jardinier*, Le Seuil, 2005.

à des images terribles. Des enterrements à la chaîne où les visages fermés refusent de prononcer le nom de la maladie. Le sida qui fauche des vies par centaines de milliers reste un stigmate, une honte et un déshonneur pour les familles. Dans des dispensaires, des adolescents décharnés attendent d'être placés dans des cohortes thérapeutiques, des tests sur cobayes humains menés par les firmes occidentales du médicament. C'est alors le seul espoir d'accéder aux traitements trop chers.

John, par exemple, qui peine à tenir droite sa tête, les yeux vagues, épuisé, assis dans une salle d'attente moderne, propre et claire. Il a dix-sept ans, les traits d'un enfant dans un long corps maigre. Il est venu avec sa mère qui a posé la main sur son épaule. Sa mère silencieuse chez qui le doute semble s'être déjà glissé. Mais pas John. Il y croit. Il ramasse ce qui lui reste de forces et, dans un souffle, il nous lâche : « Je suis venu ici pour le traitement. Je veux être guéri et je le serai... » Il attend son tour, il veut qu'on lui prescrive des médicaments.

Le médecin, un grand blond sous contrat avec un laboratoire, l'examine. Grimace. Silence. Pas la peine... Trop tard. Chez John, la maladie a gagné trop de terrain. Il est déjà atteint par la tuberculose, une infection secondaire. John ne constitue pas un échantillon valable sur le plan scientifique. Il repartira avec un traitement pour la tuberculose mais n'est pas admis dans la cohorte[1]. John est mort peu après sans jamais avoir eu accès aux trithérapies.

Eric Goemaere est l'un des médecins sans frontières qui se battent contre l'épidémie en Afrique du Sud. Il travaille avec un centre pour femmes enceintes à Soweto. Le ghetto, qui s'est héroïquement battu contre l'apartheid, est aujourd'hui à genoux devant un ennemi autrement puissant. Le Dr Goemaere nous guide dans les rues poussiéreuses avec l'urgence inquiète des combattants : « Cette année, ici, 200 000 personnes vont mourir. » La solution, elle est à portée de main. Goemaere nous pré-

---

1. « Sida : le grand business des laboratoires », Pascal Catuogno, John Paul Le Pers, Luc Hermann, « 90 minutes », 4 janvier 2000.

sente le représentant de Cipla, un laboratoire indien qui propose un médicament générique, une copie du fluconazole, l'une des molécules contre le sida, huit fois moins cher que celui des américains de Pfizer qui en détiennent le brevet. L'homme de Cipla nous affirme qu'il est prêt tout de suite à mettre sur le marché le générique. Des milliers de vies sauvées. Seulement voilà, c'est illégal. Les grands laboratoires occidentaux ont porté plainte contre l'Afrique du Sud, accusée de ne pas respecter leurs brevets. La procédure bloque la distribution du médicament alors que l'épidémie explose. Goemaere fulmine : « Tous les jours les gens meurent et les médicaments sont ici, à portée de main, c'est insensé... »

Notre équipe s'est rendue dans les locaux de Pfizer, au Cap, l'une des firmes qui ont engagé une action en justice. Personne ne veut nous recevoir. Même pas le service de communication préposé à la presse. Interpellé à la volée par notre journaliste alors qu'il traverse le hall, un cadre du laboratoire plaisante dans un anglais alourdi par l'accent afrikaner, il ne sait pas que la caméra tourne. Il s'amuse de voir des Français. D'une œillade, il quête notre complicité de Blancs : « Le fluconazole est trop cher ? Quand vous achetez un beau parfum pour votre femme à Paris, est-ce que vous vous demandez si c'est trop cher ? » Lorsqu'il s'aperçoit que la caméra n'a rien perdu du petit échange, il disparaît aussitôt.

Pfizer est l'une des 39 firmes qui, en février 1998, ont porté plainte contre Nelson Mandela. En 1997, confronté à la naissance d'une épidémie incontrôlable, le vieux lion de la lutte antiapartheid devenu président avait fait voter une loi qui autorisait le recours aux médicaments génériques meilleur marché. Une telle loi ici pouvait changer le cours de l'Histoire. Comparativement à d'autres pays africains totalement en ruine, l'infrastructure du système de santé publique sud-africain est en suffisamment bon état pour assurer un suivi des traitements. Des centaines de milliers de vies peuvent être sauvées. Au Brésil, le ministère de la Santé a eu le courage d'affronter les laboratoires occidentaux et, grâce à la fabrication et à la diffusion de génériques, l'épidémie est jugulée. À peine 190 000 cas déclarés pour un pays de 180 millions d'habitants pas vraiment connus pour leur abstinence sexuelle[1]. La perspective d'un nouveau Brésil et donc d'une perte de bénéfices rend les industriels du médicament furieux. Ils veulent défendre les brevets, affirment que cette loi ne se limitera pas aux médicaments du sida et qu'à terme c'est de toutes leurs inventions qu'ils se retrouveront spoliés. La plainte en justice qu'ils portent contre Mandela, prix Nobel de la paix, suspend la loi sud-africaine en faveur des médicaments génériques. Et la contre-attaque des firmes ne va pas en rester au niveau judiciaire.

Au même moment, entre en jeu l'impeccable Al Gore, vice-président américain, démocrate, donc plus ou moins de gauche, humaniste, écologiste. À deux reprises, d'abord en août 1998 puis en février 1999, Al Gore va convoquer Thabo Mbeki, son homologue sud-africain, à la commission du commerce USA-Afrique du Sud. Qu'est-ce qui s'y dit ? Les réunions sont secrètes. Huis clos. Et il faut aller chercher l'information derrière les termes diplomatiques, châtiés, qui concluent un rapport du Département d'État américain de février 1999 : « Nous continuerons nos efforts intransigeants » afin que l'État sud-africain renonce à cette loi, « s'il y avait une quelconque violation des brevets pharmaceutiques américains, notre administration répliquerait avec vigueur[2] ».

Traduit de l'idiome diplomatique en langage du commun des mortels : on s'est écharpé gravement autour de cette table...

« Sur des sommes d'argent aussi importantes, se souvient le Dr Goemaere qui a suivi de près l'événement, les relations internationales deviennent très dures... »

Off, l'un des traducteurs présents à cette rencontre nous révélera qu'Al Gore a violemment menacé Thabo Mbeki de placer son pays sur une liste noire, la liste de surveillance 301 du commerce international, qui inflige des restrictions dans les

---

1. Paul Benkimoun, *Morts sans ordonnance*, Hachette Littérature, 2002.
2. http ://www.cptech.org/ip/health/sa/stdept-feb51999.html.

échanges, les conditions des pays les plus défavorisés, et sur-taxe certains produits... Bref, un étranglement de l'économie du pays.

Les arguments du vice-président ? Ils sont connus. Les laboratoires pharmaceutiques ont investi des millions de dollars en recherche scientifique pour développer leurs produits. Des médicaments à meilleur marché dans le tiers-monde feraient chuter les prix en Occident. L'AZT, par exemple, qui est un composant de la trithérapie, est tombé dans le domaine public, le médicament existant depuis suffisamment longtemps, la firme ne peut plus faire valoir son brevet. Du coup, chaque pilule de générique de 300 mg peut être achetée 40 *cents* sur le marché mondial alors que le prix officiel de l'AZT est de 6 dollars aux États-Unis, soit 14 fois plus. Si les prix chutent, adieu les profits. Si les labos engrangent moins d'argent, moins de recherche-développement et moins de nouveaux médicaments...

Mais les activistes sud-africains de TAC, Treatment Action Campaign, et Médecins sans frontières savent, comme tous les militants de la santé publique, que l'enveloppe « recherche-développement » des firmes est bien moins importante que celle du marketing. En 1999, les comptes d'activité des douze principaux groupes pharmaceutiques montrent qu'ils ont consacré 12,4 % de leur budget à la recherche-développement et 34,3 % au marketing et aux coûts administratifs[1]. Ils savent aussi qu'une molécule comme l'AZT, qui a fait la fortune du laboratoire Wellcome, est issue d'une recherche publique dans une université américaine. Le labo a racheté le brevet pour une bouchée de pain. Ils savent enfin que les grands laboratoires pharmaceutiques investissent peu dans la recherche médicale pour les pathologies des pays du tiers-monde, pas assez rentables économiquement. Enfin, ils ont découvert une faille légale dans le droit international qui va leur permettre de batailler contre les firmes du Nord. C'est une exception dans les

---

1. Paul Benkimoun, *Morts sans ordonnance*, Hachette, 2002.

accords sur la propriété intellectuelle négociés à l'Organisation mondiale du commerce, les ADPIC (Aspects des droits de propriété intellectuelle relatifs au commerce). En effet, un additif souligne qu'en cas d'urgence sanitaire, pour sauver des milliers voire des millions de vies, un gouvernement a le droit de recourir aux génériques (licences obligatoires) ou aux importations parallèles. La loi sud-africaine sur les médicaments génériques serait donc légale. Pour appuyer son propos, Médecins sans frontières lance sur Internet une pétition au niveau mondial.

Que vient faire Al Gore dans ce combat douteux ? À cette question, on aimerait bien ne pas répondre de manière trop simple. Et pourtant... Comment ne pas remarquer qu'il existe des liens financiers entre l'équipe d'Al Gore et l'industrie pharmaceutique ? Aux États-Unis, les candidats se battent pour obtenir de l'argent des grandes entreprises. Contrairement à la France, où ce genre de pratique a pour nom corruption, aux États-Unis, il est légal de financer les hommes politiques, du moment que la procédure est transparente. Et les sommes sont de plus en plus importantes. En 1990, les labos ne donnaient que 2,9 millions de dollars, répartis à part égale entre le candidat démocrate et le républicain. Dix ans plus tard, c'est dix fois plus : 24,4 millions de dollars, répartis à 70 % pour George W. Bush et le reste pour Al Gore. De quoi donner le vertige. De quoi surtout induire un peu de gratitude le jour où le téléphone sonne. Et il sonne très souvent.

L'industrie pharmaceutique travaille au corps en permanence le personnel politique. Pour être sûre que ses intérêts soient pris en compte à Washington, elle déploie 297 lobbyistes, un pour deux membres du Congrès[1].

Les bonnes donations faisant les bons amis, les labos ont offert, par exemple, 250 000 dollars à Bill Clinton pour que sa cérémonie d'intronisation ait de l'allure[2]. L'un des conseillers les plus proches de Gore, Anthony Podesta, est aussi l'un des

---

1. « The pharmaceutical industry stalks the corridors of power », *The Guardian*, 13 février 2001.
2. Center for responsive politics.

agents d'influence les plus importants de l'industrie pharmaceutique. Il a été payé 160 000 dollars pour faire du lobbying notamment sur la question des brevets, de 1997 à 1998[1].

Alors qu'il occupe le poste de vice-président, Al Gore va jouer l'agent des multinationales un peu partout dans le monde. Il menace l'Afrique du Sud mais aussi le Brésil et la Thaïlande – qui s'apprête à lancer un programme de génériques du sida. Ils sont prévenus : ils pourraient se voir appliquer des sanctions à travers l'Organisation mondiale du commerce. Ce tribunal mondial, tout-puissant et dont les délibérations sont interdites aux journalistes, est là pour faire valoir coûte que coûte les intérêts du commerce. Même quand ceux-ci mettent en jeu la survie de millions de personnes.

Voilà pour les pressions diplomatiques. Il y en eut d'autres sortes, beaucoup plus explicites. Notre surprise grandissait à mesure que nous progressions dans ce dossier, d'épisodes rocambolesque en héros de chair et de sang. En Thaïlande, par exemple.

Le pays est très touché par le sida. Là aussi, une femme a décidé de faire passer le serment d'Hippocrate avant le droit du commerce. Nous la rencontrons en octobre 1999. Mme Kraisintu Krisana est une petite femme souriante d'une cinquantaine d'années ; elle dirige GPO, un laboratoire financé par des fonds publics. Elle s'exprime avec réserve, à mots choisis. Pendant cinq ans, avec une petite équipe, elle a tenté de reproduire certaines molécules de la trithérapie. Sans autorisation des firmes qui en avaient le brevet. Dans le petit monde médical, et notamment à Médecins sans frontières, chacun sait ce qui lui est arrivé. Deux envoyés d'un grand labo américain sont venus la voir pour tenter de la dissuader. Mais elle est restée inflexible. Souriante, polie, mais inflexible. Alors, dans le courant de la discussion, discrètement, à demi-mot, une allusion à un possible accident aurait été glissée...

Quant on évoque cette menace devant elle, Mme Krisana

---

1. *Washington Post*, 18 juin 1999.

abandonne pour un instant son sourire : « Vous savez, je suis bouddhiste, et dans le bouddhisme, si on meurt en servant son peuple, alors tout prend un sens... Je me fiche de mourir. »

La mort, Germán Velásquez a bien cru la rencontrer, à deux reprises en 2001[1]. Ce Colombien, expert à l'Organisation mondiale de la santé, est un des militants de premier plan pour les génériques du sida.

Le 26 mai 2001, Germán Velásquez se trouve à Rio. Il est agressé en pleine rue par deux hommes dont un armé d'un couteau. Il est blessé au bras de manière superficielle. Deux jours plus tard, il se trouve à Miami pour une réunion de l'OMS. Sur Lincoln Road, deux hommes surgissent. L'un d'eux braque un pistolet sur lui. Germán Velásquez est de nouveau frappé. Il est à terre quand les deux hommes partent, et, d'après lui, l'un d'eux lui rappelle ce qui s'est passé à Rio et lui conseille de se tenir tranquille avec l'industrie pharmaceutique.

Dix jours plus tard, Germán Velásquez est appelé à son domicile en plein milieu de la nuit par un correspondant anonyme. « Tu as eu peur ? Miami, Lincoln Road... » Puis il recevra un autre coup de téléphone. Son correspondant anonyme l'avertit : il ne devra pas participer le lendemain à une réunion de l'OMS où doit être débattue la question des brevets des médicaments. Velásquez portera plainte auprès de la justice et le service de sécurité de l'OMS lui fournira une protection.

En décembre 1999, Médecins sans frontières se voit attribuer le prix Nobel de la paix. Sans doute cette distinction finira par aider vraiment la campagne que l'organisation mène en faveur des génériques du sida. Peu à peu, leur voix s'est fait entendre. En quelques mois, leur pétition mondiale récolte 290 000 signatures. Ils se rendent à Seattle au sommet de l'OMC (Organisation mondiale du commerce). Leur combat est de plus en plus entendu par les médias. Ils remportent bataille sur bataille. Ainsi, en 2000, le laboratoire Bristol-Myers Squibb doit admettre que ses brevets pour deux médicaments antisida, le

---

1. *Le Monde*, 23 août 2001.

ddI et le d4t, ne sont pas valides. En effet, la ddI a été inventé à l'université Yale dans le cadre d'une recherche publique, avec l'argent des contribuables, de même que le d4t, créé par une autre institution publique : le NIH, l'Institut national de la santé. Le laboratoire BMS s'est contenté d'acheter à vil prix une licence à l'administration de ces deux instituts de recherche. Profit engrangé au pic de l'épidémie : un milliard de dollars[1]. Ces médicaments qui n'ont presque rien coûté et qui ont déjà rapporté des sommes faramineuses, le laboratoire refuse de les donner aux génériqueurs pour sauver des vies.

L'action judiciaire des laboratoires ainsi exposée révèle son caractère monstrueux. Même le *Wall Street Journal*, pas forcément connu pour être une feuille d'agit-prop altermondialiste, les raille en une : « Que pourraient bien faire les labos pour améliorer leur mauvaise image ? Tiens, pourquoi pas attaquer en justice Nelson Mandela ? »

La bataille de l'opinion publique est gagnée. Désormais, la guerre des médicaments du sida ne se mène plus dans l'obscurité. La presse américaine a fini par s'en emparer. Les firmes pharmaceutiques ont peur. Un éventuel boycott des consommateurs peut être une arme fatale. Elles changent leur stratégie. Le 19 avril 2001, elles abandonnent la plainte. Elles accepteront donc de négocier des licences volontaires, c'est-à-dire des autorisations de production et de ventes de médicaments génériques sur lesquels elles ne toucheront qu'un pourcentage minime.

Le président d'Afrique du Sud, Thabo Mbeki, malgré ses positions fantaisistes sur le sida, va mettre en place un programme de santé publique pour la diffusion des antirétroviraux dans la population en 2003.

« C'est la nuit et le jour pour nous, explique le docteur Goemaere. En 1999, il n'y avait pas un seul malade pris en charge par le service public, aujourd'hui, rien que dans la province de Pretoria, il y en a 38 000. Et les prévisions de malades traités à

---

1. http ://www.cptech.org/ip/health/sa/TACBMS.html.

l'horizon 2008, au niveau national, c'est entre 600 000 et un million de personnes. »

En France, ce combat est passé inaperçu ou presque. Seuls quelques titres de la presse écrite en ont rendu compte avec régularité. Et ce alors que, dans notre pays, la publicité pour des produits pharmaceutiques est interdite dans la presse généraliste et à la télévision. Comment s'explique tant de silence ?

Acheter

« Allô bonjour, je travaille pour l'agence Glamour Speakers... Et nous avons pensé à vous pour animer un événement, à Cannes, au mois de mai... »

En vérité, je me suis senti un peu flatté qu'une agence d'entremetteurs people me considère comme un « parleur glamour ». Les « ménages », c'est ainsi qu'on appelle ce genre de petits extras dans le jargon du métier, ça marche d'abord à ça : la vanité... Et au fric aussi. Au bout du fil, la voix très suave scintillait le gros chèque...

Ça ne me prendrait pas longtemps. Trois heures de mon temps. Un colloque.

Organisé par une grande firme pharmaceutique.

Pharmaceutique !

Un médicament anticholestérol allait être présenté à 700 cardiologues. Il devait taire le nom de son client tant que nous n'avions pas conclu l'affaire. Problème : je croyais bien me souvenir d'une molécule aux effets secondaires désastreux. Qu'est-ce qu'ils voulaient acheter exactement ? Intrigué, j'ai joué le jeu et déclenché une petite caméra vidéo pour garder trace de notre échange feutré.

« Dites-moi, le médicament, c'est pas celui sur lequel il y a eu un gros scandale, récemment ?

— Oui, absolument, ça a à voir avec ça..., me répond mon interlocuteur, le phrasé soudain ralenti par le caractère délicat *de l'échange... Notre client préfère dire : polémique. Et c'est la raison pour laquelle on se dirigeait vers vous. On trouvait que vous aviez la force de caractère, ce côté enquête... Si jamais dans la salle il y a une personne qui lève un peu le ton ou qui vraiment questionne d'une façon un peu, heu... sur le sujet... On s'est dit qu'elle trouverait quelqu'un de solide en face... »*

Le laboratoire craignait que des activistes, des protestataires ne se glissent dans la salle pour faire du remue-ménage. Les clients de Glamour Speakers étaient obsédés par cela, ils cherchaient à s'en prémunir par tous les moyens.

« Si je comprends bien, vous voulez que je défende le produit, c'est ça ?

— Voilà ! »

À combien évaluait-il le prix de ma réputation d'intégrité ? Pas très cher... La négociation commençait à 5 000 euros (vexant, non ?). Nous avons diffusé ses propos à l'antenne. Il m'avait par la suite laissé un message furieux. Non seulement je ne prenais pas l'argent mais je ne respectais pas la confidentialité de nos échanges. Apparemment, il n'était pas habitué à se voir opposer des refus. Je lui expliquai qu'il nous semblait légitime d'informer le grand public des tarifs pratiqués pour acheter un journaliste.

Restait une étrange coïncidence... Glamour Speakers me propose une grosse somme pour servir un laboratoire pharmaceutique alors qu'au même moment, à quelques mètres de mon bureau, un journaliste de la rédaction, Jean-Baptiste Rivoire, s'agite justement pour mettre en lumière l'influence de l'industrie pharmaceutique dans les médias français[1]... Pour séduire les journalistes, les moyens déployés par les « relations publiques » sont spectaculaires. Très vite, Jean-Baptiste était tombé sur les « ménages », ces opérations parapublicitaires que des journalistes réalisent à prix d'or pour de grands labos. Conséquence logique de ces « ménages » : très compliqué,

---

1. « Médicaments : comment on nous manipule », Canal+, 2 février 2004.

après avoir engagé son nom et sa crédibilité auprès d'une entreprise, de venir la critiquer par la suite.

Imaginons maintenant que j'aie accepté la proposition de Glamour Speakers... Par moi-même, sans qu'on m'y force, j'aurais alors sans doute jugé malvenu qu'un journaliste de mon équipe poursuive l'enquête sur une éventuelle manipulation des médias par les grands laboratoires. J'aurais peut-être convaincu Jean-Baptiste Rivoire du caractère anecdotique du sujet... Son investigation se serait éteinte, sans bruit et sans fureur. Sans aucune censure visible.

Sur son site web, Glamour Speakers affichait la photo et le CV des intervenants. Sous le portrait souriant de Sylvain Attal, ex-responsable d'une excellente émission d'investigation du service public, « Argent privé, argent public », il était expliqué que celui-ci avait animé une convention pour Pfizer (en 2006, sa photo a été retirée). Ce laboratoire est l'une des firmes qui ont le plus souvent recours à des journalistes célèbres pour leur communication. Une présentatrice du journal de France 3 et le chroniqueur santé Michel Cymes avaient eux aussi réalisé un peu de publicité institutionnelle pour Zoloft, son antidépresseur vedette.

Lorsqu'on propose un anodin petit chèque à ces confrères, sans doute sont-ils nombreux à se dire : oh, ça restera entre nous et je ne vois pas pourquoi ça nuirait à mon indépendance et à ma crédibilité, une petite animation de convention, c'est pas ça qui va m'empêcher de critiquer les laboratoires. Ceux qui pensent que les firmes du médicament n'auront pas le mauvais goût de les dénoncer se trompent. Qu'ils viennent à persifler sur le compte des labos, ils verront que ceux-ci n'hésitent pas une seconde. Ils donnent les noms. On ne se compromet jamais innocemment. C'est ce que nous allions découvrir en enquêtant sur l'affaire Martin Winckler.

Le 15 mai 2003, ce médecin-écrivain, chroniqueur sur France Inter et célèbre pour son indépendance et son franc-parler, avait mis en cause un médicament anticholestérol de Pfizer à l'antenne : depuis vingt ans, disait-il, cette industrie

« n'invente plus rien de neuf et ça va finir par se voir »... *Pfizer avait alors envoyé un courrier pour se plaindre à Jean-Marie Cavada, patron de Radio France. Le 19 mai 2003, un document interne de Pfizer fuite, il indique que des mesures lourdes vont être engagées contre ces attaques. Fin juin, Jean-Luc Hess, directeur de l'information à Radio France, annonce à Martin Winckler la fin de sa chronique. La radio diffuse un droit de réponse du syndicat de l'industrie pharmaceutique. Ceci explique-t-il cela ? C'est ce qu'affirme Winckler qui dit payer le prix de son mauvais esprit vis-à-vis des labos. Son patron, Jean-Luc Hess, affirme au contraire que la chronique ne donne pas satisfaction et qu'il existe des problèmes relationnels avec l'équipe. Le chroniqueur viré ne se prive pas de rappeler que Jean-Luc Hess, le patron de l'info d'Inter, prête peut-être une oreille favorable aux labos puisqu'il a lui-même animé quelques mois auparavant un « ménage » pour Novartis...*

Nous évoquons cette péripétie du monde médiatique auprès de Bernard Lemoine, du LEEM, un lobby au service de l'industrie pharmaceutique. Comme s'il attendait qu'on en parle, il soulève un sourcil gourmand et dénonce dans le même souffle le chroniqueur viré, Martin Winckler : « Il a touché de l'argent lui aussi... C'est une certitude... Eh oui, apparemment, vous n'avez pas investigué là-dessus, hein ?

— Il crache dans la soupe, lui, en plus, intervient une attachée de presse outragée qui se tient hors champ avec un grand cahier. Il est comme les gens à qui on veut rendre service et qui nous en veulent après... »

Vérification faite auprès de Martin Winckler, celui-ci avait bel et bien réalisé un unique « ménage » dans sa vie. En faveur d'un médicament qu'il soutenait sincèrement, dit-il : la pilule du lendemain. Pour cette animation, il avait de son propre aveu été « très bien payé »...

Morale de l'histoire, dans l'industrie pharmaceutique comme aux Renseignements généraux, on garde ses fiches à jour et on sait s'en servir au bon moment.

Obésité : l'épidémie cathodique

L'obésité enfantine ne cesse d'augmenter alors que la consommation de télévision s'est fortement accrue. Pourquoi la télévision n'aborde-t-elle jamais cet aspect de l'épidémie ? Est-ce du fait de ses excellentes relations avec les multinationales de la junk food *?*

Le vidéoclip est formidable. Entêtant. Un petit chien rigolo qui se dandine en jappant un refrain haut perché : *Taaa-ta-ta-tata... CHIHUAHUA !* Mes enfants adorent, ils le chantent à tue-tête à tout moment, en revenant de l'école, dans leur chambre, en jouant. C'est de la dance music diaboliquement efficace, concoctée par DJ BoBo... Vous ne connaissiez pas, DJ BoBo ? Moi non plus. Surgi de nulle part, son tube a déferlé dans les boîtes de nuit de l'été 2003. Sur le site Internet de Chihuahua, des personnages « trop cool » – baggy, cheveux savamment décoiffés et baskets de branchés... – vous montrent comment danser la danse du Chihuahua : on bouge les mains comme ci, on remue les pieds comme ça, tout en sautillant ainsi... La mélodie donne soif. Et résonne avec un air connu car c'est aussi, ô surprise, la musique de la publicité d'une célèbre boisson gazeuse et sucrée : le Coca-Cola.

Pendant l'été 2003, ce vidéoclip a été matraqué plus de deux cents fois sur TF1 en dehors des interruptions publicitaires[1].

---

1. Source : CSA.

L'intention de conditionnement n'a pas échappé au Conseil supérieur de l'audiovisuel, instance qui régule le bon fonctionnement des chaînes de télévision : « Les différentes versions de la vidéo musique comportent toutes une référence à la marque Coca-Cola. [...] La chanson a d'ailleurs été utilisée par la marque pour sa campagne publicitaire diffusée de février à juin 2003. »

Ça empeste la publicité clandestine. Le 2 décembre 2003, le CSA engage « une procédure de sanction ». Il exige entre autres de TF1 que lui soient fournis les contrats entre la chaîne privée et Coca-Cola.

L'incident va passer inaperçu. Quelques lignes à peine dans les pages médias des quotidiens. L'équivalent de l'invisibilité. Sous des dehors anodins, il met en jeu des industries multimillionnaires qui contrôlent médias, industrie agroalimentaire et consommation de masse. En toile de fond, se profile une épidémie à venir qui risque de déstabiliser notre système de santé publique.

Voilà pourquoi il était urgent de décortiquer l'opération Chihuahua.

Revenons au petit clip.

Au départ, c'est une opération 100 % Coca-Cola. Le scénario, les images, les personnages, tout est conçu par le vendeur de sodas sucrés. C'est aussi Coca qui a recruté, en 2002, DJ BoBo, un musicien suisse quasi inconnu. La multinationale lui a donné dix jours pour écrire paroles et musique. Pour la mélodie, il a un cahier des charges : ce sera un mambo. Obligé[1].

Le disque du clip produit par la firme allemande BMG est d'abord lancé en Espagne. Il cartonne. Numéro un des Charts. En France, c'est un mégasuccès. Boosté par le mitraillage TF1, le tube Coca-Cola devient numéro un des singles pendant douze semaines. Un million de disques vendus. Tout est pensé pour attraper un maximum de gamins. Leurs codes sont connus et utilisés. Un site Internet est créé. Sur le chat de discussion, un

---

1. www.fandedjbobo.com.

fan tente de vous convaincre qu'aujourd'hui Chihuahua est une expression branchée qui signifie « Tout va bien », « C'est cool »... Et il encourage à répandre le mot dans les cours de récréation. Le « fan » indique son âge : quarante-six ans. Diablement vieux pour un fan de dance music. En revanche, pour un cadre du service commercial, c'est souvent le sommet d'une carrière.

C'est une opération comme on les enseigne dans les écoles de marketing : synergie totale, fusion des contenus et produits dérivés. Pour réussir ce coup, il faut un grand groupe médiatique, une grande marque de sodas sucrés, une chanson bien balancée qui, suffisamment serinée, peut devenir un tube (les musiquettes publicitaires sont les plus grands tubes parce que les plus ressassées). Et, si possible, un petit phénomène de société cool qui associe une marque à une valeur adolescente comme la rébellion ou l'indépendance face au monde adulte (ça c'est plus dur car les gosses deviennent de plus en plus méfiants...). Cette image sympathique est associée à une boisson : le Coca. Du coup, les jeunes boivent beaucoup de Coca, boisson hype et sympa. Quant au tube, il produit des royalties copieuses. C'est une sorte de manège enchanté. Une loterie où l'on gagne à tous les coups.

Brusquement je comprends mieux ce que le patron de TF1, Patrick Le Lay, voulait dire par : « Le métier de TF1, c'est d'aider Coca-Cola, par exemple, à vendre son produit. Or pour qu'un message publicitaire soit perçu, il faut que le cerveau du téléspectateur soit disponible. Nos émissions ont pour vocation de le rendre disponible : c'est-à-dire de le divertir, de le détendre pour le préparer entre deux messages. Ce que nous vendons à Coca-Cola, c'est du temps de cerveau humain disponible[1]. »

Les méthodes de l'industrie du marketing pour atteindre du temps de « cerveau disponible » deviennent difficiles à identifier. Elles débordent le cadre de la publicité. Les scénaristes de

---

1. *Les Dirigeants face au changement*, préfacé par Ernest Antoine Sellière, président du Medef, Éditions du huitième jour, 2004.

films de fiction sont de plus en plus souvent obligés par leurs producteurs de placer des produits dans le scénario. Par exemple, le héros doit absolument boire du Pepsi. Light éventuellement, car on a son éthique. Et une canette de Pepsi peut devenir une figure de l'intrigue. La situation a atteint un tel niveau qu'en novembre 2005 l'Association des scénaristes américains a fini par s'insurger : « On ne veut pas provoquer une baisse de revenus dommageable à une industrie dont nous dépendons tous mais quand on nous oblige à tordre un scénario au profit de chips ou de sodas, quand on demande à nos membres d'être non seulement des raconteurs d'histoires mais des rédacteurs publicitaires, là, ça ne peut plus aller[1]... »

Le dernier coup de génie des publicitaires, c'est la pub qui ne montre pas le produit et agit par contamination en suscitant la complicité. Sur le modèle du petit clip Chihuahua. Il s'agit de créer un lien avec les enfants, sans en avoir l'air. Et derrière le dos des parents qui souhaiteraient éventuellement contrôler un peu l'alimentation de leurs rejetons.

En Angleterre, une affaire a fait la une des journaux[2]. Tout part d'une fuite : un document interne de l'agence de publicité Leo Burnett. Ce mémo décrit sur un ton triomphant comment l'agence en charge du budget Kellog's Real Fruit Winders a réussi à « pénétrer le monde des enfants comme jamais auparavant », tout cela « sans laisser maman se mêler de l'histoire ». Les publicitaires se réjouissent d'avoir transformé en objet culte des céréales multicolores qui évoquent la boîte du petit chimiste. Constitué d'un tiers de sucre, le produit s'est vu décerner le Prix de la dent cariée par un jury de parents et de nutritionnistes en 2002.

D'abord ont été créés des « personnages de fruits mutants ». Ensuite, l'agence publicitaire a « répandu la rumeur sur la marque de manière virale », par le bouche-à-oreille, après une « campagne de communication underground ». Les « petits per-

---

1. *The Independent*, 15 novembre 2005.
2. *The Guardian*, 27 mai 2004.

sonnages » ont été « implantés » lors de concerts, dans des magazines ou dans des films. Des vedettes de la chanson pour adolescents ont porté les vêtements des « fruits mutants » lors d'émissions télé sur les chaînes musicales pour teen-agers. « Nous avons la preuve que nous avons réussi à infiltrer les conversations des enfants », explique le rapport interne. Certaines expressions seraient associées au produit : « C'est cool », « C'est encore plus secret que les SMS – ma mère ne sait même pas ce qui se passe ».

Reste une question simple qui peut vous faire passer pour un débile épais si vous la posez aux mauvaises personnes : qu'est-ce qui arrive aux enfants qui font confiance à leur chaîne favorite et se laissent aller à boire trop de Coca-Cola ?

Il peut advenir, dans certains cas, qu'ils prennent un peu de poids...

Il existe un consensus scientifique sur le rôle des boissons sucrées dans l'explosion de l'obésité enfantine. D'après les travaux de David Ludwig, un nutritionniste américain de Harvard, une seule canette de soda sucré quotidienne augmente de 60 % les risques de voir un enfant évoluer vers l'obésité. Aux États-Unis, l'épidémie d'obésité est devenue le principal problème de santé publique. Aujourd'hui, les deux tiers des adultes américains sont en surpoids. Deux personnes sur trois. Il y a vingt ans, c'était une personne sur deux[1]. Les causes de cette obésité sont connues. Bien sûr, il y a le manque d'exercice, le recours systématique à la voiture pour se déplacer, mais surtout la consommation effrénée, à toute heure, de junk food. La bouffe poubelle. Cette nourriture industrielle trop chargée en sucres et en graisses cible particulièrement les enfants. Le nombre de messages publicitaires explose. Et la courbe recoupe exactement celle de la progression de l'obésité. Aux États-Unis, un enfant voit aujourd'hui en moyenne 40 000 pubs par an. Dans les années 1970, c'était deux fois moins. Et depuis les années 1980,

---

1. *Time*, 9 août 2004.

les pubs pour des produits riches en graisses et en sel ont plus que doublé[1]. Avec le développement des chaînes pour enfants sur le câble, la pub est partout.

Le pronostic est catastrophique. Dans les années à venir, une proportion énorme des obèses évoluera vers des maladies graves : pathologies du cœur, hypertension, attaques cérébrales, diabète, infertilité, impuissance... Les spécialistes les plus sérieux l'affirment : au XXIe siècle, l'obésité tuera plus que le tabac[2]. L'association européenne pour l'étude de l'obésité a établi que 8 % des dépenses de santé vont désormais au traitement de maladies liées à l'obésité. Combien ça fait 8 % ? 42 milliards d'euros. Aux États-Unis, la facture est de 117 milliards de dollars par an. Claude Saunier, sénateur socialiste français, a rédigé un rapport alarmant[3]. La France pourrait atteindre les taux d'obésité américains en 2020. D'après Saunier, l'épidémie aura la peau une bonne fois pour toutes de la Sécurité sociale en générant une « implosion financière du système de santé ». En clair, c'est nous, les citoyens et contribuables, qui allons payer pour les conséquences sociales et sanitaires du matraquage commercial généralisé. Dans la langue du management, ça s'appelle : externaliser les coûts.

Si les services marketing se cassent la tête à développer des méthodes clandestines c'est peut-être pour s'entraîner à survivre dans un univers hostile. La société civile résiste et la publicité pour la junk food ciblant les enfants pourrait être en danger dans les années à venir. Des politiques et des publicitaires éclairés pensent que des limites ont été franchies. En Suède, en Norvège, au Québec, la pub est déjà interdite aux heures auxquelles sont diffusés les programmes pour enfants. Aux États-Unis, le National Institute of Health, l'institution publique de santé, propose de les réduire. Pour la première fois,

---

1. Chiffres tirés d'une étude de la Henry J. Kaiser Family Foundation.
2. *Time*, 9 août 2004.
3. http ://www ;senat.fr/rap/r03-267-2/r03-267-213.html#toc96.

les autorités américaines lient très clairement télévision, grignotage, publicité et obésité. En France, les publicitaires les plus conscients de leur responsabilité sociale, comme Jean-Marie Dru de l'agence TBWA, sont prêts à envisager l'arrêt des publicités pour enfants. Contrairement aux pays scandinaves, les annonces publicitaires télévisées pour la bouffe poubelle resteront légales en France. Mais elles devront comporter un message d'avertissement diététique pour les jeunes. Si les annonceurs jugent trop rébarbatif ce message, ils pourront payer une taxe pour ne pas l'insérer. Combien ? 1,5 % du prix du spot... Guettons donc sur les antennes si on offre aux téléspectateurs un message à caractère diététique. Ou bien si la loi n'aura eu pour effet que de renchérir (légèrement) les prix des spots publicitaires...

Cette dernière mesure a bien failli ne jamais devenir une loi. Le lobby de la junk food a mené une bataille acharnée et a réussi à convaincre les sénateurs de ne pas la voter. C'est grâce à une mobilisation inattendue des pédiatres et des médecins que la loi est finalement passée (avez-vous vu des sujets là-dessus au journal télévisé ?).

Au fait, qu'est devenue la « procédure de sanction » contre TF1 pour publicité clandestine Coca-Cola (l'affaire Chihuahua) ? Un an après, en décembre 2004, la Haute Autorité de l'audiovisuel a décidé d'y renoncer. Dans la plus grande discrétion.

Motif : le CSA « n'a pas eu la certitude que TF1 poursuivait, par la programmation de cette vidéo-musique, un but publicitaire... ».

Sous couvert d'anonymat, un membre du CSA me confie qu'il est convaincu, lui, que c'était de la publicité clandestine. « Ils ont fait valoir que c'était du parrainage, pas de la pub. Le problème c'est que le parrainage doit obligatoirement fonctionner avec une émission qui n'ait aucun lien avec le produit qui parraine. Comment peut-on parrainer un vidéoclip dont la musique est assimilée à la publicité d'une boisson ? Je faisais partie de ceux qui voulaient refuser cette explication mais dans sa majorité le conseil a eu peur de se faire retoquer par le

Conseil d'État. Les gars de TF1 sont très batailleurs, ils auraient fait appel, entourés des meilleurs avocats, et on aurait eu l'air idiots si on avait perdu. Alors on a préféré les mettre en demeure de ne pas recommencer. C'est pas brillant mais c'est comme ça... »

Séduire

Ils sont venus à trois dans nos bureaux. Le directeur général de McDonald's France, un conseiller en communication et un avocat. Impeccablement habillés. Pas trop costume-cravate. Un peu lin, un peu jean, un peu mal rasés... Cool. Comme nous, quoi... Nous avions de quoi être flattés. Dans le courant de la discussion, passionnée et passionnante, ils ne manquèrent jamais de marquer notre proximité. « On est en famille... », m'a glissé l'avocat aux lunettes design. Il me signifiait que son cabinet était aussi en charge de mon entreprise dans une autre affaire. Juste une petite connivence sympa visant à nous rapprocher...

Nous avions réalisé un reportage sur les grèves qui touchaient certains de leurs restaurants franchisés à Paris. Ils étaient venus simplement nous demander de ne pas le diffuser.

Les jeunes salariés de McDo, souvent banlieusards, monosyllabiques et bien plus mal fagotés que nos hôtes, s'étaient insurgés contre un gérant franchisé qu'ils jugeaient tyrannique et des conditions de travail infernales. Ces jeunes des banlieues abandonnées découvraient du même coup les outils de la République et deux siècles de conquêtes ouvrières. C'est ce folklore urbain riche de sens et de saynètes modernes qui nous avait intéressés :

« Arrête tes conneries, j'ai le droit de faire grève, moi !?

191

— La vie de ma mère, t'as le droit, c'est écrit dans la loi, cousin[1]... »

Les communicants du groupe étaient venus nous exposer un argument discret : la grève est menée par des voleurs qui cherchent à créer un effet de diversion pour dissimuler leurs tripatouillages comptables : ils font manger leurs copains à l'œil et ils tapent dans la caisse.

« Comment vous vous en êtes aperçus ? avons-nous demandé.

— À cause des relevés de caisse... »

Nous ne voulions pas être victimes de notre candeur et nous étions tout prêts à modifier le sujet. Y ajouter cet élément. À condition, étant donné la violence de l'accusation, de pouvoir jeter un œil sur ces fameux relevés de caisse. Bien sûr, bien sûr, nous garantirent nos interlocuteurs. En réalité, ce ne fut jamais possible. De faux prétexte en faux prétexte, les avocats de McDonald's ne nous donnèrent jamais accès aux documents. Nous avons donc diffusé le sujet en l'état. À leur grande déception.

---

1. « Nouveaux ouvriers : les mcjobs des cités », « 90 minutes », 6 octobre 2003.

Mondialisation : codes d'éthique et travail forcé

Les entreprises occidentales du textile qui font fabriquer dans le tiers-monde s'engagent toutes sur des chartes éthiques. Pas de travail des enfants. Pas de travail esclave. Salaires décents. Ensuite, tout est fait pour qu'il ne vienne jamais à personne l'idée saugrenue de vérifier.

Michel-Édouard Leclerc est un patron sympa. Plus que ça. Leclerc est un patron qui a réussi à détourner à son profit une image de contestataire. Son entreprise affiche des valeurs. Humaines. Solidaires. Écologiques. Il a instauré le sac en plastique payant dans ses magasins pour forcer les gens à ne pas le jeter dans la nature. À la télé, sur les plateaux des émissions de débat, c'est lui qui a dénoncé publiquement les pratiques corruptrices entre ses confrères de la grande distribution et certains politiques[1]. En mars 2005, il lance une campagne publicitaire qui pirate des affiches célébrissimes de Mai 68, réalisées par le collectif de graphistes de l'Atelier populaire. On ne croyait pas encore alors aux droits d'auteur, à la propriété intellectuelle, les idées n'étaient pas à vendre, elles couraient les rues, et ces joyeux idéalistes ignoraient sûrement jusqu'à l'existence de l'INPI (Institut nationale de la propriété intellectuelle). Du coup, aujourd'hui, leurs dessins de légende, libres de droits et détour-

---

1. « Pièces à conviction », France 3, 20 janvier 2006.

nés, s'étalent en quatre mètres sur trois sur les panneaux publicitaires des zones commerciales géantes à l'entrée des villes pour défendre, suprême ironie, la société de consommation : « Il est interdit d'interdire de baisser les prix »...

Michel-Édouard Leclerc est un orfèvre de l'image médiatique. Il se sculpte par petites touches avec finesse et intelligence. Pour cela, Leclerc devance les questions délicates. Avant qu'elles ne s'allument, il les éteint. Par exemple, il ne fait pas comme si les délocalisations n'existaient pas. Il vend des vêtements, des chaussures, fabriqués en Asie du Sud-Est. Comme tout le monde. Sur ce genre d'objets, plane un soupçon : dans quelles conditions ont-ils été fabriqués ?

Il fut un temps où on ne savait pas épeler éthique dans la grande distribution. C'est fini. Ils ont tous appris. Gap, Nike, Leclerc et tous les autres. Une morale juste doit nimber l'image de l'entreprise (les gars du marketing disent : la marque). Un sondage SOFRES de février 2003 sur la « gouvernance d'entreprise » indiquait que 51 % des Français accordaient davantage leur « confiance aux dirigeants s'engageant dans des chartes éthiques ». C'est-à-dire ? Les produits proposés ne doivent pas détruire l'environnement. Ils doivent aussi respecter les règles définies par l'Organisation internationale du travail : pas de travail forcé, pas de travail des enfants, liberté syndicale et un salaire qui permette de vivre.

Pourquoi est-ce qu'un commerçant prendrait un tel engagement alors que celui-ci va forcément réduire un peu ses marges bénéficiaires ?

D'abord – on ne peut éloigner d'office l'hypothèse... – peut-être par conviction... Mais aussi un peu parce que éthique, aujourd'hui, rime avec fric. De plus en plus, le consommateur constate qu'il peut exercer un contre-pouvoir avec son porte-monnaie. Démentant silencieusement la doxa du marché qui voudrait ériger la radinerie en unique moteur de son cerveau reptilien, l'acheteur – décidemment imprévisible – se fait parfois citoyen. 52 % des Français se disent prêts à payer plus cher pour acquérir un produit éthique. Et, surtout, ce chiffre qui terrorise tout commerçant digne de ce nom : 70 % sont prêts à boycotter un produit néfaste pour la planète ou fabriqué dans des conditions contraires aux droits de l'homme et des enfants[1].

Gap, la multinationale du textile, a vu son chiffre d'affaires plonger après la découverte répétée d'enfants travaillant dans les usines de ses sous-traitants. Sur le site Internet de Leclerc où le sondage est cité, on explique : « Cette pression du consommateur et la prise de conscience collective des conditions de vie dans certaines régions du globe ont poussé les entreprises à mettre en place des chartes de bonne conduite pour les sous-traitants et leurs fournisseurs. Parmi les règles à respecter : refus de partenaires ou de marchés malhonnêtes, information du consommateur quant à la provenance et aux conditions de fabrication des produits, élimination du travail des enfants... »

Et Leclerc n'est pas le seul à s'engager. L'ensemble de la grande distribution française a signé des chartes ou des codes de bonne conduite. D'après un rapport du collectif « De l'éthique sur l'étiquette », Carrefour a même pris langue avec la Fédération internationale des droits de l'homme et des ONG locales pour évaluer les conditions de production. Casino a ouvert des discussions avec Amnesty International.

Bizarrement, aucune de ces enseignes n'a accepté qu'une organisation indépendante vienne vérifier le bon respect de la charte sur le terrain.

Et la presse, penserait-on, qu'est-ce qu'elle fait la presse ?

Soyons clairs, la presse écrite doit rester très prudente. Vu les acrobaties de trésorerie nécessaires à sa survie, il serait suicidaire pour certains titres de vouloir trop pinailler avec le premier des annonceurs publicitaires.

Quelques chiffres :

Entre 1997 et 1999, l'argent investi par Carrefour dans la presse nationale pour y faire sa pub a été multiplié par 9. Il frise le milliard de francs (999 837 millions pour être précis). Pen-

---

1. Étude du Crédoc (Centre de recherche pour l'étude et l'observation des conditions de vie), septembre 2003.

dant la même période, Auchan est passé de 644 000 francs à 8 097 millions de francs. Leclerc est la seule enseigne dont les budgets ont baissé sur la période. Ils s'élèvent tout de même à 5 949 millions par an[1]. Et ces chiffres n'ont jamais cessé d'augmenter. C'est la presse et la radio qui enregistrent l'essentiel de la progression. Entre 2002 et 2003, + 17,3 % pour la presse écrite et + 21,7 % pour la radio[2]. Leclerc dépense 203 millions d'euros en 2003. En télévision, la publicité est interdite jusqu'en 2007 mais certaines émissions sont parrainées par les enseignes.

Par ailleurs, Leclerc investit aussi dans le « commerce équitable ». Labellisé Max Haavelar. Sur le site Internet de Leclerc, on explique en quoi ces produits garantissent un niveau de vie correct aux paysans du tiers-monde : en supprimant des intermédiaires, on peut payer plus et du coup créer des écoles et des services sociaux. Le site est illustré par la photo d'une jolie petite grand-mère indienne qui ramasse des bananes.

Rayon Vêtements et chaussures, on est plus discret.

Nous avions fait un tour au ras du magasin, pour voir comment les vendeurs réagissaient à cette question incongrue : « Vous êtes sûrs qu'il est pas fabriqué par des ouvriers esclaves ce tee-shirt ? »

Chez Leclerc, la vendeuse en blouse bleue avait levé les yeux au ciel, fataliste, et nous avait avoué avec honnêteté :

« Leclerc et Auchan, ils ont passé des chartes, tout ça, mais entre ce qui est dit et ce qui est fait vraiment... On peut pas vérifier. »

Chez Gap, en revanche, les vendeurs savamment décoiffés, en jeans prétroués, semblaient formés à ce genre de questions. Ils connaissaient la charte éthique par cœur et nous avaient juré qu'un organisme contrôlait régulièrement leurs usines. « Vous pouvez nous faire confiance, aujourd'hui, c'est très surveillé... »

Nous sommes partis à Phnom Penh. Vérifier sans prévenir.

---

1. Étude Secodip citée par *L'Humanité* du 4 janvier 2000.
2. Secodip, budget hors encarts.

La mondialisation économique, on peut la voir avec les yeux de Guy Sorman, un de ses bardes les plus talentueux : cool comme une pub sur MTV, métissée, jeune et branchée, un chromo souriant de l'art réaliste corporate... On peut aussi, comme les souverainistes, s'y opposer en patriote, vouloir monter aux frontières pour faire rempart de nos corps aux légions électroniques des jouets chinois. En se rapprochant de très près et en coulisse, on lui découvre une propriété aussi inconnue que stupéfiante : la mondialisation économique est une extraordinaire machine à remonter le temps.

Pénétrez au petit matin dans le quartier des usines de Phnom Penh. L'effet flash-back est puissant. Quand on ne connaît des débuts de la révolution industrielle que les récits de Zola et quelques vieilles photos sépia, nous voilà transportés dans les filatures de Roubaix à la fin du XIXe siècle. Certes, avec des filles plus brunes, le soleil, la chaleur étouffante, la poussière et quelques palmiers en plus. Mais sinon, tout à l'identique. Finis le goudron sur les chemins, le tout-à-l'égout, l'eau courante, les comités d'hygiène, la médecine du travail, la sécurité sociale, les acquis de l'État providence et des bagarres ouvrières...

Le compteur est remis à zéro.

Comme il y a plus d'un siècle, les ouvriers habitent des taudis branlants où trois familles se partagent trente mètres carrés, coincées entre les égouts à ciel ouvert et les hauts remparts de la fabrique. La pestilence est permanente. Des usines-casernes sont gardées par des paramilitaires mafflus. Les changements d'équipe rythment la vie du bidonville, jetant dans les rues, terriblement boueuses après les averses tropicales, des centaines de jeunes femmes. Visages éteints par la fatigue, elles trimballent de petits sacs en plastique avec leur repas du jour. Les couleurs des tropiques ont disparu sous l'ocre sale et la suie. Aucun service public pour ramasser les ordures qui jonchent les terrains vagues où viennent se nourrir des centaines de corbeaux, gras comme des vautours.

La plupart des dirigeants d'entreprise qui font produire dans ces usines n'ont jamais mis les pieds ici. Phil Knight, le patron de Nike, invité par Michael Moore à visiter un de ses sous-traitants indonésiens, répondra : « Je ne suis jamais allé en Indonésie[1]... » Pour eux, la mondialisation est avant tout une réalité comptable, des chiffres dans un bilan (sans doute pour Guy Sorman aussi, mais lui au moins c'est un poète...).

Au Cambodge, les manufactures de textile emploient 200 000 ouvrières. En moins de six ans, elles ont été multipliées par 20. Le pays est devenu la dernière frontière de la fringue pas cher. En 2004, le textile a rapporté 1,1 milliard de dollars en exportations. Il représente 36 % de l'activité économique nationale et 80 % du commerce. Nous avions choisi ce pays car, contrairement à la Chine, sans doute le plus gros producteur en matière de textile, nous avions des chances de pouvoir travailler comme journalistes sans nous faire expulser par la police. L'état d'anarchie qui règne au Cambodge permet au moins cela : les Occidentaux n'attirent pas trop l'attention. Nous savions néanmoins que nous ne pourrions emprunter les circuits officiels. Les journalistes qui jouent franc jeu n'ont accès qu'aux usines les plus présentables. Celles qui respectent en gros le code du travail. Une sur trois en moyenne (ce qui est considérable dans ce secteur industriel). Pour pénétrer les autres, nous avions dû endosser une fausse identité. Nous fabriquer des personnages de négociants européens à la recherche d'une usine efficace pour placer des commandes. *Outsourcers*, dit-on dans le métier. Traduction littérale : ceux qui cherchent une source de travailleurs ailleurs que dans leur propre pays. L'outsourcer va devenir la figure industrielle dominante d'une économie globalisée où patrons et salariés ne se voient plus le blanc des yeux. Un allié, commerçant dans le Sentier, nous avait renseigné sur les termes à utiliser pour avoir l'air crédible : « Surtout ne leur dites pas que vous vous souciez des conditions de travail de leurs employés, sinon ils vont vous griller tout de suite. C'est pas vraiment l'usage dans le métier. Dites-leur plu-

---

1. Michael Moore, *The Big One*.

tôt que c'est votre fournisseur qui vous impose des normes "éthiques". Enfin, leur dites pas éthique, ils connaissent pas le mot... »

Au Cambodge, la majorité des usines sont aux mains de sous-traitants chinois de Singapour, Hong Kong, Shanghai ou Taiwan. C'est là-bas, dans les bureaux climatisés de villes florissantes, que les agents des grandes marques occidentales leur passent commande. Pour ces sous-traitants, le Cambodge n'est qu'un Eldorado provisoire où l'on peut encore payer les ouvrières moins de 2 dollars par jour. Il faut en profiter tant que les prix ne montent pas.

Armés de nos fausses cartes de visite, nous avons pu entrer dans une quinzaine d'usines habituellement interdites aux étrangers. Souvent des bâtiments sans plaque, perdus au fond de passages discrets. Nous sommes allés au contact de businessmen méfiants, qui ne se déplacent qu'en 4 × 4 aux vitres fumées, entourés d'hommes armés. Rarement des Cambodgiens. Toujours entre deux appels sur portable, ils multipliaient les activités, ne perdaient pas une miette du boom économique : import-export, commerce en tous genres. D'un coup de téléphone à leurs contacts au gouvernement, ils pouvaient résoudre les situations bureaucratiques les plus compliquées. Pour se sortir des affaires scabreuses, il suffisait de connaître le bon réseau, le bon général. Si, comme le disait Balzac, « à l'origine de toute fortune, il y a un crime », nous avons le sentiment d'arriver pile au moment où celui-ci est en train de se commettre. Nous sommes dans l'Ouest américain, à l'heure où les « barons voleurs » commencent à amasser leur richesse, dans la violence et la rapine, avant de devenir de grandes familles respectées, notabilisées, élevant leur descendance dans les meilleures écoles de la planète.

Au Cambodge, il n'y a ni or ni diamants. Juste le matériau humain. Et un État inexistant qui vous laisse piller en toute liberté. Au kilomètre 11, dans la banlieue de Phnom Penh, on peut acheter un enfant, pour une nuit ou quelques heures. Les usines, elles, ressemblent parfois à des prisons. Dans l'une d'entre elles, tenue par des Chinois de Shanghai, nous avons vu des vigiles en uniforme postés à tous les angles des ateliers. Ils surveillaient chaque geste. Impression de pénétrer dans un camp de travail. Dans la pesanteur des regards qui n'osent se lever, la tristesse était palpable. Ici nos fausses cartes de visite ne suffirent pas à rassurer les managers. Nous fûmes éconduits en quelques minutes. Poliment mais fermement, un des gardes nous raccompagna jusqu'au portail.

Nous allons découvrir rapidement qu'une équipe de la BBC est passée avant nous. En employant les mêmes méthodes, fausse identité et caméra cachée, ils ont découvert une gosse de douze ans qui travaillait pour un sous-traitant de Gap. Le film est sorti le mois précédent. Du coup, les responsables des usines sont extrêmement nerveux.

Assez vite, nous avons rencontré l'homme qui avait aidé les Britanniques dans leurs recherches : Chea Vichea. Ce jeune dirigeant syndical de trente et un ans est une centrale de renseignement à lui tout seul. « Ils ont viré tous les enfants et ils racontent que la BBC a acheté le témoignage d'une gamine. Mais c'est faux... »

Vichea impressionnait par son mélange d'audace et d'humilité. Le corps sec, légèrement voûté, toujours vêtu de la même chemise à carreaux et du même pantalon beige, il sillonnait la ville sur son scooter, vissé à son téléphone portable. Il parlait l'anglais en s'extirpant les mots à grand-peine. Il avait appris la langue tout seul, le soir, pour pouvoir communiquer avec nous, les journalistes ou les humanitaires occidentaux. Grâce à quelques dons de syndicats européens et de fondations progressistes américaines, il parvenait à payer le loyer d'une pièce sombre avec un bureau, un téléphone, un tube de néon et un ventilateur fatigué qui dansait dangereusement au-dessus des têtes.

Vichea incitait les jeunes ouvrières à subtiliser les étiquettes dans les ateliers. Les étiquettes sont protégées pour mouiller le moins possible le donneur d'ordre occidental. Exhiber devant un journaliste ou un humanitaire ces étiquettes, un peu sales, racornies parce que trop souvent manipulées, c'est montrer une preuve. « Regardez, cette chemise, elle est vendue 30 dollars sur le marché américain. Les filles en fabriquent vingt par jour et elles sont payées 2 dollars à la fin de la journée. Elles touchent 20 *cents* sur une chemise que vous payez 30 dollars... 150 fois plus ! »

Vichea a initié des centaines de grèves mais il n'ignore pas qu'il ne pourra durablement améliorer les conditions de vie des ouvrières cambodgiennes qu'en informant l'opinion publique occidentale. À sa manière, Vichea est un vrai mondialiste. Pour les industriels locaux du textile, il est vite devenu une nuisance. Lors d'une manifestation ouvrière, en mars 1997, il avait été pris pour cible par des tueurs anonymes. Des grenades lancées dans la foule sous le nez des policiers firent 17 morts. Blessé à la tête, il avait survécu de justesse. Quand on lui demandait s'il avait peur pour sa peau, il secouait la tête d'un petit rire gêné, comme s'il chassait l'idée. Il ne voulait pas en parler.

Vichea nous avait conseillé : « Allez voir chez Flying Dragon, c'est l'une des pires usines aujourd'hui. » Au téléphone, le patron avait tout de suite accepté de nous recevoir. Les ateliers étaient installés dans des hangars tristes sans ventilation. Dans la buanderie, la chaleur devait avoisiner les 45 °C. Les ouvrières se liquéfiaient en silence, elles travaillaient par petits gestes répétitifs, presque hypnotiques. Jusqu'à dix-huit heures de suite, les jours de fin de commande. Elles fabriquaient des blousons en jean Gap. Le gérant, Ray Long, était un Chinois de Hong Kong en tee-shirt noir et lunettes cerclées de métal. Il semblait en léger divorce avec la tâche que son groupe industriel lui avait assignée : comprimer les coûts et produire vite. Accablé par chaque minute passée dans ce pays sale et pauvre qu'il méprisait, il se déplaçait avec un pistolet bien en évidence près du levier de vitesse de sa voiture. « La boîte à gants, c'est plus discret mais pas pratique en cas de problème. » Nous lui avions demandé si les contraintes des codes de bonne conduite occidentaux ne ralentissaient pas son activité. Il nous avait répondu d'un air las : « Quoi, les droits de l'homme, tout ça ? Oui, on a des toilettes pour les ouvrières, on leur donne pas trop d'heures supplémentaires... On finit par s'habituer à ce genre de truc. Mais parfois, elles ne veulent pas travailler, elles inventent des prétextes bidon, que leur famille est malade, qu'elles doivent rentrer chez elles. Je leur dis : hé, c'est un travail collectif, on a une commande, vous ne pouvez pas quitter la chaîne comme ça, sinon tout s'arrête. De toute façon, si elles nous font trop chier, on leur dit qu'un Chinois est prêt à les remplacer tout de suite. »

M. Long travaillait pour Gap. Et il violait presque chaque point de leur code de bonne conduite. Il obligeait les ouvrières à exploser leurs heures supplémentaires et il avait licencié tous les syndicalistes qui avaient eu le malheur d'élever la voix.

Et il n'était pas le seul. Un matin, Vichea nous avait appelés : « Vite ! Je passe vous prendre. Une usine où des filles ont été séquestrées ! Elles veulent sortir, peut-être que vous allez pouvoir filmer un truc fort. » Nous avions suivi Vichea qui zigzaguait sur son scooter dans les embouteillages, un mégaphone en bandoulière. Des ouvrières avaient été enfermées toute une nuit, obligées à rester sur leurs machines pour terminer une commande. L'usine se trouvait comme toujours au bout d'un chemin de terre, protégée par des hauts murs. À l'entrée, la porte d'acier était ajourée par une meurtrière à hauteur de visage. On pouvait voir la cour. Il y avait des vigiles en uniforme kaki face à des dizaines de jeunes filles. Certaines criaient qu'elles voulaient sortir : « Ils nous enferment ! » Les hommes en kaki refusaient d'ouvrir. Vichea avait glissé son mégaphone dans la meurtrière. À la trogne des vigiles qui nous demandaient de partir, il hurlait : « Ouvrez les portes ! Vous n'avez pas le droit de les détenir !

— C'est moi qui fais la loi ici, vous n'avez rien à faire ici, disait le responsable de la sécurité.

— C'est illégal de faire travailler les gens contre leur volonté, c'est louche ce qui se passe dans cette usine, ouvrez les portes », rétorquait Vichea toujours dans son mégaphone.

Les paramilitaires repoussaient les jeunes femmes vers les ateliers. Certaines hésitaient, intimidées, commençaient à refluer. Vichea les exhortait au mégaphone :

« Si vous obéissez à la direction, ils vont continuer à vous écraser. Si vous résistez vous pourrez négocier. »

Au bout d'une heure, une équipe de fonctionnaires du ministère du Travail avait fini par arriver. Deux hommes indolents dans un rutilant 4 × 4 payé par l'aide internationale. Devant nos caméras, ils avaient imposé que les portes s'ouvrent. Les filles, épuisées par une nuit blanche sur leurs machines, étaient sorties entre une haie de paramilitaires en uniforme. Vichea avait été acclamé par les jeunes femmes pendant que les vigiles et la direction de l'usine posaient sur lui un regard silencieux et menaçant.

Ce qu'elles racontaient glaçait le sang : « Il suffit qu'on ne baisse pas la tête devant eux pour se faire virer... Ils peuvent nous retenir jusqu'à l'aube. » Vichea avait demandé : « Pour qui vous travaillez ? C'est important. » Les filles ne savaient pas dire la marque : « C'est le tigre volant ! Le tigre volant... » L'un des ouvriers avait alors sorti de sa poche une petite étiquette : Puma, la firme allemande de vêtements sportifs et branchés...

Le plus surprenant chez Vichea était son pragmatisme. Comme tous les Cambodgiens qui avaient survécu à l'horreur des Khmers rouges, il ne rêvait pas de Grand Soir. Juste du strict minimum. Réformateur, il pensait qu'une relation juste pouvait s'établir entre le Nord et le Sud, entre patrons et ouvriers, donneurs d'ordres et sous-traitants. Il nous avait présenté un industriel cambodgien qui travaillait lui aussi dans le textile, M. Mahtani de l'usine Wearwell. « Avec lui on peut négocier sans sanctions. Il respecte les ouvriers. »

Le dirigeant de Wearwell nous avait reçus aussitôt. Ce petit homme mince au français impeccable et au regard droit souffrait de voir son pays livré à des pirates. Il avait érigé son usine en modèle. Le bâtiment était climatisé, presque pimpant. Travailleurs et visiteurs étaient accueillis par un joli temple bouddhiste dès l'entrée. Les heures supplémentaires étaient strictement volontaires. Un atelier spécial avait été aménagé pour des ouvriers handicapés ayant sauté sur des mines (très fréquentes au Cambodge). Repas et vêtements de travail étaient fournis gratuitement. À notre passage, des visages souriants se relevaient. Au bout des lignes, tout de même un compteur avec les objectifs à produire pour la journée. Il nous avait expliqué : « Bien sûr, je dois réaliser des profits. Mais pas n'importe comment. Pour l'instant, je perds de l'argent car les donneurs d'ordres occidentaux ne payent pas suffisamment. Mais je sais qu'un jour, ma démarche finira par payer, qu'on ne pourra plus exploiter les femmes et les hommes de ce pays ainsi. Vous savez, je n'ai pas peur de dire que l'industrie textile du Cambodge est pleine de voyous, de types qui ont un profond mépris pour la population, qui ne pensent qu'à amasser des dollars et repartir. Même si je ne suis pas toujours d'accord avec Vichea, nous avons besoin de gens comme lui pour changer. »

Dans les locaux exigus du syndicat, Vichea organisait régulièrement des réunions pour enseigner leurs droits aux ouvrières. Nous l'avions filmé devant une centaine de femmes à qui il apprenait l'art de la négociation au milieu de petits gloussements et de cris dissipés.

Vichea était adulé par ces jeunes filles, souvent des adolescentes qui avaient laissé leurs parents à la campagne et vivaient dans des dortoirs sordides. Il s'adressait à elles avec ce léger sourire qui lui conférait une allure de grand frère.

Un matin, nous sommes partis vers une usine de Sianoukville, à cent cinquante kilomètres plus au sud. L'usine, New Star Shoes, tenue par un Taiwanais, au bord d'une route, à dix kilomètres de la première agglomération, produisait des chaussures à bon marché. Deux jours auparavant, les ouvrières, de très jeunes filles d'après ce qu'on nous avait dit, avaient craqué, cessé le travail et avaient bloqué la route pendant quelques heures. Nous avions suivi un parlementaire, Sam Rainsy, qui voulait s'enquérir de ce qui s'y passait. À notre arrivée, le directeur s'était enfui en voiture. Sur la porte de l'usine était affichée une liste : les noms des meneuses de l'insurrection. Virées.

Les gardiens nous avaient interdit l'accès au site. Mais dans les ateliers le bruit s'est vite répandu. Un député était venu de Phnom Penh avec des journalistes occidentaux... Une centaine de fillettes avaient alors cessé le travail pour venir nous voir. Intimidés par la présence de l'homme politique, une célébrité locale, les gardiens renoncèrent à leur interdire de sortir. Elles affluaient par grappes en blouses roses. Certaines se tenaient par le bras et gloussaient comme des collégiennes. D'autres portaient le visage sombre des enfants abandonnés. Elles étaient très jeunes. Sur leurs bras, certaines portaient les cicatrices causées par les brûlures de la colle au cyanure, puissante et toxique, avec laquelle elles assemblaient les chaussures. Elles travaillaient sans protections. Elles se tenaient toutes les mains serrées derrière le dos, comme des petites filles à l'école, attendant une punition. Quand on leur demandait leur âge, elles répondaient en regardant leurs pieds : quatorze ans, quinze ans, seize ans... Elles en paraissaient douze ou treize. Elles étaient 1 700 à travailler et dormir sur place dans des dortoirs rudimentaires à lits superposés dans l'enceinte même de l'usine qu'elles ne quittaient jamais. L'une d'entre elles s'était enhardie et était venue se plaindre d'une voix d'enfant : « Travailler dur, ça nous gêne pas mais se faire engueuler tout le temps, c'est pas supportable. »

Je n'oublierai jamais la honte qui faisait plier la tête de la plus jeune, la plus fluette. Ce sont les autres, ses camarades, qui nous ont dit : elle s'est fait taper sur la tête avec un marteau par le contremaître. Et elles la poussaient en avant, l'encourageaient à parler. Elle aurait préféré qu'on l'oublie et fixait le sol d'un regard triste.

« Combien tu gagnes ? lui demanda Sam Rainsy.

— 24 dollars par mois.

— Combien tu envoies à ta famille ?

— 20 dollars.

— Tu fais des heures supplémentaires ?

— Je travaille tous les soirs jusqu'à 23 heures.

— Tu sais lire et écrire ? »

Elle n'avait pas parlé, juste secoué la tête.

« Tu ne préférerais pas aller à l'école au lieu de travailler ici ?

— Si. »

Elles gagnaient toutes entre 20 et 30 dollars par mois qu'elles économisaient presque entièrement pour faire vivre leurs parents. Elles ignoraient pour qui elles travaillaient. Elles fabriquaient des chaussures, identiques, le même modèle à semelles compensées, et collaient des étiquettes différentes dessus : Studio London, Cult, X-tra... « C'est surtout pour le marché asiatique », nous avait assuré le député. Pourtant, en enquêtant au Registre du commerce français, nous allons découvrir une marque distribuée en Occident : Fionna Galli. Vendue en France. Dans les hypermarchés Leclerc.

À première vue, dans l'usine de Sianoukville, aucune des dispositions du code de bonne conduite de Leclerc n'était respectée. À vrai dire, même le code pénal cambodgien n'était pas respecté. Ces gamines étaient quasiment séquestrées. Mais aucun organisme indépendant n'avait jamais pénétré cet univers.

Quel est le sens des engagements de la grande distribution si personne ne vérifie jamais la réalité ? C'est l'une des multiples questions que nous brûlions de poser à la direction des hypermarchés Leclerc.

De retour en France, nous avions appelé le service de presse. Nous visions haut : une interview avec le patron, Michel-Édouard Leclerc. Son « directeur de la communication » nous avait gentiment répondu que son agenda était « overbooké dans les semaines à venir », que les chaussures Fionna Galli étaient juste distribuées chez Leclerc et le distributeur ne pouvait être tenu pour responsable de tous ses sous-traitants. J'avais un peu insisté, évoqué les engagements multiples de Michel-Édouard Leclerc en faveur de la transparence, les chartes éthiques, sur le site Internet, j'avais bien lu qu'ils avaient demandé à leurs cinq cents fournisseurs de s'engager eux aussi. Est-ce que tout cela était du bluff ? Le directeur de la communication avait eu l'honnêteté de reconnaître que la réalité économique des délocalisations en Asie ne permettait pas de contrôles très précis : « Dans un système de sous-traitants en cascade, il est très difficile de savoir exactement dans quelles conditions sont fabriqués les objets. Il faudrait que vous vous adressiez directement au fabricant puisqu'il est français...[1] »

Nous avons donc retrouvé l'entreprise qui faisait fabriquer les chaussures : ASCO, une PME bretonne, située à Nantes. Dans une région où l'industrie de la chaussure était florissante autrefois. C'était avant les délocalisations massives vers l'Asie. Joint au téléphone, Gérard Rohel, le dirigeant, avait joué la surprise.

« Au Cambodge, vous dites ? C'est pas possible, on n'a jamais travaillé au Cambodge.

— Attendez, c'est des syndicalistes cambodgiens qui nous ont sorti les étiquettes et il y avait votre marque dessus...

— Des quoi ? Des syndicalistes cambodgiens ? (Il avait laissé échapper un rire incrédule...) Ah ben, c'est ma parole contre celle d'un syndicaliste... cambodgien.

— Pourquoi ça vous fait rire ? Elle vaut moins que la vôtre, sa parole ? Je vois pas ce que vous voulez dire...

— Vous voyez pas ce que je veux dire ! ? »

Les négociations avaient été longues et âpres. Au bout d'un mois, il avait accepté de me recevoir. Son entreprise se trouvait sur une zone industrielle de la banlieue de Nantes. Des bureaux discrets, sans plaque, presque cachés. Il avait très peu de personnel, à peine deux commerciaux, trois secrétaires. Sur le parking, étaient garées quelques berlines allemandes de l'année, un 4 × 4 scintillant. On oublie souvent de le dire, les délocalisations, ce n'est pas seulement des ouvriers français qui se retrouvent soudain livrés au chômage et aux contrats d'intérim incertains, au surendettement et à l'alcoolisme. Les délocalisations fabriquent aussi du bonheur pour certains. Un peu d'opulence même.

Gérard Rohel portait beau : la cinquantaine pétulante, bronzé l'hiver, habillé jeune, du gel sur les cheveux, des chaînes en or.

Après mûre réflexion et en ayant regardé dans ses papiers, il

---

1. Entretien téléphonique avec l'auteur.

reconnaissait désormais avoir bel et bien fait fabriquer dans cette usine de Sihanoukville. Il s'était construit une autre ligne de défense : « C'est vrai, je les connais. Mais j'ai arrêté depuis un an avec eux... »

Il s'était fait faxer un courrier de la direction de l'usine où le patron taiwanais affirmait ne pas faire travailler de jeunes filles de moins de dix-huit ans. « Vous voyez, c'est écrit là..., triomphait-il en brandissant le courrier.

— Vous permettez que je vous montre les images que j'ai tournées à la sortie de l'usine ? »

J'avais apporté une cassette vidéo. Je la glissai dans le magnétoscope. « Regardez leurs visages... C'est des gosses. »

Il scruta intensément la séquence où les fillettes exhibaient leurs bras rongés par la colle au cyanure... Au bout d'un long silence, il lâcha : « Oh ça sent pas bon, ces images... Ça m'étonnerait pas que ça soit une manipulation... »

Avec le service de communication de la firme Gap, nous eûmes affaire à des professionnels aguerris à ce genre de situation. Sympathiques, cordiaux, répondant immédiatement aux mails en commençant par le prénom, « Dear Paul ». Au moindre message téléphonique, ils rappelaient dans les minutes qui suivaient. Ils m'écoutaient avec une intensité inhabituelle, posaient une rafale de questions. Notre dialogue allait s'étaler sur un mois et demi. En fait, je compris assez vite que je me trouvais face à des joueurs d'échecs. Ils accumulaient de l'information. Ne portaient aucun jugement sur l'utilisation de la caméra cachée, courante dans les émissions d'investigation anglo-saxonnes.

Sans trop me méfier, je leur avais dévoilé ce que j'avais découvert chez leur sous-traitant Flying Dragon : travail forcé, répression des syndicalistes, conditions de travail inhumaines. Le chargé de communication posait des questions très précises. Trop peut-être. Il voulait connaître les dates, le type de produit. Au dernier moment, juste avant l'interview, ils m'envoyèrent un mail avec une version qui tirait habilement profit de toutes les informations qu'ils m'avaient soutirées. Ils reconnurent avoir effectivement constaté de multiples infractions à leur code de bonne conduite chez ce fabricant avant même mon reportage et qu'ils avaient donc décidé de rompre les ponts avec celui-ci. À la date où j'avais tourné mon film, affirmaient-ils, ils avaient en fait déjà cessé leur collaboration avec le sous-traitant Flying Dragon ; les produits que j'avais découverts n'étaient en réalité qu'une « queue de commande » ou des vêtements avec défaut que le sous-traitant s'était illégalement appropriés. Par conséquent, ils ne se sentaient absolument pas liés par le non-respect flagrant de leur code de bonne conduite. Ils ne comprenaient pas pourquoi ils auraient à expliquer tout cela devant une caméra. Ni même à voir leur marque citée dans cette enquête. Point final.

Quant à l'usine qui travaillait pour Puma, elle était contrôlée par des Chinois de Hong Kong. Habitués au secret, ils refusaient de confirmer qu'ils travaillaient bien pour Puma. Irrité par une telle opacité, je leur demandai s'ils trafiquaient des stupéfiants ou bien des shorts pour faire du jogging... Je ne comprenais pas pourquoi mes quelques questions prenaient l'allure d'un interrogatoire policier. Au siège de Puma, on accepta de me rencontrer. Nous nous rendîmes à Nuremberg, en Allemagne. Devant les images de séquestration des ouvrières, le chargé de communication, Reiner Hengstmann, accablé, s'engagea à mener une enquête chez son sous-traitant. Pour les salaires misérables payés au Cambodge, il eut une phrase sibylline : « C'est la règle du jeu... »

Supprimer la source

Il n'y aurait jamais eu d'enquête journalistique sur l'industrie textile au Cambodge sans l'aide du syndicaliste Chea Vichea. Je gardais de lui une dernière image alors que nous nous apprêtions à partir pour l'aéroport. Il était venu nous dire au revoir à l'hôtel. Pas très fort pour les épanchements, son regard évitait le nôtre alors qu'il nous serrait la main, visiblement ému de nous quitter : « J'espère que vous reviendrez ici, un jour, faire à nouveau un reportage sur les ouvrières du textile... »

Moi aussi, j'avais la gorge un peu nouée. Nous venions de passer deux semaines ensemble, tendus vers un seul objectif : montrer ce que les hauts murs des usines recelaient. Nous avions ri à chacune de nos victoires, partagé des repas, élaboré des plans compliqués pour contourner les obstacles. Quelque chose qui ressemblait à une amitié avait surgi entre nous. J'étais bluffé par son courage. Ce jour-là, nous voyions Vichea pour la dernière fois.

Cyril Payen, le journaliste français basé à Bangkok qui nous avait mis en contact avec lui, nous avait alertés : attention, les industriels du textile qui bossent au Cambodge ne sont pas des rigolos, c'est un pays où on risque sa peau dans ce genre de business.

Nous ne l'avions pas vraiment pris au sérieux. Nous pensions qu'il exagérait.

Nous avions tort.

Dans les mois qui suivirent notre départ, Vichea était devenu consultant pour le Bureau international du travail. Cette organisation dépendante des Nations unies venait d'ouvrir une antenne à Phnom Penh. Sa mission : vérifier si les droits fondamentaux des travailleurs étaient respectés dans l'industrie textile. Une tâche bien difficile pour quelques bureaucrates occidentaux dont les moindres déplacements étaient connus et repérés. Là encore, la présence de Vichea fut déterminante. Elle permit de mettre en lumière les pratiques les plus choquantes. L'enjeu de la mission du BIT était énorme pour les industriels du textile. Selon leurs conclusions, le Cambodge se verrait renouveler ou pas les conditions d'un accord commercial privilégié avec les États-Unis. Des millions de dollars à la clé. Du fait de ces pressions, l'industrie textile du Cambodge s'engagea à devenir un modèle de respect des droits de l'homme et de production éthique. Cela signifiait faire le ménage parmi ses sous-traitants les moins fréquentables. Ou du moins en donner l'impression. Peut-être est-ce alors que Vichea est vraiment devenu gênant.

À partir d'août 2003, les menaces de mort ont été de plus en plus fréquentes. Elles arrivaient par SMS sur son téléphone portable. Vichea porta plainte auprès de la police. Après une enquête rapide, des policiers identifièrent l'origine du message. Ils lui révélèrent qu'il s'agissait d'une « personne très puissante au sein du pouvoir exécutif[1] ». Nous ne pouvons rien faire pour toi, lui auraient-ils dit, tu ferais mieux de quitter le pays. Vichea refusa l'exil. Pendant deux mois, il disparut de la circulation. Se cacha chez des amis. Puis, pensant sans doute que le danger s'était éloigné, il reprit ses activités syndicales.

Le 22 janvier 2004, alors qu'il lisait un journal dans la rue, deux hommes à moto se sont arrêtés à sa hauteur. En plein jour, à visage découvert et devant de nombreux témoins, ils lui ont

---

1. « Deux syndicalistes abattus en pleine rue », Amnesty International, 9 novembre 2004.

posément tiré trois balles dans la poitrine. Vichea s'est écroulé. Mort. Son enterrement jeta dans les rues de Phnom Penh des dizaines de milliers de travailleurs du textile.

Quatre mois plus tard, en mai 2004, son successeur, Ros Sovannareth, était à son tour abattu en pleine rue. Ironie triste de l'histoire, au même moment, la firme américaine Gap rendait publique une étude. Des inspecteurs Gap venaient de mener une énorme enquête mondiale chez leurs sous-traitants. Trois mille usines dans cinquante pays. Respectaient-elles les fameux codes de bonne conduite ? Les conclusions étaient d'une lucidité désarmante : « Très peu d'usines, voire aucune, ne respectent totalement ces codes en permanence. »

À la suite de l'étude, Gap affirme avoir révoqué 136 contrats avec des sous-traitants pris en flagrant délit de sérieuses violations. Le rapport, intitulé The Social Responsability Report, *révèle aussi que 90 % des entreprises qui souhaitent fabriquer pour Gap ne remplissent pas le minimum de critères. Les enquêteurs de Gap ont découvert du travail d'enfants, des syndicalistes harcelés, du travail forcé et des coups portés aux ouvriers par les agents de maîtrise.*

La direction de GAP ne le nie pas, cette enquête a été lancée à la suite des reportages portant sur les conditions de travail chez leurs sous-traitants au Cambodge[1]. Reportages que Chea Vichea avait rendus possibles.

Une question me hantera pour toujours : sans nous, Vichea aurait-il été tué ?

Il laisse une femme et deux enfants qui sont venus se réfugier en Europe. À ce jour, ses assassins n'ont toujours pas été arrêtés. Et il n'y a plus jamais eu d'enquête journalistique indépendante sur les sous-traitants du textile au Cambodge.

---

1. *The Independent*, 13 mai 2004.

4

Histoire : trous de mémoire et réécriture

« L'histoire c'est le pouvoir... Selon que vous ayez eu tort ou raison dans le passé, vous rendez du pouvoir ou vous en gagnez dans le présent.»

Leslie GELB, présidente émérite
du Council on Foreign Relations

Timor-Oriental : génocide classé sans suite

Entre 1975 et 1999, l'armée d'occupation indonésienne a massacré un tiers de la population civile de Timor-Oriental. Les puissances occidentales qui soutenaient l'Indonésie ont sciemment organisé le déni de tueries génocidaires au moment même où elles avaient lieu. Était-ce possible au siècle de la communication et du « village planétaire » ? La réponse est oui.

Pour moi, ça a commencé en 1996 par des photos en noir et blanc, floues et écornées, tendues une à une par une poignée de militants effacés. Il y avait un chercheur en mathématiques, Bruno Kahn. Un ancien réfugié politique portugais, Carlos Semedo. Un menuisier. Et un chauffeur de taxi. Ils avaient recueilli une quantité étonnante de preuves. Des images mais aussi les déclarations d'un prêtre, publiées par le *New York Times* en 1977. Il était resté sur place, il avait vu les villages vitrifiés aux bombes incendiaires. Lorsque l'armée indonésienne qui occupait Timor-Oriental rencontrait un seul acte de résistance, elle anéantissait les civils de toute la zone. Dans les villes, les fonctionnaires et commerçants timorais assassinés étaient remplacés systématiquement par des Indonésiens. Comme si un plan se réalisait.

Ils avaient fait le tour des rédactions parisiennes à la recherche d'une oreille attentive chez un journaliste. Sans succès. Voûtés par les refus, la condescendance, parfois le mépris, ils avaient comme incorporé le sentiment de toujours déranger. Avec une forme d'entêtement qui forçait l'admiration, ils ne renonçaient jamais.

En 1942 aussi, quand les premiers témoins avaient alerté sur la machine d'extermination des camps nazis, personne ne voulait les entendre. Comment ne pas y penser au vu des images qu'ils me passaient : des barbelés, des baraquements en bois, des gosses, squelettes vivants qui scrutaient l'objectif avec dans le visage cette étrange beauté universelle des métis. Des scènes de tortures insupportables. Des garçons torse nu, étranglés lentement avec du fil de fer. Dans leurs yeux écarquillés, on lisait l'effroi de la mort qui s'approche. Autour d'eux, leurs tortionnaires, des soldats rigolards...

Ces clichés, dérobés, avaient été pris par les bourreaux. Les guerres suppurent toujours ces étranges photos souvenirs. Comme si les hommes, lorsqu'ils se laissent glisser dans l'abomination, tentaient d'amoindrir ainsi la violence de leurs actes. En les rendant triviaux, presque bénins.

Des cadavres avec un pieu enfoncé dans la bouche.

Des filles nues aux corps lacérés par des baïonnettes...

Bien sûr, vaguement, j'avais entendu parler de l'invasion et des massacres à Timor. Pour une raison que je n'arrivais pas à saisir, ils me semblaient sans importance. Comme une fatalité. Dans un magazine où je travaillais au début des années 1990, un confrère en invoquant les tueries commises par les Indonésiens avait proféré avec un haussement d'épaules résigné : « C'est pas nouveau, l'expansionnisme de l'Empire javanais... » Java, l'île principale de l'archipel indonésien, avait toujours fait la peau de ses petits voisins. Une sorte de destin historique qu'il fallait bien accepter. Dans nos têtes de journalistes, ce génocide-là n'était pas vraiment grave. Fait rarissime, on le justifiait du point de vue du vainqueur. On l'excusait presque.

L'horreur de ces photos et l'émouvante solitude des combattants qui les extirpaient une à une d'une grande chemise cartonnée me firent l'effet d'une paire de gifles. Aujourd'hui encore, dix ans après, je me souviens de chaque détail. Je me souviens de ma honte aussi. Comment, nous, prêts à monter sur de virtuelles barricades pour bien moins que ça, avions-nous pu laisser notre humanité s'assoupir ainsi ? Accepter... Refouler... Est-ce qu'on nous avait un peu aidés ? Pourquoi nous étions-nous laissé faire ? Qu'est-ce que notre silence avait protégé, à notre corps défendant ?

L'histoire dans toute son injustice était pourtant connue. En 1975, l'Indonésie envahit la moitié est de l'île de Timor, une ancienne colonie portugaise. L'Indonésie est alors dirigée par un dictateur : Suharto. Dans la région, il est le meilleur allié des Occidentaux. Il annexe Timor par la force. La population sort à peine de la domination des Européens. Les Timorais avaient combattu les Portugais. Ils avaient aussi subi de lourdes pertes en menant la guerre contre les Japonais en 1942. Ils vont résister aux Indonésiens. Tragique courage. En vingt-cinq ans, la nouvelle puissance coloniale va massacrer un tiers des habitants de l'île. Entre 250 000 et 300 000 personnes. Des hommes, des femmes, des enfants. Par le meurtre, la torture ou la faim. Un massacre comparable en proportion à celui des juifs dans les années 1940 ou des Cambodgiens par les Khmers rouges.

« Dans les rédactions, ils nous expédient, m'expliquait Carlos Semedo, un militant pro-Timor. C'est trop loin et trop dangereux... C'était sans doute vrai jusqu'en 1989... Depuis, il est possible de se faufiler avec un visa de touriste. Et puis, il y a des images, ramenées par des journalistes anglo-saxons. Aucune télé française n'a voulu les diffuser. Il y a même des événements en France que vous pouvez couvrir. Chaque fois que la Banque mondiale se réunit à Paris, dans le VIIᵉ arrondissement, pour distribuer des subventions aux Indonésiens, nous manifestons pour que cet argent soit soumis au respect des droits de l'homme à Timor-Oriental... Personne ne vient. Jamais une caméra... »

L'Histoire ne manque pas de massacres oubliés. Les 5 à 15 millions d'Africains tués lors de la « privatisation » du Congo par Léopold, roi des Belges, entre 1885 et 1905. Les 300 000 Chinois assassinés à Nankin par les troupes japonaises en 1937. Les 89 000 morts de la « pacification française » à Madagascar en 1947... Mais l'histoire de Timor-Oriental a ceci de fascinant qu'elle s'étale dans le temps jusqu'à l'aube de l'an 2000. Elle dévoile qu'il est possible d'appliquer un processus de négation d'un génocide en plein milieu du siècle de l'image et des médias. « Une fois, un journaliste nous a expliqué ce qu'était la loi du mort-kilomètre, raconte Bruno Kahn. On l'écoutait sagement nous dire que plus on s'éloignait de la France et plus il fallait de morts pour concerner les gens. Nous ne connaissions pas les règles en usage dans la presse et il avait l'air tellement sûr de lui que, oui, ça nous semblait logique. Presque acceptable. C'est en ressortant qu'on s'est dit : mais pourquoi, à la même époque, au moment où les massacres frappaient le plus durement Timor-Oriental, parlait-on tous les soirs au journal télévisé des boat people vietnamiens ? Pourquoi, à quelques kilomètres de distance, un exode, infiniment moins meurtrier, méritait-il une telle attention et des massacres de masse un tel silence ? La loi du mort-kilomètre ne collait pas... C'était quoi alors ? »

Chercher à dénouer cette énigme, c'est découvrir une réalité dérangeante : cet étouffement était le fruit d'une stratégie déterminée, réfléchie, consciente et, même, pour la première fois de l'Histoire – me semble-t-il... –, assumée publiquement. Nous n'entendions pas parler du génocide contre les populations civiles de Timor, parce que les « grandes démocraties occidentales » en avaient décidé ainsi. Au siège des Nations unies, le représentant américain, Daniel Patrick Moynihan, avait sciemment étouffé toute initiative pour venir en aide aux populations civiles de Timor-Oriental. Il l'écrira dans ses Mémoires sur le ton onctueux des diplomates aguerris : « Les États-Unis voulaient que les choses tournent ainsi et ils ont œuvré dans ce sens. Le Département d'État désirait que les Nations unies se révèlent outrageusement inefficaces quelles que soient les mesures qu'elles puissent prendre. Cette tâche m'incombait et je dois dire que j'en m'en suis acquitté avec un certain succès[1]. »

---

1. Daniel P. Moynihan, *A Dangerous Place*, Atlantic, Little Brown, 1980.

Comment nommer un négationnisme quand il n'est pas mené par une poignée d'allumés fétides mais par des États souverains et démocratiques ? Par les plus grandes sommités diplomatiques : Henry Kissinger, les présidents Ford, puis Carter, Reagan, Thatcher... Alors qu'ils s'insurgeaient contre l'occupation soviétique de l'Afghanistan, ils vendaient des armes aux génocidaires indonésiens. Les Français aussi fournissaient l'armée indonésienne, 405 blindés AMX 13 (en 1977 et 1979), 11 hélicoptères Super Puma (en 1983), six avions Transall pour les transports de troupes (en 1979 et 1984)[1].

Pourquoi s'être sali les mains à ce point ? Parce que Suharto, le président indonésien, était le plus fidèle, le plus soumis, le plus obéissant et le plus rentable des vassaux occidentaux dans le Sud-Est asiatique. « Je me souviens d'un rendez-vous avec un fonctionnaire du ministère des Finances, raconte Carlos Semedo. Nous voulions que la France fasse pression sur l'Indonésie à la Banque mondiale. Il était très sympathique, un type de gauche... Il nous disait : "Je suis d'accord à cent pour cent avec vous, en tant que citoyen je serais même prêt à aller manifester à vos côtés, mais je dois défendre les intérêts de la France en Indonésie, c'est un pays majeur..." J'ai toujours eu le sentiment que les journaux s'alignaient sur cette position politique. »

Il est risqué pour un journal de critiquer trop ouvertement l'Indonésie. Le 7 décembre 1985, pour le dixième anniversaire de l'invasion, *Le Monde* évoque la tragédie de Timor-Oriental. Du fait de cet article, son correspondant, Gilles Bertin, sera expulsé d'Indonésie. « Nous avons senti assez vite que les grands journaux ne pouvaient pas se permettre de ne pas être présents dans ce pays, explique Bruno Kahn. En France, le socialiste Claude Cheysson, qui fut ministre des Affaires étrangères, était aussi président d'une association d'amitié franco-indonésienne après avoir été ambassadeur en Indonésie. Le parfum général

---

1. Source : Centre de documentation et de recherche sur la paix et les conflits, octobre 1991.

c'était que l'Indonésie avait inévitablement cassé des œufs mais qu'elle avait contribué à développer Timor et tout l'archipel indonésien. D'une certaine manière, nous avions l'impression que le pouvoir politique avait réussi à communiquer cette résignation aux journalistes. Ce qui n'était pas du tout le cas en Grande-Bretagne ou aux États-Unis. »

Ce sont des journalistes anglo-saxons qui vont parvenir à sortir le génocide des ténèbres. En 1991, un cameraman anglais, Max Stahl, est à Dili, capitale de Timor-Oriental, avec deux journalistes de la gauche américaine : Alan Nairn de *The Nation* et Amy Goodman, de Pacific Radio. Le 12 novembre, ils sont témoins d'événements qui auraient pu leur coûter la vie et qui ont changé le cours de l'Histoire. Ce jour-là, les Timorais enterrent un étudiant tué par les soldats indonésiens quelques jours auparavant. Il y a des femmes en robe claire, les cheveux nattés, des enfants en chemisette, des bonnes sœurs, plusieurs centaines de personnes au regard inquiet. Quelques banderoles surgissent au milieu des chants religieux. « Liberté », « Indépendance ». Soudain, l'armée et la police pénètrent dans le cimetière, fusils d'assaut au poing. Ils tirent sur les civils désarmés. Posément. Les corps tombent. Panique. Cris des enfants. Petits ruisseaux de sang sur le sol.

Calé contre une tombe, Max Stahl filme. Un homme criblé par une rafale s'écroule devant son objectif. La caméra saisit son dernier souffle. Alors que d'autres auraient cédé à la panique et rangé leur caméra, avec une détermination étrange, Stahl tourne et tourne encore. Ce jour-là, 271 personnes, hommes, femmes et enfants, tous désarmés, vont être assassinés par les soldats. Les images sont d'une violence qui vous hante pour toujours. Les Indonésiens finissent par repérer le cameraman. Stahl sait qu'il faut sauver les images à tout prix. Il extirpe la cassette et la dissimule dans la terre fraîche d'une tombe. Il apprend le nom par cœur. Arrêté et interrogé brutalement pendant près de neuf heures, Stahl tient le coup. Alan Nairn est frappé sur la tête à coups de crosse. Fracture du crâne. Il ne doit la vie sauve qu'à son passeport américain. Ils sont tous expulsés. Pendant ce temps, la répression contre les manifestants du cimetière prend des proportions monstrueuses. Les Indonésiens se rendent dans les hôpitaux et emmènent des blessés. 270 personnes disparaissent sans laisser de traces. Stahl réussira à passer le nom de la tombe à la résistance timoraise qui récupère la cassette. Plusieurs semaines après, elle arrive en Occident.

En Angleterre et aux États-Unis, les images créent un choc. À partir de leur diffusion, Timor-Oriental va devenir l'un des combats majeurs des campus universitaires américains et anglais. Alan Nairn est entendu par une commission du Sénat américain. Plusieurs parlementaires se mobilisent pour le territoire. Des démocrates mais aussi des républicains, outrés par les récits qu'ils entendent. En 1992, c'est la fin des accords de coopération militaire entre les États-Unis et l'Indonésie. Et le mouvement ne va cesser de s'accélérer. En janvier 1996, quatre femmes, membres d'un groupe pacifiste britannique, Ploughshare, vont pénétrer en pleine nuit dans une usine de British Aerospace et détruire un chasseur Hawk. L'avion faisait partie d'une commande de 24 aéronefs de combat qui devaient être livrés aux Indonésiens. Le chasseur Hawk est particulièrement réputé pour ses capacités à détruire la résistance au sol. Après avoir causé pour deux millions d'euros de dégâts à coups de marteau, les pacifistes vont attendre sagement que la police les arrête. Elles passeront six mois en prison préventive mais lors de leur procès à Liverpool, elles appellent à la barre un résistant de Timor, José Ramos-Horta, futur prix Nobel de la paix. Celui-ci vient raconter à des juges médusés l'utilisation des aéronefs de combat occidentaux dans la destruction des populations civiles. Les magistrats sont fortement impressionnés. Non seulement ils vont libérer les activistes mais aussi les acquitter au nom d'une antique loi du code pénal britannique qui tolère un délit si celui-ci vient à empêcher un crime plus grand encore.

En novembre 1996, éclate la « crise des ambassades ». Des dizaines de Timorais désespérés ont quitté leur île et se sont rendus dans la capitale indonésienne, Djakarta. Ils ont escaladé les grilles de plusieurs représentations diplomatiques occidentales pour demander l'asile politique. Les Allemands les ont expulsés et remis à l'armée indonésienne. Ils sont passés à tabac puis emmenés vers un avenir incertain dans des camions bâchés. Trois d'entre eux ont réussi à pénétrer dans les jardins de l'ambassade de France. Quelques journalistes, prévenus, ont pu tourner des images. Une fois les caméras parties, les services de sécurité de l'ambassade de France avaient violemment jeté à la rue les réfugiés timorais. Qu'étaient-ils devenus ? La France allait-elle se rendre complice d'une disparition ? J'étais parti à Djakarta avec un cameraman et un visa de touriste. Question subsidiaire : j'allais aussi chercher à comprendre ce qui avait valu tant de mansuétude aux Indonésiens pendant tant d'années.

L'autoroute qui mène de l'aéroport international au centre de Djakarta est juchée sur des hauts pylônes de béton. Comme si on voulait éviter aux visiteurs une trop grande proximité avec le lac d'usines et de bidonvilles qui s'étendent à nos pieds. Djakarta est une mégapole puante et embouteillée. Les avenues géantes du centre-ville, enjambées par des passerelles pour piétons tous les cinq cents mètres, sont bordées de gratte-ciel de verre et métal. En levant le nez, je reconnais des logos familiers : Exxon, Crédit Lyonnais, Shell... Tout le monde est là. La ville, où toute flânerie semblerait incongrue, est dédiée au business. Dans les grands hôtels, des hommes d'affaires habillés dans les mêmes costumes qu'à Londres, Paris ou New York évoluent gracieusement dans une bulle d'air rafraîchi, transportés d'un bâtiment à l'autre dans des limousines réfrigérées. Ici les syndicats sont une fiction, les salaires misérables, la corruption endémique. L'Indonésie, c'est un énorme retour sur investissement pour peu qu'on sache graisser la patte du dictateur et de sa famille. En 1996, pour les financiers, l'Indonésie est un banquet permanent. Si le pays est offert et stable, c'est grâce à Suharto, son président à vie.

Qui est Suharto ? Qu'a-t-il fait pour l'Indonésie ?

L'homme s'était emparé du pouvoir en 1967 en prétextant une menace communiste. Il avait renversé Sukarno, héros de la lutte contre les colonisateurs hollandais. Aux yeux des Occidentaux, Sukarno posait un problème majeur. Il voulait nationaliser les ressources naturelles du pays et refusait les prêts des groupes bancaires occidentaux. Sukarno comptait garder le contrôle du développement économique. Il n'était pas communiste mais composait avec le parti communiste le plus fort du Sud-Est asiatique. Sukarno fut l'un des initiateurs du mouvement des pays non alignés.

En 1966, le monde est en pleine guerre froide. Le Vietnam est soumis à la pression des troupes communistes du Nord à quelques heures d'avion. Les États-Unis avaient préféré ne pas prendre de risques inutiles. La CIA usine alors un coup d'État qui lui servira de modèle pour l'Amérique latine dans les années qui suivront. L'Indonésie est un laboratoire de la prise du pouvoir et du contrôle de l'information.

C'est Suharto qui dirige les opérations. En quelques semaines, il fait assassiner entre 500 000 et un million de civils. L'opinion publique internationale ignorera jusqu'à très tard l'étendue des massacres. En 1990, Kathy Kadane va révéler le degré de coopération de la CIA dans les tueries. Des listes de communistes et de syndicalistes ont été données aux militaires putschistes : « Au moins 5 000 noms ont été fournis à l'armée indonésienne, et les Américains en sont venus à rayer les noms de ceux qui avaient été capturés ou tués[1]. »

Un an plus tard, en novembre 1967, la terre des fosses communes est encore fraîche lorsqu'un groupe d'entreprises occidentales, réunies lors d'une table ronde à Genève, se partagent l'exploitation du pays. La Freeport Company prend les mines de cuivre de Papouasie-Nouvelle-Guinée. Alcoa prend la bauxite. Un consortium d'entreprises américaines, japonaises et françaises récolte l'exploitation des forêts et bois précieux. Libre de taxes et d'impôts pendant les cinq premières années.

Suharto met en place une kleptocratie familiale. Il répartit les grands secteurs industriels et commerciaux entre ses enfants et ses neveux. Pour accéder au business, les Occidentaux doivent

---

1. *Washington Post*, 21 mai 1990.

payer une commission au passage. Difficile de refuser quoi que ce soit à Suharto. En décembre 1975, le président Ford se rend à Djakarta en visite officielle. Il est accompagné de son conseiller Henry Kissinger qui est secrétaire d'État aux Affaires étrangères et aussi administrateur à la Freeport Company qui gère une mine géante dans une des îles contrôlées par Suharto.

Le dictateur veut les entretenir d'un projet : Timor-Oriental. Après la chute de la dictature au Portugal, l'ancienne puissance coloniale portugaise se retire. Mais les capitaines socialistes de Lisbonne remettent le pouvoir à d'autres marxistes qui les ont combattus pendant dix ans, les guérilleros du Fretilin. Ça fait beaucoup de rouges tout ça... De plus, les Timorais bénéficient, tout près de leurs eaux territoriales, dans la faille de Timor, d'un gisement de pétrole *off-shore* potentiellement rentable pour tout le monde.

Suharto veut envahir Timor mais il ne veut pas le faire sans l'autorisation du président américain et de Henry Kissinger. Pas de problème. Il a le feu vert. Le 7 décembre, l'avion des dirigeants américains vient à peine de quitter le tarmac de l'aéroport de Djakarta que les commandos parachutistes indonésiens passent à l'attaque à Dili, capitale de Timor-Oriental.

Il n'y a plus un seul journaliste sur l'île. Quelques semaines auparavant, lors d'une brève incursion, l'armée indonésienne avait massacré les derniers reporters présents sur place. Le 16 octobre 1975, cinq Australiens et Britanniques sont exécutés à Balibo. Le dernier reportage envoyé par l'un d'entre eux, Greg Shackleton de ABC, fait froid dans le dos. Il annonce que des commandos indonésiens s'apprêtent à franchir secrètement la frontière à quelques kilomètres d'où ils se trouvent. Qu'ils tuent des civils. Et qu'ici chacun se demande si la communauté internationale va se décider à intervenir. Le lendemain, les soldats indonésiens arrivaient dans leur zone et assassinaient les cinq journalistes. Certains sont horriblement mutilés. Officiellement, les Indonésiens dégagent leur responsabilité. Mais, en 2000, des documents déclassifiés révèlent que l'ambassade d'Australie connaissait les menaces qui pesaient sur ses conci-toyens et qu'elle a délibérement fermé les yeux[1].

Pour la presse internationale, le message est clair : Timor-Oriental est une *kill zone*. Alors que les parachutistes indoné-siens sautent sur Dili, la dernière voix qui atteint le monde est celle d'un radio amateur timorais paniqué, implorant de l'aide. Puis plus rien. Timor-Oriental devient un trou noir de la pla-nète. Dans le silence de cette nuit qui tombe en décembre 1975, 300 000 personnes vont mourir. Une partie des habitants sont déportés dans des camps de concentration où la nourriture est insuffisante. Ils meurent de faim. Une guérilla clochardisée sur-vit dans les montagnes sans représenter une gêne majeure pour l'armée indonésienne. À chaque opération, les représailles sont sanglantes. Des otages sont pris dans les villages et abattus. Le massacre va durer de 1975 à 1999. Pour de nombreux Timorais, le seul espoir de survie est l'exfiltration vers le Portugal. L'an-cienne puissance coloniale leur offre automatiquement le statut de réfugié. Voilà pourquoi, dans les années 1990, ils se jettent régulièrement dans les jardins des représentations diploma-tiques occidentales. Un canal de sortie est ensuite organisé avec la Croix-Rouge internationale. Ils quittent le pays en embar-quant dans ses avions au statut diplomatique.

Dans le secret de ma chambre d'hôtel, je rencontre un camera-man de Reuter. Il me montre quelques images de trois hommes qui ont pénétré dans l'enceinte de l'ambassade de France. On les voit euphoriques, bras tendus et signe de victoire.

« Je suis parti, dit le cameraman, et juste après les gardes les ont jetés dehors... »

Avant de quitter la France, j'avais rencontré un porte-parole du ministère des Affaires étrangères, Jacques Rummelhart.

« Je n'ai pas pris connaissance de ces images, me dit-il.

— En tout état de cause, au vu de ce qu'on sait sur ce qui s'est passé à Timor-Oriental, est-ce que vous ne croyez pas qu'expulser des Timorais est une faute ?

---

1. cnn.com/2002/WORLD/asiapcf/southeast/05/17/etimor.balibo/.

— Je dis que ce n'est pas arrivé...

— Vous ne croyez pas que les militants de Timor-Oriental sont en droit de demander l'asile politique ?

— Non, je ne crois pas, m'avait-il répondu. Vous savez, le droit d'asile est une chose sérieuse, qu'on ne doit pas brader... »

Pendant une semaine, j'avais cherché les trois militants. Ils avaient disparu sans laisser de traces. Croupissaient-ils dans une geôle ? Leurs corps pourrissaient-ils déjà dans une décharge ? Étaient-ils retournés à la clandestinité ? Impossible de le savoir. Les ambassades occidentales avaient trouvé une réponse appropriée à la détresse des réfugiés timorais. Partout, des ouvriers renforçaient leur « sécurité ». Des soudeurs ajoutaient deux mètres de barreaux et les couronnaient de Concertina, ce barbelé au nom d'instrument de musique tranchant comme un rasoir. Y compris à l'ambassade de France qui refuse de me recevoir, même « *off* »...

Liberté, égalité, déchiqueté...

J'ai pris contact avec d'autres membres de la résistance. Deux étudiants jésuites que je suis allé visiter dans leur séminaire. Ils ont pris garde à ce que notre première entrevue ait lieu dans une salle publique, aux yeux de tous. Ils m'ont présenté aux autres religieux comme un étudiant en religion de passage, ami de leur cousin immigré en Europe (grâce à Dieu, personne ne m'a entretenu de théologie...).

Et puis j'ai rencontré Firmino, un combattant. Il avait le regard voilé, un peu ivre, de ceux qui ont choisi la mort. Il disait revenir de la montagne. « J'ai tué deux soldats indonésiens au bord d'une rivière. Toute ma famille est morte. Je veux témoigner à visage découvert. »

J'ai refusé de faire son interview. J'ai passé beaucoup de temps à prendre des précautions à la place de certains de mes interlocuteurs animés du courage aveugle des peuples irréductibles. Nous avons multiplié les doubles taxis, les rendez-vous secondaires dans des bidonvilles aux venelles étroites où toute filature se révèle apparente. Nous avons pris bien garde à ce qu'aucun visage ne soit visible sur les rushes, dans aucune chute, au cas où l'on nous saisisse les cassettes.

Les journalistes occidentaux en poste à Djakarta vivaient ainsi en permanence sur la corde raide. Officiellement ils étaient libres de travailler. En réalité, ils craignaient l'expulsion. Un camera-man d'une agence de presse avait pu filmer des images d'une vio-lence extrême autour des ambassades. Certains indépendantistes avaient été attrapés par les militaires indonésiens avant de réussir à franchir les grilles. On voyait un soldat continuer à frapper un Timorais inconscient, étendu sur le sol, ensanglanté. À froid, le soldat frappait encore et encore le corps qui rebondissait. Ces images, le cameraman n'avait jamais pu les diffuser. « Je ne peux pas me permettre de mettre en danger notre antenne à Djakarta. » Bien sûr, il souhaitait que le film soit vu. La cassette a alors suivi un chemin tortueux. Elle s'est retrouvée « par hasard » dans le bureau d'une ONG qui m'a donné rendez-vous. Le responsable a posé doucement la cassette sur la table et dans un sourire il a dit : « Maintenant, je vais quitter cette pièce pour aller aux toilettes. Je ne vais pas revenir avant quatre ou cinq minutes... »

J'ai glissé la cassette dans mon sac.

J'ai quitté Djakarta avec le sentiment de laisser derrière moi des gens en état de grand danger. Un jour, mon téléphone avait sonné. À l'autre bout du fil, l'étudiant jésuite chuchotait comme s'il craignait d'être entendu : « Monsieur, excusez-moi de vous déranger, hier l'armée indonésienne a tué 45 personnes dans un village et ils continuent leurs opérations dans la région, les gens ont peur. Peut-être demain, il y aura des centaines de morts... Est-ce que vous pourriez le faire savoir, s'il vous plaît ? »

Je ne souhaite à personne d'avoir un jour à expliquer à un homme traqué qu'on ne peut pas l'aider, parce qu'on ne tra-vaille pas pour un journal télévisé, parce qu'ici ils n'ont pas d'images alors c'est compliqué d'en parler, ça ne tient pas dans les sommaires...

L'étudiant jésuite avait entendu mes arguments, marqué un silence et puis il avait dit : « Je comprends, bien sûr, je comprends. Merci d'avoir bien voulu me parler quand même. Excusez-moi de vous avoir dérangé... »

J'avais raccroché la colère au ventre. Peut-être parce que je n'avais pas eu le courage de dire la vérité : ici, en France, tout le monde se fiche de votre sort. Vous n'êtes pas une cause médiatique. Vus de Paris, Londres ou New York, vous êtes juste des non-humains...

Mais même l'injustice peut se fatiguer. Quelques jours à peine après ce coup de téléphone, en décembre 1996, l'Histoire bascule. Sans doute stupéfié par l'aveuglement et la paralysie du monde, le jury du Nobel attribue le plus prestigieux des prix planétaires à deux résistants de Timor-Oriental : l'évêque Belo et José Ramos-Horta. J'ai lu dans cette nomination comme une chance que les sages de Stockholm offraient aux médias de se rattraper, de parler de cette tentative d'extermination collective qu'ils avaient ignorée de manière aussi têtue. Le soir même, bien campé devant ma télé, j'attends les journaux télévisés. Il y a tout pour raconter l'histoire, des images, de la métaphore et du romanesque : les archives vidéo du cimetière de Santa Cruz, un grand résistant emprisonné : Xanana Gusmão, le Mandela du Sud-Est asiatique. Il n'y aura rien. Rien du tout. Juste une formule : « Cette année, le prix Nobel est allé à deux inconnus. » Seul France 3 évoquera l'histoire de Timor-Oriental.

Un an plus tard, en 1998, c'est la fin de Suharto à la tête de l'Indonésie. Le krach économique asiatique balaye un système corrompu. Les Indonésiens se jettent dans la rue pour exiger le départ du président à vie et l'avènement de la démocratie. Le Fonds monétaire international lâche aussi Suharto et conditionne soudain ses subventions à des réformes qui rendent plus transparente l'économie du pays.

Les businessmen qui représentent les intérêts français à Djakarta sont soudain saisis par la peur. Suharto était-il un bon investissement après tout ? En 1998, un journaliste français, David André en avait rencontré certains.

Félix Gallego, Peugeot : « On focalise sur les droits de l'homme, machin... Est-ce qu'on doit mettre un coup de poing ou un coup de matraque ? C'est à voir. »

Bernard Lafrogne, Suez-Lyonnaise des eaux : « C'est pas Suharto qui compte en tant que personne. Mais la stabilité qu'il a générée jusqu'à maintenant doit perdurer et il ne faut pas que le changement se fasse dans la brutalité... »

Dans le vacarme d'une boîte de nuit, un investisseur enregistré à son insu lui avait livré la réalité en des termes encore plus nets : « Personne ne s'est dit qu'être copain avec Suharto ou sa famille, c'était mauvais. Au contraire, tout le monde s'est enfilé dans le système, les connexions, les enveloppes, tout marche comme ça ici. L'argent était facile, tu rémunérais tout le fric que tu ramenais à 20 %. C'est pas la caisse d'épargne à 4,5 %[1]. »

Suharto lâche le pouvoir. Il est remplacé par un des ses ministres, Yusuf Habibie. Un moderniste. Celui-ci sait que la démocratie est inévitable et que l'occupation de Timor-Oriental doit cesser. Contre l'avis des militaires, il annonce un référendum pour août 1999. À Timor, les milices anti-indépendantistes organisées par l'armée indonésienne commencent à répandre la terreur : en cas de victoire de l'indépendance ce sera l'apocalypse, préviennent-elles. Face à elles, il n'y a qu'une mission civile des Nations unies. Le référendum aura tout de même lieu. Cehlia de Laverne, représentante de l'ONU, n'est pas près d'oublier ce jour du 30 août 1999 : « Une marée humaine, les hommes, les femmes, les vieillards, les bébés, ils étaient tous là, habillés comme pour aller à l'église, les yeux étincelants, des grappes humaines accrochées aux grilles de l'école où je devais les aider à voter. C'était hallucinant. Ils étaient tellement nombreux que l'on avait peur pour les plus vulnérables. Ils étaient pressés de voter, ils étaient sûrs qu'en sortant de l'école ils allaient être tués. Ils n'avaient pas peur de se faire tuer mais ils avaient très peur de se faire tuer avant d'avoir voté... Je n'ai jamais vu un enthousiasme pareil[2]. »

Ils seront près de 80 % à s'exprimer en faveur de la liberté et de l'indépendance. Dès l'annonce du résultat, les milices vont tenir leurs promesses et mettre l'île à feu et à sang. Mais cette fois, la donne a changé. Timor-Oriental occupe enfin la une des

---

1. « Le Vrai Journal », Canal+, 15 mars 1998.
2. *Le Monde*, 31 octobre 1999.

journaux. Les troubles de septembre sont comme une immense session de rattrapage pour une presse qui avait fait silence pendant tout le génocide. À Paris, Bernard-Henri Lévy et André Glucksmann font partie de ceux qui se réveillent soudain. En octobre 1999, ils pestent contre l'ONU qui a organisé des élections sans protéger la population. Depuis Timor-Oriental où il doit faire face à une situation extrêmement tendue, Sergio Vieira de Mello, le courageux délégué de l'ONU (il sera tué dans un attentat à Bagdad en 2004), s'emporte contre ces « intellectuels cabotins » qui n'avaient jusqu'alors jamais élevé la voix pour Timor-Oriental[1]. « Leur terrain d'excellence : le cabotinage médiatique, alimenté par les crises du moment et agrémenté de sévère indignation, de foudres mélodramatiques et de jugements définitifs, depuis le confort de leur environnement parisien. Curieux, ce sens de la justice qui ne se manifeste qu'au sujet de l'actualité porteuse, des tragédies qui font la une... »

Dans les années qui suivent, Timor-Oriental va devenir un squelette dans le placard pour les Occidentaux. Certains responsables savent que le dossier contient de quoi envoyer quelques figures éminentes devant un tribunal international pour complicité de crimes contre l'humanité. Il faut surtout continuer à ne pas en parler. Lors des dernières élections présidentielles aux États-Unis, les deux partis, démocrate et républicain, vont passer un *gentleman agreement* qu'on peut ainsi résumer : nous avons tous deux soutenu les génocidaires indonésiens, essayons maintenant de nous tenir les coudes pour ne pas payer les pots cassés.

En mai 2000, quelques mois avant l'élection qui devait départager Bush de Gore, cet argument sera clairement verbalisé, lors d'une conférence dans une université italienne, à Bologne, par Richard Holbrooke, le monsieur Affaires étrangères des démocrates. Il rend hommage à Paul Wolfowitz, son homologue républicain (Wolfowitz est un néoconservateur qui a poussé à envahir l'Irak en 2003, au nom des droits de l'homme et de la démocratie).

---

1. *Le Monde*, 17-18 octobre 1999.

Ainsi parle Holbrooke : « Paul [Wolfowitz] et moi avons été fréquemment en contact pour garantir que nous n'aborderions pas Timor-Oriental lors de la campagne présidentielle, ce ne serait pas bon pour les intérêts américains et indonésiens[1]. »

Henry Kissinger, ancien secrétaire du Département d'État, est sans doute l'un des responsables les plus directs du soutien américain aux génocidaires. L'un des pires moments de sa vie tiendra sûrement dans une rencontre imprévue avec des militants des droits de l'homme et des journalistes qui revenaient de Timor-Oriental. La scène se déroule le 11 juillet 1995, à l'hôtel Park Central, de New York. Kissinger vient faire la promotion du nouveau tome de ses Mémoires, *Diplomacy*. C'est un salon de grand hôtel, avec de la moquette du sol au plafond, des rideaux et une estrade avec pupitre et micro. Le parterre semble acquis, rien que des fans venus faire dédicacer leur livre. À priori, du velours. L'ancien secrétaire d'État s'est installé. Dès que le micro tourne dans l'assistance, Constancio Pinto, un réfugié timorais, s'en empare. Poliment, il demande :

« L'invasion du Timor-Oriental provoqua 200 000 morts. Selon mes informations vous vous trouviez en Indonésie la veille de l'invasion, j'aimerais savoir ce que vous y faisiez à l'époque ?... »

Kissinger a un geste de lassitude. En bon professionnel, il remercie Pinto de lui parler avec courtoisie, car dit-il, la dernière personne qui l'a interrogé sur Timor a « presque réduit la salle en miettes avant de s'exprimer »... Et puis Kissinger répond sur le fond.

« La question de Timor ne fut jamais abordée pendant notre visite en Indonésie. À l'aéroport, au moment où nous partions, les Indonésiens nous ont appris qu'ils étaient sur le point d'occuper la colonie portugaise de Timor. À nos yeux, cela ne nous a pas semblé un événement très important. Puisque les Indiens avaient occupé la colonie portugaise de Goa dix ans auparavant, et nous avons pensé qu'il ne s'agissait de rien de plus que d'un nouveau processus de décolonisation. [...] Par la suite, une affreuse tragé-

---

1. *Asia Times on-line*, 21 mars 2001.

die humaine s'est produite au Timor. Mais pour nous, regardez sur la carte, le Timor c'est une tête d'épingle au milieu de l'immense archipel indonésien et seule la moitié de l'île était portugaise. Quand les Indonésiens nous ont informés, nous n'avons dit ni oui ni non. Nous étions littéralement à l'aéroport... »

Là-dessus, intervient un journaliste de *The Nation*, Alan Nairn. L'homme était présent pendant le massacre du cimetière de Santa Cruz, il a vu mourir des centaines de civils sous ses yeux, il a été blessé à la tête par les soldats indonésiens. Du fond de la salle, il exhibe un document déclassifié par un Freedom of Information Act qui prouve clairement que Kissinger ment. Oui, la question de l'invasion a bien été traitée ouvertement par Kissinger, les présidents Ford et Suharto. Et il y a aussi un autre document, retranscription d'une réunion à Washington, le lendemain du retour d'Indonésie de Kissinger ; celui-ci y engueule toute son équipe : ils ont osé mettre noir sur blanc que l'Amérique ne doit pas vendre d'armes à l'Indonésie car celle-ci va les utiliser contre la population civile au Timor. Kissinger est furieux, il s'inquiète des fuites. « Tout ce qui est écrit sera retenu contre moi », dit-il, et il justifie l'invasion indonésienne en disant que Djakarta a bien le droit de se défendre contre les communistes de Timor-Oriental.

À la vue du document brandi par Nairn, Henry Kissinger s'énerve :

« Vraiment, ce genre de commentaires est l'une des raisons pour lesquelles la conduite d'une politique étrangère est devenue presque impossible. Voici un gars qui a un problème, il a une obsession, il a réuni des documents, vous ne savez pas ce qu'il y a dans ces documents...

— J'invite votre public à les lire, réplique Alan Nairn.

— Eh bien lisez-les, crie Kissinger, excédé... Je le répète, pour nous Timor n'avait pas d'importance stratégique. »

Quelques années plus tard, en 2001, juste après le 11 Septembre – ce qui n'est qu'un hasard de calendrier mais devrait nous laisser tous pensifs... –, le National Security Archive déclassifie un document qui donne toute la mesure du mensonge et de la responsabilité de Kissinger dans les massacres de Timor. Il s'agit des minutes de la réunion entre Suharto et le président Ford accompagné de Kissinger. Tout y est, le numéro d'ordre, les tampons *classified* du Département d'État... Nous sommes le 6 décembre 1975. Suharto annonce aux dirigeants américains qu'il a l'intention d'envahir militairement Timor-Oriental. Le greffier de la réunion note que les Américains assurent le dictateur indonésien de leur compréhension. Néanmoins, un point de détail gêne Kissinger. L'invasion se ferait avec du matériel militaire américain. Au vu des lois des États-Unis, c'est illégal. Comment faire ? Kissinger a alors une idée de génie · « Tout dépend de comment on interprète les choses. Si on les présente comme une action de légitime défense ou comme une opération étrangère. » *Construe* est le terme anglais employé, il s'agit de construire une réalité afin de manipuler l'opinion publique. Kissinger poursuit en termes moins châtiés : « Quoi que vous fassiez, faites-le vite, c'est important[1]. »

Message reçu. Dès le lendemain, l'invasion commence.

La publication de ce document est un scoop énorme. Dans nos journaux, pas une brève, pas un entrefilet. Dans son livre *Les Crimes de M. Kissinger*[2], le polémiste anglais Christopher Hitchens (un journaliste par ailleurs favorable à l'intervention américaine en Irak en 2003) estime que les agissements du secrétaire d'État sur Timor-Oriental devraient envoyer celui-ci devant une cour internationale pour crimes contre l'humanité.

Cela n'aura jamais lieu.

À partir de 2003, c'est un véritable processus de blanchiment historique qui est développé par les responsables américains. Paul Wolfowitz, néoconservateur proche de George W. Bush, a reçu à Washington, devant les photographes, le héros de la résistance, le Timorais Xanana Gusmão devenu le premier président de cette jeune nation. Gusmão ressort de la rencontre en affirmant que le gouvernement américain lui a exprimé son soutien.

---

1. http ://www.gwu.edu/~nsarchiv/NSAEBB/NSAEBB62/
2. Éditions Saint-Simon.

Paul Wolfowitz, placé à la tête de la Banque mondiale en mars 2005, était – rappelons-le – ambassadeur des États-Unis d'Amérique en Indonésie en plein génocide. A-t-il élevé sa voix d'ambassadeur contre les agissements de la dictature indonésienne ? Pas d'après Jeffrey Winters, un universitaire expert de l'Indonésie qui était sur place au même moment : « Il y avait des gens torturés, des gens jetés en prison, détruits de diverses manières et l'ambassadeur Wolfowitz n'a jamais élevé la voix pour eux... Pas une seule fois[1]. »

En 2003, au mois de juin, quelques rares élus avaient pu assister à une scène encore plus hallucinante. Le très prestigieux prix de l'Unesco est remis, à Paris, à Xanana Gusmão. Le président du jury, celui qui doit lui remettre la distinction, est... Henry Kissinger.

Mais Henry n'a pas pu venir physiquement. Il est coincé à Londres par une terrible grève de trains. Il a donc envoyé son discours par fax. Celui-ci est lu par Jean Foyer, vice-président du jury.

« Cet hommage traduit notre espoir que le passé soit une puissante source d'inspiration pour l'avenir [...]. Lorsque l'armée portugaise se retira en novembre 1975, elle fut remplacée au Timor-Oriental par une autre puissance étrangère. L'impact humain de cet événement ne fut pas compris immédiatement par la plupart des pays du monde, dont le mien. [...] La lutte pour la libération nationale, conduite par cet homme exceptionnel, fut couronnée de succès à la fin de 1999 et ce contre toutes les formes d'adversité : puissance militaire écrasante, indifférence du monde extérieur, terreur dans le pays, privations et pauvreté. [...] Les Timorais ont conquis la liberté grâce à la puissance morale de leur cause et c'est ce dont nous nous réjouissons au nom de la paix.

Henry Kissinger,
Président du jury. »

---

1. *The Guardian*, 1er avril 2005.

Contrôler la version officielle

Le Conseil des relations étrangères (Council of Foreign Relations) est le cercle le plus prestigieux de la géopolitique américaine. Il réunit ministres, ambassadeurs et universitaires. Sa revue fait référence. Ce qui y est publié rentre dans l'Histoire par la grande porte et ne saurait souffrir de controverses. Or, un membre du Conseil, Kenneth Maxwell, un respectable expert de l'Amérique latine, a osé y publier un article plutôt favorable sur un livre mettant en cause la responsabilité de Henry Kissinger dans le coup d'État militaire qui ensanglanta le Chili en 1973. À l'époque, Kissinger était le chef de la diplomatie américaine et il est aujourd'hui un membre éminent du CFR. Plus de trente ans après les faits, il martèle toujours l'idée qu'il n'a eu aucune responsabilité dans la politique de sabotage qui mit le gouvernement socialiste, démocratiquement élu, d'Allende à genoux. Même si de nombreux documents officiels, déclassifiés, indiquent le contraire, Kissinger ne veut rien laisser inscrit dans les tablettes officielles qui évoque son soutien aux militaires assassins. Il traite par le mépris les petits livres nerveux de journalistes gauchistes mais il sait que la moindre publication on the official record *équivaudrait à un aveu de sa part. Kissinger ne veut pas que cet aveu soit légitime dans les manuels d'histoire. Et, accessoirement, il préférerait ne pas répondre d'une procédure pour complicité de crime contre l'humanité pour son action au Département d'État. Alors il attaque. Quel que soit le niveau de l'officiel impliqué dans la critique. En 2003, Colin Powell, alors secrétaire d'État, avait eu le malheur de répondre à une question d'un journaliste concernant le coup d'État au Chili : « C'est une part de l'histoire américaine dont nous ne sommes pas très fiers », a-t-il lâché. Il fut aussitôt harcelé par un collaborateur de Kissinger jusqu'à ce que ses services émettent un rectificatif un peu mécanique, affirmant que les États-Unis n'avaient pas été « les instigateurs du putsch qui avait mis fin au gouvernement Allende en 1973 ». Un autre proche de Kissinger avait publié dans la revue conservatrice* Commentary *des documents tronqués pour tenter de blanchir Kissinger et Nixon de leurs responsabilités.*

Dans la revue du Council of Foreign Relations, Kissinger fit pression auprès du rédacteur en chef pour qu'il publie une série d'articles qui détruise le point de vue du dignitaire iconoclaste Kenneth Maxwell. Celui-ci, désavoué, finit par démissionner du Conseil en février 2005. Son contradicteur avait eu le dernier mot. Ainsi construit-on une version officielle.

« Dans le monde de la politique étrangère, l'Histoire c'est le pouvoir, explique Leslie Gelb, présidente émérite du CFR. Selon que vous ayez eu tort ou raison dans le passé, vous rendez du pouvoir ou vous en gagnez dans le présent[1]*. »*

---

1. *The Washington Post*, 27 février 2005, The Plot Thickens, Lynn Duke.

État-Unis : le scoop qui tue

Parfois, les journalistes franchissent des limites au-delà desquelles ils se trouvent en danger. Ils ne courent pas (ou très peu) le risque d'être tués. En revanche, ils peuvent être discrédités. Le sceau d'infamie : « controversé », est accolé à leur nom. Si la charge est trop violente, ils peuvent en mourir.

C'était un soir, un peu avant Noël, le 12 décembre 2004. L'homme était seul dans sa petite maison de la banlieue de Sacramento, en Californie. Il venait de la vendre. Le lendemain matin, il devait la quitter. Il n'avait plus les moyens de payer les traites. Ce qui restait de sa vie, ses souvenirs, tenait en quelques cartons. Ce jour-là, il n'a pas eu la force de s'en aller. Pas le courage de continuer. Il a écrit deux lettres. L'une à sa femme dont il était divorcé : « Je n'arrive plus à écrire. Je suis ruiné. Je ne peux même pas vous aider à subvenir à vos besoins... C'est fini. Trop de souffrance. » L'autre à ses deux fils : « Soyez fidèles à la vérité. Combattez la bigoterie et l'hypocrisie. » Ensuite, il a posé une note sur la porte d'entrée, pour les déménageurs : « Ne rentrez pas, s'il vous plaît. Prévenez la police. » Puis il a pris le vieux pistolet de son père qui était dans le tiroir de sa table de chevet et il s'est tiré une balle dans la tête.

Gary Webb avait quarante-neuf ans. C'était l'un des meilleurs journalistes d'investigation de sa génération. Il avait quitté son journal, le *San Jose Mercury News*, cinq ans auparavant et n'avait plus retrouvé de travail sérieux depuis. Obligé de vendre sa maison, dépressif après son divorce, il a décidé de mettre fin à ses jours. Huit ans auparavant, il avait mis le doigt sur une affaire où la raison d'État se mêlait à un réseau criminel. Gary Webb allait se cogner à une machine tout entière dédiée à éteindre l'incendie qu'il avait allumé. Son scoop finira par mettre fin à sa carrière, puis à sa vie.

Quand je rencontre Gary Webb, en 1997, son journal a déjà commencé à le lâcher. Rencogné dans son petit bureau, il est surveillé par une assistante, agacée de voir des journalistes européens s'intéresser à son histoire. Webb dissimulait un regard fixe, étrangement impassible, sous une grande mèche blonde. Il habitait un pavillon cloné dans un ensemble résidentiel de Sacramento. Sa femme, Susan, rencontrée au collège, l'avait épousé alors qu'ils étaient encore étudiants. Il avait trois gosses, jouait au hockey tous les samedis avec l'aîné et bricolait sa maison le week-end. Webb parlait d'une voix sans emphase, étrangère à l'excitation. Ce fils de militaire avait l'obsession de la méthode. Chaque matin, il ouvrait les grandes enveloppes kraft des diverses agences gouvernementales chez qui il avait déposé des demandes de déclassification de documents. Son acharnement lui avait déjà valu, à quarante-deux ans, les distinctions les plus prestigieuses de la profession. Je me suis dit : difficile d'imaginer ce gars capable de passion. Je me trompais. Webb croyait au journalisme. À son rôle de contre-pouvoir. « Aussi longtemps que je me souvienne, raconte Kurt, son frère, il avait toujours voulu être journaliste. »

Un an avant que je le rencontre, à l'été 1996, Webb avait déclenché une énorme vague dans l'opinion américaine. Il avait révélé comment deux dealers de cocaïne nicaraguayens avaient inondé de drogue les ghettos noirs de Los Angeles dans les années 1980. Les gangs Crips et Blood avaient transformé cette cocaïne en crack. Une drogue plus addictive encore. Le crack alimentait des légions de toxicomanes, la prostitution, la prison, des enfants délaissés par des mères accrochées à la plus destructrice des substances... L'invasion par le crack, les propres élus locaux de la communauté en avaient été témoins. Maxine Waters est une congressiste démocrate noire du ghetto de South Central à Los Angeles. Elle n'a jamais perdu le contact avec la rue. Les mômes des gangs qu'elle a vus grandir et déraper la respectent assez pour lui parler : « Quasiment du jour au lendemain, il y en avait partout. Tous les jeunes en vendaient. Je leur demandais : mais où diable trouvez-vous l'argent pour acheter toute cette drogue ? Ils me disaient : on nous fait crédit, on paye après... Mais après, bien sûr, il y en avait beaucoup qui ne pouvaient pas rembourser leurs dettes. Et là, commençaient les problèmes, les meurtres, la violence... La guerre des gangs était décuplée... Jusqu'à l'enquête de Gary Webb, je me suis toujours demandé : mais d'où vient toute cette came[1] ? »

Maxine Waters va découvrir que l'affrontement des gangs, les *drive-by shootings* des rouges et des bleus, ce folklore meurtrier surexploité par Hollywood, avait aussi des racines géopolitiques. Les deux dealers nicaraguayens dénoncés par Gary Webb n'étaient pas de simples gangsters. Ils appartenaient à un réseau de soutien financier à la Contra, un groupe armé contrôlé par la CIA, qui combattait un gouvernement de gauche au Nicaragua (voir « Nicaragua : le laboratoire du "Projet Vérité" »). Le financement de la Contra était organisé sur ordre du président Reagan. Le réseau était noyauté à tous les niveaux par des barbouzes, des supplétifs sous contrat avec la CIA. L'argent ne peut venir que de financements illégaux car, jusqu'en 1986, le Congrès américain refusait que l'argent du contribuable serve à payer des opérations terroristes. De 1980 à 1986, la Maison-Blanche dut mettre en place plusieurs combines illicites pour armer les contras. Dans l'un de ces réseaux parallèles, les hommes du président en sont venus à collaborer avec des trafiquants de cocaïne. L'histoire paraît folle, voire incroyable. Elle est parfaitement documentée. Au moment même où Nancy Reagan, la femme du président américain,

---

1. Entretien avec l'auteur, janvier 2006.

occupait les écrans de télévision avec sa célèbre campagne « Say No to Drugs », alors que des lois d'une extrême sévérité allaient être votées et permettre d'envoyer en prison pendant des années les consommateurs trouvés porteurs de quelques grammes de crack, à quelques mètres du bureau de son mari, Ronald, des membres des services secrets coordonnaient des opérations avec des hommes du cartel de Medellín. Des dealers latinos transportaient des armes dans leurs avions vers le Nicaragua et ramenaient de la drogue sur le territoire des États-Unis. C'est ce que mettra au jour l'investigation menée par le sénateur John Kerry de 1986 à 1988, pour une commission d'enquête sénatoriale.

John Kerry n'avait pu établir où allait la drogue une fois arrivée sur le sol américain. Lors d'une audition célèbre, il avait posé la question au trafiquant colombien Jorge Morales : « Je ne sais pas, avait-il répondu. Mon job était d'amener la drogue. Ensuite, un autre réseau s'occupait de la distribution[1]. »

L'enquête de Gary Webb commence là où s'arrêtait celle du sénateur Kerry.

Au tout début de ses recherches, il appelle Robert Parry, le journaliste qui le premier a mis en lumière l'existence de la cellule occulte dans la Maison-Blanche. Parry le met en garde, sa série de scoops lui a coûté sa propre carrière. « Quand il m'a appelé, je lui ai dit : c'est sûrement avéré, cette piste, mais c'est dangereux, j'espère que tes rédacteurs en chef te soutiennent. Il a cru que j'étais lâche. Il a pensé : ah-ah, encore un journaliste de Washington trop nerveux. Et, dans un sens, je suis content de ne pas l'avoir dissuadé parce qu'il était important de sortir la vérité là-dessus. Mais lui allait payer un prix très élevé pour ça... »

Gary Webb se lance dans une odyssée qui va occuper chaque minute de sa vie pendant une année entière.

« Je suis allé à Miami, au Nicaragua, sur toute la côte ouest. J'ai interviewé beaucoup de monde. J'ai rencontré des flics, des

---

1. « CIA et cocaïne : l'enquête à haut risque », « 90 minutes », Canal+, 25 avril 2005.

dealers, je suis allé dans des tribunaux, j'ai déterré des procès-verbaux, des cassettes audio de la brigade des stups... »

En août 1996, le *San Jose Mercury News* publie enfin son enquête : « The Dark Alliance ». La grande presse et la télévision commencent par l'ignorer.

C'est là qu'intervient Internet. Consciente du caractère choquant et parfois difficilement croyable des révélations de Webb, la direction de son journal a décidé de mettre en ligne les documents bruts recueillis au cours de l'investigation. Les procès-verbaux de la police et de la justice, les photos, les enregistrements audio devant les tribunaux... Des centaines de pièces à portée d'un simple clic. Chaque lecteur internaute peut ainsi vérifier par lui-même les assertions de l'auteur, refaire l'enquête à son tour. L'équipe du site Internet du *Mercury News* envoie des messages aux forums, des e-mails aux newsgroups qui eux-mêmes répercutent à d'autres newsgroups. Cette exposition électronique démultiplie la puissance du dossier. En dix jours le site connaît plus d'un million de visiteurs. Pour la première fois de son histoire, le pouvoir d'influence d'Internet va supplanter celui des journaux et de la télévision. Mais personne ne contrôle le feu qui court sur la toile. L'enquête échappe à son auteur. Dans les sites et les *chats* conspirationnistes, les révélations du *Mercury News* sont déformées, amplifiées, faussées. Dans la communauté noire, l'affaire prend une dimension irrationnelle. La CIA, démontre Webb, a fermé les yeux sur les activités de ce réseau occulte. Mais les Noirs s'estiment ciblés. Pour certains, la CIA veut la peau des Afro-Américains... On parle de génocide et on rappelle l'exemple de Tuskegee, en Alabama, où pendant quarante années, de 1932 à 1972, 399 soldats noirs avaient été infectés avec la tuberculose et la syphilis, à leur insu, aux fins d'expériences médicales. La presse noire extrémiste de la *Nation of Islam* titre : « Comment le gouvernement américain a répandu la cocaïne dans les ghettos noirs ». Des manifestations emplissent les rues de Los Angeles. Plane le spectre des terribles incidents de 1992 où les Noirs des quartiers pauvres étaient remontés jusqu'à Melrose et Sunset. Ils avaient mis à sac les rues huppées, pillé les magasins, incendié, lynché quelques malheureux Blancs qui croisaient leur chemin. L'Amérique vit avec ce cauchemar : la colère des relégués se déverse et inonde les quartiers protégés. Régulièrement ce mauvais rêve devient réalité.

Il va alors se produire un événement extraordinaire. Convaincu par des parlementaires de la gauche du Parti démocrate, le propre directeur de la CIA décide de venir dans le ghetto, s'expliquer auprès des habitants dans un gymnase du quartier de Watts. Il vient annoncer solennellement le lancement d'une enquête interne. Même le plus fertile des scénaristes aurait eu bien du mal à imaginer une telle scène. Des chefs de gang patibulaires, massifs, les bras croisés sur la poitrine, des militants afro-américains arborant dreadlocks et aux vêtements couverts de badges de soutien aux causes les plus exotiques, des petites grand-mères endimanchées, au visage accablé d'avoir vu s'éteindre leurs petits-enfants pendant l'épidémie de crack, des jeunes femmes à la colère incontrôlable qui montent sur leur chaise et hurlent qu'elles ont mis dix ans à décrocher, qu'elles ont dû abandonner leurs gosses aux services sociaux après des années de prostitution. Aux quatre coins de la salle, des dizaines d'agents des services secrets, visage fermé, costume sombre et liaison par oreillette. À la tribune, John Deutch, chef de la CIA, un intellectuel de la côte est égaré à ce poste depuis quelques mois. Le président démocrate Clinton, soucieux de rompre avec les années Reagan, lui a donné pour mission de moraliser l'Agence. Il n'a aucune responsabilité dans les incriminations de Webb. Il semble sincèrement touché : « C'est une accusation ahurissante, dit-il au micro. Une accusation qui touche au cœur de ce pays. Qu'est-ce qui est affirmé ? Une agence du gouvernement américain, la CIA, qui a été fondée pour protéger les citoyens de ce pays, aurait aidé à introduire de la drogue, du poison, chez nos enfants et tué ainsi leur avenir ? Toute personne qui est à la tête d'une agence gouvernementale, et ça veut dire moi aussi, ne peut tolérer une telle accusation.

J'irai jusqu'au bout, j'enquêterai et je vous ferai connaître les résultats de notre investigation... »

Dans la salle, très échauffé, un Noir massif, crâne tondu et chemise noire, se saisit du micro. Il parle avec ses épaules :

« Autorisez Gary Webb à mener l'enquête avec vos hommes. Qu'ils puissent comparer leurs documents tout au long de l'investigation... C'est tout ! Ça résoudra tout, on arrêtera de gueuler parce qu'on aura un représentant, l'homme qui a fait éclater cette histoire, dans l'affaire.

— Le rapport, répond Deutch, sera rendu accessible à tous les journalistes quand il sera terminé. »

Quelques semaines après son engagement public, John Deutch devra démissionner de la CIA. Officiellement parce qu'il a emporté quelques dossiers sensibles pour travailler à la maison sur son ordinateur personnel non sécurisé. D'après ce qui sort dans la presse à l'époque, ses manières d'universitaire préoccupé d'éthique lui ont fabriqué quelques ennemis mortels à la direction de l'Agence.

Sans attendre les résultats de l'enquête interne, les journalistes spécialisés CIA de la grande presse ont décidé de passer le travail de Gary Webb à la moulinette. S'y attellent le *Washington Post*, le *New York Times* et le *Los Angeles Times* où une cellule spéciale de journalistes est créée, un nom de code : les *Webb busters*, les casseurs de Webb... Dans leurs contre-enquêtes, des sources « proches du gouvernement et de la CIA » nient toute implication avec les deux dealers nicaraguayens. Le *Washington Post* reconnaît que Webb a bien établi la connexion entre la Contra et les trafiquants de cocaïne mais il déplore que Webb n'ait pas réussi à citer le nom d'un seul agent de la CIA dans ce schéma[1]. Le *New York Times* admet que les deux dealers nicaraguayens sont bien allés rencontrer un chef contra en Amérique centrale, Enrique Bermudez, mais ils écrivent : « Bien que M. Bermudez, comme d'autres leaders de la Contra, fût souvent payé par la CIA, il n'était pas un agent de la

---

1. *Washington Post*, 4 octobre 1996.

CIA[1]. » Nuance précieuse, il est vrai... Enfin, les « sources anonymes » des journalistes anti-Webb leur indiquent que les deux dealers ont effectivement versé de l'argent du crack aux contras mais « seulement 50 000 dollars ». Chiffres contredits par des documents de justice que Gary Webb a mis en ligne sur le site du *Mercury News*.

Au *Washington Post*, c'est un vétéran qui a travaillé contre Gary Webb : Walter Pincus. Il a des cheveux blancs, un regard perçant qui disparaît sous des sourcils en broussaille. Il porte des bretelles, une cravate et surtout il suit la CIA depuis qu'il est étudiant. Cet accès privilégié lui a valu quelques scoops. Il reconnaît aujourd'hui que tous ces papiers visant à amoindrir les révélations de Webb étaient motivés par la peur de la rue.

« Quand le groupe des parlementaires noirs, le Black Caucus, a commencé à dire : voilà ce qui a amené la drogue dans nos quartiers, une agence gouvernementale ! Il y avait les manifestations partout... À ce moment-là j'ai dit : il faut qu'on scrute son travail de très près. Les accusations sont trop énormes. C'est alors qu'on a fait un papier. On a découvert par exemple que Blandon (l'un des deux Nicaraguayens) n'était pas un gros dealer...

— Les estimations les plus faibles de la justice lui attribuent la vente de 800 kilos de cocaïne...

— Au total, mais pas au début... Voyez-vous, la chronologie est une chose très importante dans le journalisme d'investigation... »

À force d'attaques, le journal de Gary Webb, qui l'a soutenu pendant des mois, finit par le lâcher. Fin 1996, son rédacteur en chef lui explique qu'il va publier un rectificatif en une : oui, il y a eu un trafic de drogue d'une dimension énorme mais tu exagères quand tu dis que l'épidémie de crack au niveau national est due exclusivement à cette opération ; et puis les dealers nicaraguayens n'ont pas envoyé tout l'argent aux contras, ils en ont gardé beaucoup pour eux-mêmes...

L'année 1997 commence mal pour Gary Webb. Il est KO debout. Mais il s'acharne.

---

1. *The New York Times*, 21 octobre 1996.

« Ils se trompent ! Ce qu'ils ont fait, c'est qu'ils sont allés voir des sources anonymes au gouvernement qui ont nié les faits. Mais c'est clair : ces gens ont vendu de la cocaïne aux États-Unis, ils ont vendu des tonnes de cocaïne, ils ont collecté de l'argent pour les contras et les arguments qu'on m'oppose, c'est : ouais, y avait pas autant de cocaïne que vous le dites, ils ont pas ramassé autant d'argent que vous le dites... Mais personne ne peut nier que c'est vraiment arrivé ! »

Gary Webb aura beau se défendre, son enquête est discréditée à Washington. L'adjectif « controversée » lui est apposé comme une marque d'infamie. Il subit le sort du sénateur John Kerry, dix ans auparavant, lorsque celui-ci s'était intéressé de trop près à la même question.

Fin 1997, Gary Webb est muté à deux cents kilomètres de chez lui dans un bureau sans importance où il fait les chiens écrasés. Son ex-épouse se souvient de cette lente descente aux enfers : « C'est pas comme s'ils l'avaient viré. D'abord, ils lui ont dit, on t'envoie dans un petit bureau à Cuppertino. On te mute. Il écrivait des nécrologies. Son premier papier était sur le décès d'un vieux cheval de la police. C'était ça son premier article, à Cuppertino... »

Humilié, brisé, Gary Webb se décide à démissionner. Signer la lettre lui prendra plusieurs mois : « Il ne voulait pas le faire, se souvient Susan. Il se promenait avec les papiers, je lui demandais : tu les as signés ? Il disait non... Il a finalement signé et envoyé sa lettre de démission. Mais c'était dur et déprimant. Il avait l'impression de signer son arrêt de mort. »

Le 8 octobre 1998, avec un an de retard, la CIA rend enfin les résultats du rapport interne, celui promis par John Deutch sur les allégations de Webb[1]. Il s'agit du tome II, le plus intéressant, le plus abouti. Devant une brochette de parlementaires, Frederick Hitz, inspecteur général de la CIA, présente les conclusions.

Tout d'abord, dit-il, l'Agence dément avoir collaboré « direc-

---

1. Consultable en ligne sur le site de la CIA : www.cia.gov/cia/reports/cocaine/index.html.

tement ou indirectement » avec les deux dealers nicaraguayens, Blandon et Meneses, dénoncés par Gary Webb :

« Nous sommes catégoriques en ce qui concerne l'absence de relations entre la CIA et Blandon et Meneses... »

Mais l'enquête ne s'en tient pas là. Dans le cœur des 400 pages, cela fourmille d'informations qui indiquent une collaboration étroite entre la Maison-Blanche et des dizaines de dealers de cocaïne, des spécialistes du blanchiment d'argent sale lié au crime. Un sénateur qui sait lire a découvert, en plein milieu du texte, quelques phrases alambiquées. Le doigt sur le rapport, lunettes demi-lunes posées sur le bout du nez, il demande des éclaircissements à l'homme de la CIA devant les caméras de la chaîne parlementaire C-Span.

« Vous indiquez avoir trouvé des cas pour lesquels la CIA n'a pas aussitôt coupé les liens avec des individus qui soutenaient la Contra et qu'on soupçonnait de trafiquer de la drogue. Est-ce que ça pouvait vouloir dire que ces gens trafiquaient sur le sol américain ?

— Oui, répond l'inspecteur général.

— Ces allégations couvraient-elles du trafic en Californie ?

— Non... Enfin... Pas spécifiquement[1]... »

Voilà, c'est dit : la CIA reconnaît avoir, en connaissance de cause, travaillé avec des trafiquants qui agissaient sur le territoire des États-Unis d'Amérique. Ce n'est pas la seule révélation. Pendant l'enquête, Maxine Waters, congressiste de Californie, a mis au jour un curieux document. Pour pouvoir travailler en toute légalité avec des trafiquants de drogue, la CIA avait passé un accord secret, un mémorandum, avec le ministère de la Justice.

« Le texte de cet accord établissait que les gens de la CIA n'étaient plus forcés de dénoncer les trafiquants de drogue pendant tout le temps où notre gouvernement a soutenu les contras. On est en droit de se poser la question : pourquoi vous faites ça ? Pourquoi est-ce que vous rédigez un règlement particulier pour dispenser vos gens de dénoncer des trafiquants de drogue ? »

---

1. « CIA-cocaïne : l'enquête à hauts risques », Canal+, 25 avril 2005.

En quelques semaines, la CIA reconnaît officiellement devant un groupe de parlementaires avoir collaboré avec des dealers qui vendaient de la cocaïne aux Américains et avoir changé les règles pour ne pas être tenue de les dénoncer. Théoriquement, ces aveux devraient donner lieu à un tremblement de terre. Quelles conséquences vont-ils avoir ?

Aucune ou presque.

Le rapport passe inaperçu. Deux petits papiers en pages intérieures dans le *New York Times* et le *Washington Post*. Rien, pas une ligne, dans le *Los Angeles Times* qui avait pourtant crucifié Gary Webb.

Il faut dire que le rapport de la CIA sort très opportunément. À l'automne 1998, l'Amérique est inondée par le scandale des scandales. Des forêts entières sont coupées chaque jour pour imprimer les derniers rebondissements de cette affaire planétaire : une stagiaire de la Maison-Blanche répondant au nom de Monica Lewinsky aurait accordé quelques faveurs buccales au président. En plein bureau Ovale. L'Amérique, vissée à sa télé, ne prête aucune attention aux articulets signalant du bout du stylo et avec mille précautions que leur agence de renseignement aurait peut-être un peu collaboré avec quelques trafiquants de cocaïne. Elle n'a d'yeux que pour la bouche pulpeuse de Monica...

L'affaire Lewinsky, c'est 1 502 sujets de télévision, 43 heures d'antenne cumulées[1].

Walter Pincus fut l'un des seuls journalistes à rendre compte du rapport de la CIA dans les pages intérieures du *Washington Post*. Aujourd'hui, il justifie le peu de place qu'il lui a donné : « Je dois être trop vieux... Mais pour moi, c'est du déjà-vu. Déjà au Laos, il y avait de la contrebande d'héroïne dans les années 1970, pendant la guerre du Vietnam. C'est comme ça dans les opérations *undercover*. On a besoin de pilotes d'hélicoptère, ils travaillent pour la mafia et en profitent pour ramener de la drogue... C'est connu tout ça... » Pour Pincus, il faut être

---

1. Rapporté par François Rufin, « Combat pour les médias », Manière de voir, *Le Monde diplomatique*.

bien naïf pour s'étonner d'un tel déséquilibre de traitement entre l'affaire Lewinsky et les aveux de la CIA sur sa collaboration avec le narcotrafic :

« C'est beaucoup plus sexy comme scandale [l'affaire Monica]. Il n'y a qu'une seule personne et il y a le président des États-Unis...

— Enfin, tout de même... Il est prouvé que dans les ghettos des États-Unis, il y a eu des gosses touchés par la drogue. On sait que c'est un énorme problème social et humain et ça n'a pas été perçu comme un scandale aussi important par le monde journalistique que l'affaire Monica Lewinsky... »

Pincus me toise, il semble apitoyé par tant de candeur.

« C'est notre réalité, ici[1]... »

Quant à Gary Webb, après sa démission du *San José Mercury News*, il n'a pas retrouvé de travail dans un grand journal. Il sentait le soufre.

Sa femme le voit peu à peu sombrer. « Je lui ai dit : je n'arrive pas à croire que quelqu'un ne va pas finir par te donner du boulot, ça me choquerait. Il m'a répondu : j'espère que tu as raison. Et il a pleuré ce jour-là, il s'est assis et il a pleuré. Parce qu'il avait vraiment peur... »

Gary Webb va s'enfoncer dans la dépression. Il finira par divorcer et quitter sa femme et ses trois enfants. Il ne remontera plus jamais la pente. « Il avait besoin de faire cesser la douleur, dit Susan. Il en était à ce point-là, il fallait que ça s'arrête, il n'en pouvait plus. »

Pour les funérailles, John Kerry, qui vient de perdre les élections présidentielles face à George W. Bush, a envoyé un petit mot. Il disait ceci : « Grâce à son travail, la CIA a dû reconnaître des douzaines de relations troubles avec des trafiquants de drogue. Ça ne serait jamais arrivé s'il n'avait pas pris tous les risques. J'espère qu'il trouvera enfin la paix qui l'avait quitté dans cette vie. »

---

1. Entretien avec l'auteur, janvier 2005.

Dissuader

Pendant six ans, de juin 2000 à mars 2006, chaque fois qu'on frappait à sa porte, le journaliste Denis Robert pensait : encore un... Denis Robert a reçu plus de cent cinquante visites d'huissiers. Il a été assigné dans six pays. A dû faire face à vingt-six procédures émanant de deux banques, la Menatep russe et la Banque générale du Luxembourg, et surtout d'une chambre de compensation luxembourgeoise sur laquelle il avait eu le malheur d'enquêter : Clearstream. Cette multinationale de la finance sert de boîte noire aux transactions internationales entre banques sur l'achat de titres. Elle garde la trace de tous les échanges et héberge les comptes de milliers d'établissements.

Les financiers sont les nouveaux maîtres du monde. Ils ont supplanté depuis longtemps les capitaines d'industrie. Ils surfent sur la révolution numérique qui semble avoir été inventée pour eux. Ils manipulent des sommes dont nous ne connaissons même pas le nom. Trillions de dollars. Ils peuvent se payer des légions d'avocats aux honoraires de top-models. Il est dangereux de leur chercher des poux dans la tête. En mars 2000, dans « 90 minutes », Denis Robert diffuse un documentaire sur Clearstream et publie un livre-enquête : La Boîte noire[1].

Il avait exposé l'existence de comptes non publiés, non référencés, au sein de cette banque. Rien ne laissait entendre que les

---

1. Éditions Les Arènes.

transactions réalisées étaient malhonnêtes. Pourtant, dans les listings, apparaissaient des comptes de la BCCI, une banque qui avait servi à blanchir les avoirs des cartels de la cocaïne dans les années 1980.

Tous les journaux qui vont faire écho à cette enquête seront attaqués. Des dizaines de procès. Comme l'enquête est sérieuse, pour la plupart ils ne débouchent sur rien. Denis Robert et Canal+ seront condamnés à un euro symbolique de dommages et intérêts pour des imprudences de langage. Ils font appel de cette décision. Clearstream attaque aussi les interviews de Denis Robert et ses passages à la télévision. Il perd son premier procès en 2006 pour une interview dans un magazine. Diffamation. 1 500 euros. Une somme qui ne rend pas compte de l'argent qu'il doit engager pour se défendre. Les frais d'avocats et d'huissiers sont impressionnants. Plus de cent mille euros. Suffisant pour décourager la curiosité des médias qui souhaitaient s'intéresser à Clearstream (en 2006, l'affaire Clearstream, falsifiée dans le cadre d'un règlement de comptes politique, occupe le devant de la scène pendant quelques semaines, mais ce fait divers en forme de farce finit par masquer la première enquête...).

Depuis, Denis Robert a fini par nouer des relations presque cordiales avec les huissiers de sa ville. « Tu parles, je les enrichis comme jamais, ils m'adorent... »

Terrorisme islamiste : l'homme qui n'existait plus

Un proche de Ben Laden a infiltré les forces spéciales américaines. Il a entraîné la première cellule d'Al-Qaida sur le territoire américain tout en collaborant avec les services secrets américains. Son existence est un énorme embarras. Après le 11 septembre 2001, les autorités américaines ont purement et simplement effacé ses traces.

Nous avons mis des mois à l'avoir au bout du fil. Un militaire. Américain. Le lieutenant-colonel Robert Anderson. Il nous a longtemps évités. A promis de rappeler. Fait le mort. Et là, ce matin, il craque, il parle à notre collaborateur William Reymond. Il est partagé entre l'embarras, le devoir de prudence face à des journalistes étrangers mais aussi la colère et la honte. Nous sommes en octobre 2001, trois semaines après l'attentat islamiste contre le World Trade Center, et il ne veut plus se taire. Il parle avec l'accent gommeux de Caroline du Sud, l'anglais traînant d'une région où l'on va au temple le dimanche, porte vêtements à pli permanent et cheveux ras sur nuque rougie par le soleil.

« Ali Mohamed était un fondamentaliste... Par ici, on n'a pas de problèmes avec ce genre d'hommes. Un fondamentaliste, c'est quelqu'un qui craint Dieu... Mais ce gars-là... ce gars-là était un FANATIQUE ! »

Le lieutenant-colonel en glapit d'indignation. Il a de quoi se sentir trahi. Pendant cinq ans, de 1984 à 1989, il a eu sous ses ordres, au sein d'une unité antiterroriste de Fort Bragg, l'un des opérationnels les plus proches d'Oussama Ben Laden : Ali Mohamed, connu dans le mouvement terroriste sous le pseudonyme Abou Al-Amriki, Abou l'Américain. Pour Anderson, l'homme a été placé là avec la bénédiction de ses supérieurs : « J'ai prévenu que ce type était étrange, j'ai envoyé des rapports en haut lieu. Ils ont dormi dessus ! »

Ali Mohamed est un embarras vivant. Enfin... vivant, jusqu'à preuve du contraire... Car Ali Mohamed a été arrêté aux États-Unis en 1998 et, depuis, il a disparu des registres. Personne ne sait où il se trouve. Il n'a pas été jugé. Toutes les procédures et dispositions judicaires le concernant ont été effacées, rendues inaccessibles. Son *plea bargain*, l'accord qu'il a négocié avec la justice, est secret. Ses dépositions ont été livrées à huis clos. Mohamed devait parler au procès de ses coaccusés mais cela aussi fut annulé. Sur son cas, le FBI, l'armée, le département de la Justice déclinent toute espèce de commentaire. Pis : son avocat new-yorkais (sachant qu'il s'agit là d'une espèce à peu près aussi réservée face aux médias qu'une starlette arpentant la plage pendant le Festival de Cannes) refuse de dire quoi que ce soit. Le peu de journalistes qui travaillent sur son histoire doivent déployer une énergie inhabituelle pour avoir accès à la moindre source. L'administration a gommé sa trace. Et le grand public américain ignore tout de son existence.

Pourquoi cet effacement méthodique dans un pays où l'obligation de transparence n'est pas un bluff ? Risquons une hypothèse : Ali Mohamed incarne jusqu'à son extrême l'absurdité de la politique étrangère des conservateurs américains pendant ces vingt dernières années.

Pour combattre le communisme dans les années 1980, obsession numéro un de Ronald Reagan, les États-Unis ont soutenu, armé, financé le fascisme islamiste en Afghanistan et au Pakistan. Les milices barbues ont été glorifiées au-delà du raisonnable par une structure occulte chargée de « gérer la perception » du public (voir le chapitre « Nicaragua : laboratoire du Projet Vérité »). Pour qualifier ces groupes armés aux valeurs médiévales, les publicitaires politiques de Washington avaient usiné une formule audacieuse ; ils devenaient des « amants de la liberté et de la démocratie[1] ». C'était un temps où le président Ronald Reagan pouvait recevoir avec les honneurs le chef de guerre afghan Gulbuddin Hekmatyar, cet « amant de la liberté » bien connu à Kaboul pour vitrioler les étudiantes refusant de porter le voile islamique à l'université[2].

Pour mesurer le burlesque triste de cette époque, il faut se souvenir qu'au même moment Nelson Mandela, qui luttait contre l'apartheid imposé par un régime d'inspiration néonazie en Afrique du Sud, était inscrit sur la liste des « terroristes » par cette même administration Reagan...

Cette histoire se déroule donc à un tournant du siècle. La dictature soviétique agonisant depuis des décennies finit par expirer, tuée par ses propres contradictions. Les partis communistes s'autodétruisent. Le mur de Berlin tombe enfin. Euphorisés par de tels bouleversements, les idéologues de la révolution conservatrice reaganienne commencent à penser et écrire comme leurs homologues staliniens des années 1950. Ils avaient gagné. Toute résistance était vaincue. Certains comme Francis Fukuyama allaient répandre l'idée un peu folle que l'Histoire était finie[3]. Dans un village planétaire enfin libéré des soubresauts Nord-Sud, des guérillas anti-impérialistes et des conflits de classes, la vieille prophétie du philosophe Hegel allait pouvoir se réaliser : la fin de l'Histoire et de ses conflits politiques. Des citoyens, en paix avec leur système, nourris de haute technologie médiatique, pourraient se reposer sur des entreprises libres et des écrans tactiles pour faire prospérer un modèle idéal et harmonieux. Qu'on se soit servi, pour atteindre ce stade ultime de la modernité, d'islamistes et autres clones armés de la famille Pierrafeu ne venait qu'illustrer une de fois de plus un de ces

---

1. Ronald Reagan devant le Congrès, « 90 minutes », 25 avril 2005.
2. John Pilger, *The New Rulers of the World*, Verso, 2002.
3. Francis Fukuyama, *La Fin de l'Histoire et le dernier homme*, Flammarion, 1992.

paradoxes qui nourrissent l'Histoire. Les supplétifs barbares finiraient par racornir et disparaître. Ils avaient rempli leur rôle historique.

Dangereuse hypnose.

Le 11 septembre 2001 nous aura au moins appris une chose : expulsez l'Histoire par la porte et elle revient par la fenêtre.

Ali Mohamed est né en Égypte, en 1952. Enfant de la classe moyenne, il réussit des études supérieures brillantes. Il pourrait se consacrer sans problème à une carrière professionnelle rentable. Mais le garçon est un nationaliste. Il s'engage jeune dans l'armée et rejoint les forces spéciales. Très vite, il intègre le mouvement du Jihad islamique responsable de l'assassinat du président Sadate en 1981. En 1984, il est renvoyé de l'armée égyptienne pour soupçon d'islamisme radical[1]. Il propose alors ses services à la CIA. L'agence aurait refusé, jugeant l'individu trop extrémiste. Ça n'empêchera pas Ali Mohamed d'obtenir un visa et de partir pour les États-Unis l'année suivante. Dans l'avion, il rencontre une femme, la séduit et, très vite, l'épouse. Il devient ainsi citoyen américain et s'installe en Californie. Un an plus tard, en 1986, il s'engage dans l'armée américaine. Il intègre les bérets verts à Fort Bragg, en Caroline du Nord. C'est ici que l'armée américaine entraîne la célèbre Force Delta. Une unité antiterroriste.

L'armée reconnaît que l'Égyptien a bien intégré ce régiment. La version officielle du service communication de Fort Bragg, c'est qu'il n'était qu'un simple sergent qui travaillait aux fournitures. Si on insiste un peu, l'officier de presse prend une voix presque douloureuse et reconnaît que, oui, de temps en temps, il donnait aussi quelques conférences sur le Moyen-Orient aux officiers des unités antiterroristes...

En fait, Ali Mohamed va devenir l'expert du monde islamique pour le prestigieux John Kennedy Special Warfare Center, le centre de formation des membres des Forces spéciales.

------

1. *The Wall Street Journal*, 26 novembre 2001.

Ceux-là mêmes qui crapahutent aujourd'hui dans les montagnes d'Afghanistan et les déserts d'Irak pour faire la chasse aux islamistes... Les discours d'Ali Mohamed sont filmés, enregistrés sur des cassettes vidéo. Sur une de ces bandes, on voit Ali Mohamed s'adresser à une assemblée depuis une estrade. Il est entouré d'une brochette de hauts gradés en uniforme qui boivent ses paroles. Mohamed porte un costume-cravate sombre, il est rasé de près, son visage rectangulaire, au nez fort, sémite, est celui d'un soldat affûté par l'entraînement. Son regard est étrange, traqué, oblique. Ali Mohamed leur assène que la seule forme politique adaptée dans les pays arabes sera toujours la charia, la loi islamique, la théocratie. Les militaires américains opinent du chef.

Car voilà toute la beauté de cette infiltration : jamais Ali Mohamed n'a dissimulé son extrémisme religieux.

« Un jour, se souvient le lieutenant-colonel Anderson, je lui ai dit : le président égyptien Sadate est un héros pour les Américains. Il m'a répondu : Sadate était un traître, il devait mourir. Ça m'a inquiété. C'est une des raisons qui m'ont donné envie de le signaler. »

Jason Fogg, un soldat, a passé trois mois avec Ali Mohamed à Fort Bragg, il le trouvait silencieux mais avec un caractère féroce et très religieux. Et tout sauf patriote : « Être dans l'armée américaine et avoir autant de haine contre l'Amérique, c'était quand même bizarre[1]. »

En 1988, Ali Mohamed annonce à Anderson qu'il profite de sa permission pour aller se battre en Afghanistan. C'est à ce moment-là qu'Anderson dit avoir envoyé son rapport à ses supérieurs. Il est illégal pour un soldat américain d'aller combattre dans un pays étranger sans ordre de mission. Six mois plus tard, Ali Mohamed revient à Fort Bragg, amaigri par la montagne. Il ne sera jamais inquiété. De ses drôles de vacances, il a ramené un souvenir : une ceinture d'officier soviétique tué de sa main.

---

1. newsobserver.com, 21 octobre 2001.

Les alertes d'Anderson n'ont aucun effet. « À ce moment-là, je me suis demandé s'il n'était pas couvert d'une manière ou d'une autre par une de nos agences de renseignement... »

Il fut un temps où tout cela était cohérent. Milton Bearden, le responsable de la CIA pour l'Afghanistan pendant la guerre contre les Soviétiques, armait les groupes islamistes et accueillait toutes les bonnes volontés. Bearden côtoyait Ben Laden sans en être plus inquiet : « Ce type arrivait avec plein d'argent. C'était même pas un combattant, il aidait à construire des hôpitaux pour les moudjahidin[1]... »

En 1989, Ali Mohamed quitte l'armée américaine. Il emporte avec lui les manuels d'entraînement top secret de Fort Bragg. Ces mêmes manuels, traduits en arabe et annotés, vont être retrouvés au cours de diverses perquisitions chez des islamistes armés actifs sur le sol américain. Ils vont servir de guide à leur formation. Ali Mohamed devient l'homme de confiance numéro un d'Oussama Ben Laden. Il a commencé à organiser une cellule combattante sur le territoire américain. Il entraîne ses hommes dans l'État du New Jersey.

Grâce au peu de documents qui n'ont pas été classés « secret Défense », on sait aujourd'hui qu'à la même époque l'Égyptien est allé voir le FBI de son propre chef pour le tenir informé de ses activités[2]. Le FBI suit l'histoire de loin, sans trop s'alarmer. Des photos de surveillance sont même prises lors d'une séance de tir dans une carrière. Routine, pense sûrement l'agence fédérale. Erreur. C'est cette même cellule qui préparera le premier attentat au camion piégé contre les tours du World Trade Center en 1993.

En 1990, Sayyid Nosair, l'un des hommes du groupe d'Ali Mohamed, assassine à New York le rabbin d'extrême droite Meir Kahane. Au domicile de Nosair, la police découvre des copies des manuels militaires d'Ali Mohamed, des cassettes vidéo avec les speechs que celui-ci donnait aux officiers améri-

---

1. Entretien avec l'auteur en octobre 2001.
2. *The Wall Street Journal*, 26 novembre 2001.

cains de Fort Bragg et une quantité d'autres documents militaires estampillés « top secret » ou « classified ». Le rôle d'Ali Mohamed dans cette cellule terroriste sera parfaitement identifié par l'enquête judiciaire. Lors du procès de Nosair, l'un des avocats, Roger Stravis, va déclarer à la cour qu'Ali Mohamed avait commencé par entraîner ce réseau pour le compte de l'armée américaine : « Il était en mission active, il créait un réseau d'entraide entre les musulmans qui partaient combattre en Afghanistan, c'était un programme du gouvernement américain. »

L'Égyptien ne sera pas inquiété. Le FBI protège son indicateur. D'autant que le niveau d'informations qu'il fournit devient de plus en plus impressionnant. Oussama Ben Laden, leur révèle-t-il, est en train de « construire une armée ». Pour les agents fédéraux, Ali Mohamed est un informateur fiable sur un milieu particulièrement opaque. Ils le couvrent en toute occasion. Au printemps 1993, la police montée canadienne de Vancouver arrête Ali Mohamed. Il voyage avec un terroriste islamiste algérien recherché. Je suis un agent du FBI, explique l'Égyptien aux policiers canadiens. Il donne le numéro de téléphone de son officier traitant aux États-Unis et, après un coup de fil de vérification de la police canadienne, sort libre du poste[1].

Pour Larry Johnson, ex-CIA et directeur du contre-terrorisme au Département d'État, pendant Bush père : « Ali Mohamed était une source active pour le FBI, un agent double. Mais le FBI n'a pas su le gérer, il les faisait marcher. Il détenait des infos sensibles qu'il ne leur a jamais données[2]. »

Pendant cette période, de nombreux barbus taciturnes au pedigree connu des services secrets américains sont accueillis à bras ouverts aux États-Unis. Un visa est délivré en toute connaissance de cause au Jordanien Abdullah Azzam, le supérieur hiérarchique d'Oussama Ben Laden. Le premier vient prêcher le

---

1. *The Globe and Mail*, 22 novembre 2001.
2. newsobserver.com, 21 octobre 2001.

jihad dans des dizaines de mosquée américaines entre 1985 et 1989. Ses tournées ont été filmées. Ses prêches ne laissent aucun doute : les États-Unis portent le dossard numéro deux dans les Grand Satans qu'Azzam se propose d'effacer de la planète[1]. Avec le feu vert de la CIA, un milicien paramilitaire d'extrême droite, Bo Gritz, organise des séances d'entraînement au terrorisme en plein désert du Nevada, pour quelques centaines d'islamistes afghans. Après le 11 septembre 2001, Milton Bearden, de la CIA, minimise : « C'était plus pour créer un lien affectif avec l'Amérique que pour l'efficacité militaire, ces entraînements[2]... »

Après la première guerre du Golfe, en 1991, alors que des bases américaines s'installent en Arabie Saoudite, Ben Laden décide de retourner ses armes contre ses alliés d'hier. Ali Mohamed est là. Il sait comment s'organiser en territoire ennemi, déjouer une surveillance, comment accumuler du renseignement, identifier des cibles, préparer des plans d'attaque, des méthodes de sabotage et comment utiliser les explosifs. Il installe une base opérationnelle au Soudan.

Ali Mohamed ne va jamais cesser de jouer un double jeu. Son plus beau coup : à deux reprises, en 1990 puis en 1994 (soit un an après le premier attentat au camion piégé contre le World Trade Center alors qu'il y avait tout lieu de prendre au sérieux la menace du terrorisme islamiste), il organise le voyage aux États-Unis de Ayman Al-Zawahiri. Vous le connaissez bien Al-Zawahiri. C'est le barbu à lunettes qui se tient assis en tailleur aux côtés d'Oussama Ben Laden dans toutes les déclarations vidéo. D'après certains experts, Al-Zawahiri, un médecin égyptien d'une cinquantaine d'années, exercerait un ascendant sur Ben Laden et serait le véritable dirigeant d'Al-Qaida. Comme Ali Mohamed, Al-Zawahiri appartient au groupe qui a tué le président Sadate. Son projet : un islamisme totalitaire à l'échelle de la planète. C'est cet

---

1. Voir « Islamistes-USA, histoire d'une alliance contre nature », « 90 minutes », Canal+, 4 novembre 2001.
2. Entretien avec l'auteur, octobre 2001.

homme qu'Ali Mohamed a promené à travers tout le pays afin de recueillir des fonds pour les moudjahidin[1].

En même temps qu'il informait le FBI, Ali Mohamed préparait l'attentat contre les ambassades américaines au Kenya et en Tanzanie. En 1998, des camions piégés provoquent plus de deux cents morts.

Après ces attentats, les autorités américaines semblent se réveiller. Le FBI fouille en secret le domicile de l'Égyptien en Californie. Les policiers trouvent des exemplaires des fameux manuels d'entraînement et d'autres schémas d'opérations. Ils appellent alors Ali Mohamed au téléphone, au Kenya, car, oui, ils ont le téléphone de l'homme qui vient de faire sauter leur ambassade... Ali Mohamed admet connaître le nom des terroristes mais, leur dit-il, il ne peut pas le révéler[2]. Une semaine plus tard, la justice américaine produit enfin un mandat d'amener contre Ali Mohamed. Il doit témoigner devant un grand jury, une juridiction américaine où les déclarations sont libres mais où le mensonge est un crime. Ali Mohamed est détenu à la barre pour fausses déclarations. À la demande du procureur, les juges fédéraux garderont son arrestation secrète pendant presque un an. La procédure le concernant a été rendue anonyme. Chaque fois que le cas Ali Mohamed vient à être évoqué, le procureur demande le huis-clos. La plupart des documents concernant Ali Mohamed restent secrets. Lors d'une audience publique avec le juge, l'avocat de Mohamed demande un *plea bargain*, une peine négociée en échange d'une collaboration avec la police. Au moment de s'exprimer, l'avocat demande : est-ce que je peux m'avancer pour vous dire un mot, monsieur le juge ? et le contenu est effacé sur une page. Aujourd'hui, huit ans après son arrestation, Ali Mohamed n'a pas été jugé et personne ne sait où il se trouve détenu. D'ailleurs est-il détenu ? A-t-il intégré les services secrets américains en tournant une fois de plus sa veste ? Tout a été fait pour effacer son existence.

---

1. *The Wall Street Journal*, 26 novembre 2001.
2. *Ibid.*

Dans les centaines de pages du rapport de la commission d'enquête sur le 11 Septembre, le groupe supervisé par Ali Mohamed est décrit dans le détail. Mais le nom d'Ali Mohamed n'apparaît nulle part. Jamais. Au point qu'on est en droit de se poser la question : Ali Mohamed a-t-il vraiment existé ?

France : droit de réserve et devoir d'oubli

L'administration française nourrit une culture du secret qui place notre pays dans le peloton de queue des démocraties européennes. À peu près au niveau de la Turquie. Pourquoi une telle opacité ?

Ce sont deux héros invisibles. Un homme et une femme à la mise modeste, étrangers à la lumière et à l'agitation. Brigitte Lainé et Philippe Grand ont laissé derrière eux l'âge où la peur est plus forte que le sens de la justice, l'âge où l'on pense à « sa carrière ». Leur vie, ils l'ont passée au milieu de linéaires où s'alignent des documents jaunis. Dans les services de la Ville de Paris, ils classaient méticuleusement des procès-verbaux, des jugements, des rapports de police, des lettres de dénonciation... avec le sentiment de conserver la mémoire de la ville et de son histoire. L'anodin, la routine, le minuscule mais aussi l'horrible, l'indicible, l'ignominie.

Ne pas se laisser abuser par le silence et l'obscurité qui les entourent, leur métier peut procurer de sérieux vertiges. Alors que, dehors, le monde est occupé à son mensonge, ils manipulent des fragments de vérité lumineux. Ensuite, ils les rangent par date et par thème sur des étagères filantes d'où ils ne doivent jamais sortir.

À quelques années de la retraite, leur vie s'est mise à ressembler à un roman de Kafka, de ceux qu'il écrivait dans un demi-sommeil terrorisé. Pendant six longues années, de 1999 à 2005, leur directeur, François Gasnault, prend contre eux une série de sanctions. Il va leur interdire tout contact avec le public. Il ne leur est plus permis de participer aux réunions de travail et d'encadrement. Brigitte Lainé se voit refuser un ordinateur. « Il m'a dit que je ne le méritais pas, se souvient-elle. C'étaient des mesquineries sans fin... » Les serrures des salles de documents sont changées et on refuse de leur donner une clé. Les communications téléphoniques ne leur sont plus transmises. Les magasins d'archives sont verrouillés. Les documents sensibles auxquels ils pourraient avoir accès sont mis au secret. Ils sont privés de tout équipement de bureau. Philippe Grand et Brigitte Lainé sont punis. Pourquoi ?

Parce qu'ils ont brisé une interdiction non écrite qui fait office de tabou dans leur métier. Ils ont publiquement confirmé l'existence de documents officiels non communicables au public. Que disaient ces documents ? Ils établissaient qu'il s'était produit un massacre sous les fenêtres des Parisiens le 17 octobre 1961 sur les ordres du préfet Maurice Papon. Massacre soigneusement gommé, ignoré par la presse de l'époque et dont il ne restait rien dans la tête des Français.

C'était pendant la guerre d'Algérie. À Paris, le FLN et la police se livraient la guerre. Les indépendantistes algériens, très représentés dans les bidonvilles de Nanterre, levaient l'impôt révolutionnaire et montaient des opérations armées, des mitraillages de commissariats de police. Le préfet Maurice Papon est un ancien haut fonctionnaire de Vichy. En octobre 1961, il décrète un couvre-feu. Celui-ci vise exclusivement les Nord-Africains. Pour protester, le FLN décide d'organiser des manifestations de civils à divers points de la capitale. Les indépendantistes savent qu'ils font courir un risque aux manifestants. Imaginent-ils la tournure des événements ?

Chauffée à blanc par des pertes récentes et confortée par sa hiérarchie dans l'idée que la rue doit rester aux forces de l'ordre, la police parisienne attaque les cortèges de civils désarmés avec une violence inouïe. Il y aura des dizaines et des dizaines de morts. Probablement deux cents. Des corps garrottés, perforés de balles sont jetés à la Seine. Le lendemain, la Préfecture de police fournit un bilan à la presse : un mort. C'est la version officielle. Le chiffre est aussitôt publié par des journaux obéissants. Seul *France-Soir* le questionne. Puis abandonne. Les tueries ont eu lieu sans témoins, il n'y a pas de photos, pas de films et la parole des Algériens des bidonvilles est sujette à caution puisque potentiellement manipulée par le FLN. Les morts d'octobre 61 n'existeront jamais. Des non-humains avaient disparu dans les eaux du fleuve. Qui s'en souciait ? Le grand public l'ignorait encore mais l'homme responsable de la répression ce soir-là, Maurice Papon, viendrait à être condamné en 1997 pour complicité de crimes contre l'humanité pour ses responsabilités pendant l'Occupation. Questionné sur les massacres d'octobre 1961, il pourra, jusqu'au milieu des années 1990, mentir en claironnant sur les plateaux de télévision : « Un mort, c'est un drame ! Ce n'est pas un élément statistique[1]... »

Les archivistes Brigitte Lainé et Philippe Grand, eux, savent que Papon ment. Là où ils travaillent, ils ont accès aux registres de justice. La vérité est inscrite sur trois colonnes. Sur la première : une suite de noms arabes. Sur la deuxième, la cause de la mort : noyade, ou blessure par balle, ou « inconnue ». Sur la troisième, la décision du magistrat confronté aux certificats de décès : « Sans suite ». Des dizaines et des dizaines de « Sans suite ». Signés à la chaîne par le même juge. Paix à son sommeil.

C'est pour garantir l'anonymat de ce juge qui a fermé les yeux et de tous les fonctionnaires qui ont tué cette nuit-là que les documents doivent rester hors d'atteinte du public. La loi des archives a été forgée pour couvrir les crimes de guerre. C'est aussi simple et brutal que cela. Elle dit que, selon leur degré de sensibilité, les documents doivent rester classifiés secrets pendant trente ans, soixante ans ou cent vingt ans. En

---

1. Source La Cinq, 19 heures - Elkabbach, octobre 1991, cité dans « Le Vrai Journal », 15 mars 1998.

réalité leur déclassification dépend du bon vouloir de l'administration. Grâce à des exceptions dérogatoires, celle-ci peut les maintenir sous une chape de plomb jusqu'à la fin des temps. C'est le cas pour le 17 octobre 1961.

Pendant trente ans, seule une poignée de militants continue de se battre pour qu'on reconnaisse officiellement la tuerie. En juillet 1997, ils vont bénéficier d'un soutien inattendu, celui du Premier ministre Lionel Jospin qui déclare sur France 3 : « Il faut modifier la loi du 3 janvier 1979 sur les archives afin que l'accès à celles-ci pour les travaux historiques soit facilité. » Plus tard, la ministre de la Culture, Catherine Trautmann, traduit cet engagement en une formule alambiquée : il faut « établir les conditions et la procédure » d'accès aux archives dans un « temps relativement bref ».

Profitant du flou, un militant de la mémoire, David Assouline, se précipite aux Archives de Paris. Il est historien, il sait très bien ce qui repose dans ces vieux dossiers. Il fait valoir que le délai de trente ans est passé et, la volonté politique existant, rien ne s'oppose à ce qu'on lui transmette quelques pièces. Un fonctionnaire des Archives lui montre un premier document. Assouline pousse sa chance : « Laissez-moi faire une photocopie, sinon ça ne sert à rien... » Son contact prend le risque. Le 22 octobre 1997, *Libération* publie la liste en une. 70 noms de victimes. Les journaux télévisés, et notamment celui de TF1 qui ouvre sur cette information, reprennent abondamment la révélation de *Libération*.

Trente-six ans après les faits, la vérité officielle apparaît enfin pour ce qu'elle n'a jamais cessé d'être : une falsification. Le Premier ministre Lionel Jospin désigne une première commission d'enquête. La direction des Archives de Paris soupçonne immédiatement Philippe Grand d'être à l'origine de la fuite. Mais il n'y a pas de preuve.

Quelques mois plus tard, Grand et sa collègue Brigitte Lainé vont sceller leur sort en s'engageant publiquement pour un autre historien, Jean-Luc Einaudi. En plein débat sur le procès de Papon, responsable de la déportation de jeunes Juifs pendant l'occupation nazie, il rappelle dans *Le Monde*, le 20 mai 1998, que les massacres d'Algériens en 1961 avaient été aussi « perpétrés par des forces de police agissant sous les ordres de Maurice Papon ». L'ancien préfet porte plainte en diffamation. Il demande un million de francs de dommages et intérêts. Les preuves de ce qu'il affirme, Jean-Luc Einaudi sait où aller les prendre. Il fonce aux Archives et demande une copie officielle des ordres de mission préfectoraux ce soir-là. Le directeur refuse. Alors l'historien s'adresse aux deux archivistes. Einaudi connaît leurs positions. Il sait qu'ils sont révoltés contre cette opacité. Ils l'ont déjà exprimé dans de discrets colloques d'historiens. Sans leur aide, il y a de fortes chances qu'il soit condamné. Le devoir de réserve imposé à tous les fonctionnaires empêche Grand et Lainé de transmettre des pièces. En revanche, rien ne leur interdit d'aller témoigner devant une cour de justice. Les deux archivistes vont accepter de se rendre au tribunal pour Jean-Luc Einaudi. Ils s'avancent à la barre, ils disent que oui, ce qu'il affirme est exact, qu'ils en ont vu la preuve dans leur fonds d'archives. Ce témoignage est décisif. Maurice Papon est débouté de sa plainte. Sur les marches du Palais de justice, les caméras de télévision captent la sérénité triomphante d'Einaudi.

Pour Grand et Lainé, c'est le début de l'enfer. Leur déposition publique va leur coûter cher. Leur hiérarchie demande une enquête administrative contre eux. Se profile la menace d'une poursuite pour « viol du secret professionnel ». Devant un tribunal correctionnel, ils risquent jusqu'à un an de prison ferme. Mais la procédure tombe à l'eau. La justice française émet un non-lieu. Elle estime que les archivistes, en répondant à une convocation à audience, n'ont fait que remplir leur devoir de citoyens. Rien n'est retenu contre eux. Ils ne peuvent être poursuivis pénalement.

Le directeur des Archives de Paris, François Gasnault, n'abandonne pas pour autant. En 1999, il émet deux notes de service. Ils sont suspendus de fait de toutes leurs attributions.

« On n'a pas communiqué de documents, s'insurge Brigitte

Lainé, on n'a pas fait de conférence de presse à ce sujet, on a simplement apporté notre témoignage au juge, à la barre. Notre témoignage s'inscrit dans une procédure tout à fait normale et claire mais c'est encore trop pour notre direction[1]. »

Philippe Grand et Brigitte Lainé tentent de se défendre. Ils portent plainte auprès du tribunal administratif. Le 20 mars 2003, celui-ci reconnaît qu'il y a une sanction disciplinaire déguisée et ordonne qu'ils soient réintégrés dans leurs fonctions. Leur direction refuse d'appliquer la décision de justice. Ils restent au ban de leur service.

Depuis 2001, la Mairie de Paris est tombée aux mains d'un socialiste, Bertrand Delanoë, un proche de Jospin. Il a la haute main sur le service des Archives. Il peut forcer la direction à appliquer la décision. Calcul politique ? Excès de diplomatie ? Il ne le fera pas. Grand et Lainé retournent alors devant les tribunaux et, en mars 2004, un nouveau jugement est prononcé en leur faveur. Toujours pas suivi d'effet...

Pour leur responsable hiérarchique, Odette Christienne, « chargée des archives et de la mémoire », ils méritent leur sort : « Il y a quand même un secret, une préservation de ce qui a été fait quand des personnes sont mises en cause ! La façon dont elle [Brigitte Lainé] a exploité les archives sans demander des dérogations est irrégulière... Certes quand elle a produit ces éléments au tribunal cela a permis d'y voir plus clair mais cette même justice aurait pu y voir clair aussi si les règles avaient été respectées. Nous vivons dans un pays où il y a des règles et des lois, tout de même[2] ! »

En 2005, la Mairie de Paris finira par « émettre le vœu » que la direction des Archives de la Ville de Paris respecte les décisions de justice en faveur de ses deux salariés injustement sanctionnés. Pour Philippe Grand, cette réhabilitation arrive trop tard. Il est parti à la retraite un an auparavant. Avec une acuité

---

1. « Abus de secret administratif : un mal français », « Lundi investigation », octobre 2005.
2. *Ibid.*

flegmatique, il pense avoir été châtié pour l'exemple : « L'administration en persistant dans la poursuite des sanctions pendant tant d'années a voulu donner une leçon. Elle a voulu laisser transparaître un message à la fois implicite et très net à l'ensemble de la profession des archivistes. Ce message c'est : ne faites pas comme eux, c'est dangereux. Abstenez-vous de tout propos à l'extérieur de la profession qui pourrait lever un voile sur les secrets réels ou imaginaires de l'administration car l'administration est une forteresse dans laquelle personne ne doit pénétrer[1]... »

Sans doute, à la base de ce devoir de silence, y a-t-il un mythe à protéger. Celui de la France résistante. Le mythe sur lequel le général de Gaulle a rebâti ce pays. Dans un documentaire de Patrick Rotman sur la Libération[2], on voit le Général saluer la foule de ses longs bras depuis le balcon de la mairie de Clermont-Ferrand, en 1944. À sa gauche, se tient sobrement Maurice Papon. Il est dans le camp des libérateurs. Quelques mois auparavant, il collaborait avec les nazis. Qu'importe. Une page d'histoire nouvelle s'écrit. De Gaulle a besoin des cadres de Vichy pour assurer la continuité de l'État. Toute une génération s'est protégée en effaçant les traces ou en cadenassant les preuves. C'est un consensus très rarement verbalisé mais inscrit dans le code génétique de l'administration : la France d'après-guerre doit, par essence, nourrir le refoulement historique. Lorsque la vérité surgit, c'est par accident.

On doit le procès Papon à Michel Slitinsky, fils d'un déporté juif de Bordeaux. Cet homme a consacré sa vie à comprendre ce qui était arrivé à ses parents. Il voulait savoir le degré d'implication des autorités françaises dans les convois vers les camps de la mort. Historien de formation, il connaissait l'importance des archives. Depuis le début de sa quête, en 1980, Michel Slitinsky n'avait cessé d'être découragé par les archivistes. On lui

1. *Ibid.*
2. « Été 44 », France 3, 31 mai 2004.

conseillait d'arrêter : « On m'a dit que je pourrais porter préjudice à de hauts fonctionnaires et à leur famille. »

Si, un jour, il met enfin la main sur un document établissant la responsabilité du préfet Papon, c'est parce qu'un jeune stagiaire commet une erreur. Ce que reconnaît Alain Erlande-Brandebourg, directeur des Archives de France : « Le procès est parti de la découverte de documents qui n'étaient pas communicables[1]. » Cette erreur, l'avocat de Papon, Me Varaut, ne cessera de la déplorer : « Le propre de la vérité c'est qu'elle est quelque part dans le puits et quand elle remonte, elle est un peu sale. Il faut savoir s'il est nécessaire de la faire remonter. Encore une fois, l'histoire d'un pays est faite de mémoire mais aussi d'oubli[2]... »

Il existe une instance qui fait office de contre-pouvoir aux réflexes de rétention de l'administration : la CADA, Commission d'accès aux documents administratifs. Créée en 1978, formée de juristes et d'historiens, elle est censée défendre les intérêts des citoyens et promouvoir la transparence. Son rôle n'est que consultatif mais elle permet de débloquer certaines situations. Sa position sur les époques « sensibles » ? Le devoir d'amnésie doit être protégé. Voici ce qu'en dit Antoine Prost, professeur à l'université Paris-I et membre du bureau de la CADA : « L'avis [sur la transmission de documents] est généralement négatif quand les dossiers demandés mettent en cause des tiers encore vivants. Le cas n'est pas rare pour les dossiers relatifs à l'Occupation ou à la guerre d'Algérie : permettre d'identifier l'auteur d'une dénonciation qui a envoyé quelqu'un en camp de concentration, ou le chef d'un commando qui a commis plusieurs assassinats, n'est pas envisageable si le demandeur est la victime ou l'un de ses descendants, sauf si l'on peut anonymer toutes les indications relatives aux tiers en

---

1. « Le Vrai Journal », 15 mars 1998.
2. *Ibid.*

sorte qu'ils ne puissent être identifiés, ce qui retire à la communication beaucoup de son intérêt[1]. »

Le culte du secret administratif ne s'applique pas qu'aux archives historiques. En France, lorsqu'un journaliste veut mettre la main sur des documents de justice, de police, de l'armée, des ministères, du gouvernement ou même tout simplement sur l'intégralité du rapport de la Cour des comptes émis chaque année sur les dysfonctionnements de l'État, une seule solution : la fuite. Il faut « entretenir des contacts », payer de bons restaurants, renvoyer des ascenseurs, courir le risque de se faire manipuler, devoir choisir un camp, servir des intérêts... Bref, se débrouiller comme on peut. Si l'on est suffisamment malin, alors on reçoit des procès-verbaux judiciaires frappés du secret de l'instruction que l'on peut publier quelques heures plus tard dans son journal. La pratique est illégale mais communément admise. On doit une partie des relations endogames, si justement décriées, entre les journalistes et les pouvoirs à cette absence de règles du jeu claires.

Peut-on imaginer qu'en Suède n'importe quel citoyen a le droit de se rendre chaque matin dans n'importe quel ministère et demander à consulter, par exemple, les notes de frais du ministre et les courriers échangés dans le cadre de ses fonctions politiques ? Il est très poliment reçu. Une salle confortable est prévue à cet effet. Il peut aussi se faire remettre les pièces d'un dossier d'instruction judiciaire si aucune disposition particulière n'a été prise pour la protection de la vie privée des parties incriminées.

Peut-on imaginer qu'aux États-Unis une loi, le Freedom of Information Act, autorise n'importe quel citoyen, américain ou pas, à solliciter des documents à la CIA, au FBI, au département de la Défense ? L'administration est tenue de répondre dans un délai d'un mois. Tout refus doit être motivé – générale-

---

1. Actes du colloque pour le 25ᵉ anniversaire de la loi du 17 juillet 1978 sur l'accès aux documents administratifs, la Documentation française, Paris, 2004.

ment par la nécessaire protection de la sécurité nationale. Vous n'êtes pas d'accord avec cette décision ? Vous pouvez porter l'affaire devant les tribunaux. Les juges se font alors transmettre le document bloqué par l'agence gouvernementale. C'est la justice qui, en toute indépendance (voilà donc à quoi sert la séparation de l'exécutif et du législatif...), décide si sa divulgation met vraiment en péril les intérêts supérieurs de la nation ou risque juste d'exposer la médiocrité, l'incompétence ou les coups tordus des fonctionnaires... Pour les pièces très sensibles, portant, par exemple, sur l'organisation de coups d'État à l'étranger, le délai d'attente avant publication est de dix ans. Grâce au Freedom of Information Act (de plus en plus attaqué par le gouvernement conservateur de George W. Bush), on a pu lire notamment les notes manuscrites du président Richard Nixon prises lors de la réunion où il lance la stratégie de sabotage qui va mener au coup d'État contre Salvador Allende au Chili, en 1973 : « Il faut tenter de sauver ce qui est sauvable, griffonne-t-il. Faites hurler l'économie ! » Grâce à cette loi, un universitaire a aussi réussi à déclassifier, c'est le terme technique, les premières photos de cercueils de Marines américains tués en Irak en 2004. Boîtes impeccablement alignées et recouvertes de la bannière étoilée. L'armée a tout fait pour retenir ces images. C'est le tabou majeur de la guerre. Chaque photographe ou cameraman qui intègre l'armée américaine en Irak pour un reportage s'engage par écrit à ne pas filmer de soldats blessés ou tués. Le Pentagone a retenu cette leçon-là du Vietnam : ces images peuvent changer le cours de l'opinion publique. En 2004, après saisie des tribunaux, les photos de cercueils ont pu être publiées dans la presse. Pour la première fois se matérialisait le coût humain du conflit. Tous ces documents, et des milliers d'autres très éclairants sur la diplomatie américaine, sont consultables « on-line » sur un site indépendant logé dans les locaux de l'université George Washington : le National Security Archive[1].

---

1. www.gwu.edu/~nsarchiv/.

En France, existe une loi, votée en juillet 1978. Elle clame en préambule une intention magnifique : toute personne doit avoir un droit très large d'obtenir communication des documents détenus par une administration. En plus petit, suivent les exceptions... Pas question que cette transmission puisse « porter atteinte » au secret des délibérations du gouvernement, au secret de la Défense nationale, au secret de la conduite de la politique extérieure... Là, le citoyen perplexe s'interroge : quelle est l'utilité d'un dispositif de transparence si ce n'est pas justement de lever un secret ? Apparemment les hommes qui font les lois ne se sont pas posé la question. Aux États-Unis, les exemptions sont formulées autrement : le document transmis ne doit pas nuire à la sécurité nationale. Mais exiger qu'il ne nuise pas au secret, c'est par définition empêcher toute déclassification. Si un document ne sert pas à mettre en lumière une pratique occultée alors il ne sert à rien...

Enfin – détail qui achève de vider de sens la loi de 1978 –, arguant de la nécessaire « protection de la vie privée », si la divulgation d'un document comporte un nom propre et vient à « porter préjudice » à un fonctionnaire, celle-ci est impossible.

En bref, la loi de 1978 est inutilisable et inutilisée sauf pour la transmission de dossiers médicaux et de documents du cadastre.

Reste le débat philosophique : la transparence est-elle souhaitable ?

Nous vivons au cœur d'une illusion d'optique. Un malentendu. Pendant dix ans, les services investigation des grands journaux ont exposé jusqu'à la nausée les rebondissements judiciaires de quelques affaires politico-financières. C'est vrai, certains avocats ont transmis aux journalistes de nombreuses pièces confidentielles issues des dossiers d'instruction. Des magistrats ont instrumentalisé les médias pour rendre visibles leurs dossiers et empêcher ainsi qu'ils ne soient enterrés en catimini. Ce recours à la fuite a créé un déséquilibre. Les journalistes tapaient sur certaines affaires plus que d'autres. Effet d'accumulation qui pouvait donner l'impression d'un acharnement. Les souliers vernis de Roland Dumas avaient du mal à tenir leur statut de Watergate... Le retour du bâton fut violent. À la fin des années 1990, chez les commentateurs des médias, l'accusation a surgi : nous vivons sous la dictature de la transparence.

En 2003, une limite est pulvérisée. Dominique Baudis, ex-maire de Toulouse et président du Conseil supérieur de l'audio-visuel, est mis en cause par des fuites incontrôlées émanant de témoins anonymes ou de « sources proches de l'enquête ». Des prostituées et un tueur en série finissent par sortir au grand jour et l'accusent d'être le commanditaire de meurtres sur des jeunes femmes. Sexe, pouvoir, mort... Audience, tirages... Des affirmations invérifiables sont rendues publiques à la vitesse de l'éclair dans la plupart des grands médias. Tout ou presque est faux. C'est un électrochoc pour les journalistes. Ils vont s'apercevoir (un peu tard) qu'ils étaient livrés à des manipulateurs. Le journalisme d'investigation ne sortira pas indemne de cet épisode.

Comment faut-il lire le scandale de l'affaire Baudis ? Comme un excès de transparence ? Ou au contraire comme le symptôme maladif d'un système qui refuse vertueusement l'accès des journalistes aux dossiers d'instruction tout en les rendant toxico-dépendants d'informateurs troubles, réfugiés derrière l'anonymat et défendant un agenda secret ?

En mars 2006 se sont tenues à l'Assemblée nationale une série d'auditions sur l'affaire d'Outreau : six personnes injustement condamnées pour pédophilie. Une erreur judiciaire qui déboucha sur des suicides, des vies brisées. Un scandale national qui mettait en cause la justice et certains titres de la presse. Politiques, magistrats et journalistes étaient réunis et entendus pour comprendre la nature du dérapage. Florence Aubenas, du journal *Libération*, parla avec une grande transparence des manipulateurs qui se servent des fuites : « On vous montre souvent une unique feuille. Pas tout le dossier. Or, dans les dépositions, les gens peuvent se contredire, nuancer par la suite ce qu'ils ont dit quelques pages auparavant. C'est très dangereux d'écrire dans ces conditions. On l'a vu dans l'affaire Baudis, avec des fuites partielles, manipulées, contrôlées... Pour Outreau, j'ai attendu d'avoir tout le dossier de l'instruction, une fois qu'il était clos, tous les procès-verbaux, pour pouvoir le traiter[1]. » Au cours de ces auditions, fut évoqué ce que pourrait être le rôle de la presse dans les affaires judiciaires : un regard citoyen. En 1990, le rapport Delmas-Marty recommandait une fenêtre de lisibilité publique en cours d'instruction. Un moment où accusation et défense pourraient exposer leurs arguments. Y compris devant les journalistes.

Le scandale d'Outreau après celui de l'affaire Alègre venait rappeler qu'une fuite n'est pas la transparence et que nous vivons en fait, sans le voir, dans l'un des pays structurellement les plus opaques du monde libre.

---

1. Commission parlementaire d'enquête sur Outreau, 14 mars 2006.

Épilogue

La riposte des téléphobes

« Vous ne perdrez jamais d'argent en sous-estimant l'intelligence du public... » Telle est la devise, simple et fonctionnelle, de l'homme qui inaugure l'âge du spectacle, à la fin du XIXᵉ siècle, Mr Phyneas T. Barnum, des cirques Barnum. L'homme est passé à la postérité. Dans le jargon de la télévision d'aujourd'hui, « monter un Barnum » signifie organiser une émission avec des moyens colossaux. Un cirque géant. Quant à l'axiome de base de Mr Barnum, il semble devenu une sorte de commandement.

Un siècle plus tard, à Lisbonne, j'avais rencontré un successeur de P. T. Barnum. Lors d'une enquête sur l'explosion de la télé-réalité, j'avais suivi Piet Hein, responsable local d'Endemol, la société de production qui a initié la vague au niveau européen. Au Portugal, ils avaient développé une version locale de « Loft Story » : dix jeune reclus qui s'engueulent, traînent en jogging, jouent à des jeux idiots et tricotent des psychodrames au bord de la piscine. Tout ça sous l'œil permanent de plusieurs dizaines de caméras. Comme en France, le show avait laissé le public en état de sidération mentale. Lors d'un débat feutré dans un bar de nuit, Piet Hein assenait à des scénaristes de la télévision portugaise un discours en forme de dépucelage : « Au fond, c'est quoi la fonction d'une télé commerciale ?... C'est de créer un contenu suffisamment attractif pour retenir le public entre deux séquences publicitaires[1]... » J'avais discuté en tête à tête avec Hein, un homme charmant, cultivé, avenant. Il portait l'uniforme sobre du cadre de la télé : jean, veste noire et chemise blanche. Je lui avais demandé s'il appréciait les programmes qu'il produisait. Il avait eu un rictus gentiment dégoûté : « Non quand je suis chez moi, je ne regarde pas ce genre d'émission... À vrai dire, la télévision ne m'intéresse pas beaucoup. »

Ce mépris soft de certains fabricants de télévision pour le cerveau du public, une partie des téléspectateurs le ressent. Les premières enquêtes qui ont repéré leur existence leur ont trouvé un nom : les « téléphobes ». Ils ont surgi sur le radar des services marketing au tout début du XXIe siècle. Une trace discrète d'abord. À peine 5 % de la population. En 2002, une étude interne réalisée pour une grande chaîne de télé privée les évaluait à 18 % de son auditoire. Les téléphobes apparaissent au moment où la télévision n'a jamais eu un pouvoir aussi étendu : elle est au centre de la vie du foyer, elle définit l'identité des êtres humains, modèle leurs rêves, leurs réflexes d'achat, fournit les clichés et les bons mots qui font office de pensée toute faite. Les téléphobes sont à la fois le symptôme d'une outrance et le signe d'une résistance. Ils regardent la télé en état de méfiance armée. Cette population de sceptiques grimace devant la pitance qu'on lui sert mais n'a pas choisi de se couper du monde. Au contraire. Les téléphobes sont souvent infovores. Surfeurs agiles de la révolution numérique, ils sont une force vive, active, qui n'a pas atttendu l'onction de la légitimité pour prendre la parole. Les blogs et les forums Web critiques sur les médias n'ont jamais été aussi nombreux et fréquentés. Tout y passe. Parfois avec excès. La « fausse objectivité » des journaux télévisés. Les impostures du PAF. Les bidonnages. Les matraquages. Les copinages. L'œuvre des réseaux. Les téléphobes ont un réjouissant sixième sens pour percevoir l'œuvre pas si occulte des spin doctors. Les plus extrémistes (souvent américains) versent dans la théorie du

---

1. « 90 minutes », 4 novembre 2001.

grand complot, convaincus qu'on leur ment et que « la vérité est ailleurs ». Tous reprochent à la télé d'être devenu un robinet marketing.

Ont-ils tout à fait tort ?...

Nous sommes loin, très loin, en Europe, du mitraillage publicitaire des chaînes américaines. Il suffit de voyager un peu pour saisir à quel point les Européens peuvent s'enorgueillir de mettre à l'antenne des émissions de qualité. Mais pour combien de temps encore ?... À pas de loup, depuis dix ans, un langage nouveau s'est glissé chez ceux qui fabriquent des images et du sens pour le public. À la frontière de l'information et du divertissement est apparu un nouveau genre : l'*info-tainment*. Des magazines où des « journalistes » pilotent leurs témoins et les mettent en scène. Les personnages sont « castés » selon un cahier des charges – par exemple : prolo épais, bourgeois province ou Juif pied-noir bruyant[1]. Ils doivent tenir un rôle dans un scénario préétabli, ressembler à leur caricature : ne pas savoir élever correctement leurs enfants, échouer à faire marcher leur entreprise, avoir des problèmes de voisinage... Ils doivent rassembler, offrir un miroir, éviter d'être « segmentants »... Quant aux présentateurs ou « têtes de gondole », ils sont de plus en plus sélectionnés comme des mannequins : jeunes, beaux, doux et interchangeables. Être anxiogène est devenu un « risque antenne ».

Que signifie anxiogène ?... Déranger. Troubler. Angoisser. Donc frapper les mémoires. Les images et les mots qu'on n'oublie plus, qui nous changent, sont souvent anxiogènes.

Émile Zola aurait-il une chance aujourd'hui d'aller clamer son anxiogène et très segmentant « J'accuse ! » à la télévision ?... Imaginez : Zola, vieux et ténébreux, solennel, plombant... Le vieux, encore plus que le noir, effraie. Évoquer la possibilité de notre déchéance physique casse la bonne humeur. On perd du monde. Si, en plus, le vieux est porteur d'un mes-

---

1. « Les dommages collatéraux de la télé-réalité », « 90 minutes », février 2006.

sage à problèmes... À la limite, dans un talk-show rigolo entre deux filles à forte poitrine...

À la télé, mieux vaut avoir l'air « cool ». Faire évoluer son vocabulaire comme on réassortit les rayons, en fonction des saisons. « C'est clair... », « Tranquille... », « Ça l'fait... »... Il faut du jean troué et de la semelle compensée, du gel sur les cheveux et du pantalon taille basse. Et sourire. Sourire tout le temps. La dictature du « cool » contamine toutes les cases. Même l'information doit lui faire quelques concessions. Certains sujets ressemblent à des vidéoclips sur MTV. L'info-tainment accélère les plans, fait court à tout prix et broie le contenu. Aux États-Unis, où l'évolution est la plus frappante, la durée du *sound-bite*, le segment d'interview, le temps qu'on donne à une personne pour qu'elle exprime sa pensée, rétrécit dangereusement : quarante-trois secondes en 1968, vingt-huit ans plus tard, en 1996, il n'est plus que de sept secondes[1]. Pour Ralph Nader, inlassable contestataire : « Dans trente ans, pour s'exprimer à la télé, on va finir par aboyer des phrases de cinq ou six syllabes. Genre : Lisez mes lèvres, c'est non[2] ! »

Pour certains téléphobes, qui ne reculent pas devant l'amalgame, tous les journalistes sont suspects. C'est une vulgate attristante de l'époque : les plumitifs seraient les scribes zélés du pouvoir... Des ouvrages sérieusement documentés – écrits par d'autres journalistes – ont dénoncé les réseaux endogames, voire incestueux, entre les hommes de presse et les élites politiques ou économiques[3]. « Tous pourris », pense le citoyen amer, voire furieux, qui simplifie la lecture. Et de nous imaginer en perruque talquée, courtisans au château, partageant des secrets d'alcôves dans le chatoiement soyeux des étoffes...

Ceux qui ont déjà mis les pieds dans une rédaction savent de quelle matière est faite la réalité... Bien sûr, la profession ne

---

1. Marc Fisher, « The Metamorphosis », *American Journalism Review*, novembre 2002.
2. Entretien avec l'auteur, décembre 1994.
3. Sophie Coignard, Alexandre Wickham, *L'Omerta française*, Albin Michel, 1998 ; Serge Halimi, *Les Nouveaux Chiens de garde*, Raisons d'agir, 2006.

manque pas de notables au cynisme rance. Mais le plus souvent, un journaliste est un type pressé, mal payé, débraillé, qui a peur de se tromper, de mal faire, peur de se faire embobiner, et qui est prêt à prendre quelques risques pour que son papier ait un impact. Dans un coin de sa tête, le journaliste a choisi ce métier parce qu'il pense pouvoir contribuer à changer le monde, le rendre moins injuste (et quand il travaille bien, il y arrive parfois...).

La Bulle existe, bien sûr, qui pourrait le nier ? Une bulle dans laquelle une petite poignée d'entre nous s'attablent avec les dirigeants pour préparer des interviews faussement impertinentes, des campagnes de presse pour dézinguer un concurrent. Une bulle enivrée de son pouvoir, sincèrement convaincue qu'elle œuvre au bien du pays, le prépare aux « inévitables réformes », à la « modernisation nécessaire ». L'Histoire ne s'écrit pas avec le cholestérol de ces déjeuners héroïques... Les plus lucides des habitants de la Bulle voient bien que leur pouvoir est percé, qu'il se dégonfle inexorablement. Qu'ils ne vont pas tarder à rouler sur la jante. Ils ont eu l'occasion de le mesurer lors de la campagne référendaire pour la Constitution européenne. La Bulle et ses satellites se sont mobilisés tout entiers. Les citoyens ont écouté. Et voté. À l'envers.

Le succès du non au référendum sur le traité constitutionnel européen a été analysé de mille façons : victoire de la xénophobie, du repli national, insurrection froide... Il marque aussi le premier grand triomphe des téléphobes.

Depuis ce référendum, on sait que l'âge des prescripteurs est révolu (la Bulle a préféré parler de populisme). Au XXᵉ siècle, pour le bonheur des conducators, les « masses » existaient encore. La télé a prolongé un peu les grands meetings, là où des lacs d'êtres humains sans voix venaient se faire doucher par une bonne parole. La révolution numérique est en train de mettre fin à tout cela. Sans doute pour toujours. Nous sommes passés de l'ère du *push* à celle du *pull*. D'une époque où les préceptes étaient poussés en direction du public vers un temps où celui-ci est de plus en plus en mesure d'aller chercher de l'information, de la tirer à lui. Les citoyens à tendance téléphobe constituent l'avant-garde de cette nouvelle vague. Ils vérifient sur Internet, cherchent plusieurs sources pour se faire leur propre opinion. Ils refusent et se cabrent quand on leur dit quoi penser. Pendant le débat sur la Constitution, près d'un million de personnes sont allées chercher l'info sur le site Internet personnel un peu foutraque d'un obscur prof de technologie marseillais : Étienne Chouard. Au milieu de ses récits de balade en parapente et de ses diapos de vacances, Chouard avait publié son analyse de la Constitution. Doué d'une ténacité et d'une énergie au-delà du commun, Chouard avait lu attentivement les centaines de pages du traité ! Il les avait annotées. Scolairement (on ne se refait pas...), méticuleusement, scrupuleusement. Dans sa lecture à lui, il discernait un danger massif pour notre fonctionnement démocratique et ne comprenait pas pourquoi les éditorialistes professionnels ne laissaient jamais entendre ce point de vue. Quoi qu'on pense des résultats du référendum sur le traité européen, nous sommes bien obligés de le constater : pendant la campagne, la voix d'Étienne Chouard a pesé bien plus que celle d'Alain Duhamel, grand maître incontesté de l'éditorial autorisé.

Il faut s'y préparer, les tribunes de la blogosphère, peuplées de citoyens chroniqueurs, vont bientôt prendre de vitesse la Grande Presse. Aux États-Unis, ça a déjà commencé. En février 2005, par exemple, ce sont les blogueurs qui vont révéler le scandale politique le plus burlesque de l'année. Jeff Gannon, faux journaliste et vrai militant de la droite extrême, a reçu une accréditation officielle et permanente pour assister à toutes les conférences de presse de la Maison-Blanche. Le *pass* est plutôt difficile à décrocher ; les places sont rares et chères. Gannon travaille pour un site Internet conservateur sans grande fréquentation. Lors des questions de presse, l'homme se fait remarquer. Le porte-parole de la Maison-Blanche lui donne la parole dès qu'il lève le bras et ses questions sont si orientées qu'il passe pour un officier de la propagande pro-Bush. En enquêtant sur l'origine de son site Internet, un groupe de blogueurs passés maîtres dans l'art de l'investigation cybernétique vont révéler que l'homme est à la tête d'une série de sites pornographiques consacrés aux homosexuels militaristes (nombreuses photos aguicheuses du faux journaliste en soldat semi-dénudé, sous-vêtement de cuir noir et body buildé...). Son vrai nom est Gluckert. C'est un militant républicain. Il n'a jamais été journaliste. Il doit son accréditation à une mystérieuse faveur des services de communication de la présidence. L'affaire, portée par les blogueurs, prend de l'ampleur et arrive sur la place publique. Le *New York Times* et le *Washington Post* se contentent de reproduire les découvertes des internautes après les avoir vérifiées[1].

Les téléphobes des blogs deviennent peu à peu les chiens de garde de la presse. Et c'est tant mieux. Ils scrutent et critiquent avec une acuité surprenante. Ils sont le contre-pouvoir d'une corporation qui oublie souvent que tel était son rôle du temps des premières gazettes.

Les blogs remplaceront-ils un jour les journalistes ? Je ne le crois pas. Je ne le souhaite pas. Pendant toute l'offensive américaine en Irak en mars 2003, je me jetais tous les jours sur le blog de Salman Pax (comme quelques centaines de milliers d'internautes). Ce jeune Irakien impeccablement anglophone racontait son quotidien avec ironie et talent, mélangeant les tracas de son rhume des foins avec le fracas nocturne des méga-bombes. Sa prose malicieuse, subversive, échappait à la terrible censure de Saddam Hussein et ses lignes n'en étaient que plus précieuses. Salman Pax (un pseudo) semblait appartenir à une communauté mondiale qu'Internet reliait, une nation portée par son esperanto. Il était notre regard. Son intimité nous faisait pénétrer le trivial de la guerre, la vie quotidienne qui continue, malgré tout. Mais Salman Pax était bien incapable de compter les cadavres civils au petit matin dans les hôpitaux, il ignorait qui avait lâché une bombe à fragmentation sur un marché de Bagdad. Les deux belligérants se renvoyaient chacun la responsabilité d'une telle bavure. Qui mentait ? Pour l'apprendre,

---

1. *Gannon and the Bloggers*, Greg Mitchell, Editor & Publisher, 2 mars 2005.

j'avais besoin des articles de Robert Fisk, l'homme de *The Independent*, capable d'aller fouiller au milieu des décombres pour ramasser un fragment de missile responsable de la mort de dizaines de femmes et d'enfants, de relever le numéro de série et de demander à sa rédaction, à Londres, d'identifier l'usine américaine où l'engin avait été conçu. Ce travail d'enquête, seuls les journalsites sont aujourd'hui en mesure de le réaliser. Et sans doute pour longtemps encore.

Une chose est sûre : dans le vacarme médiatique d'aujourd'hui, les citoyens avertis, les blogueurs et les journalistes partagent le même défi. Déjouer la « communication » et la propagande furtive qui envahissent notre vocabulaire. Faire qu'on ne puisse plus dire « plan social », ou, pire, « plan de sauvegarde de l'emploi », lorsque des centaines de salariés partent au chômage. Traduire le verbiage de la diversion en bonne langue de la rue. Rendre à la vérité toute son insolence. Et faire mentir M. Barnum.

Remerciements

Merci d'abord à tous ceux qui ont participé à l'aventure du magazine d'investigation « 90 minutes », dont certaines des péripéties ont nourri ce livre. Ils sont trop nombreux pour les citer ici tous. Des journalistes aux preneurs de son, en passant par les productrices, chefs d'édition, assistantes, et des dizaines de free-lance, nous avons partagé un même entêtement à défaire les vérités officielles.

Merci à Bernard Barrault, Denis Robert, Robert Chalmers de *The Independent*, Alain De Greef, Pierre Lescure, William Reymond, Virginie Roels, Bruno Kahn et Carlos Semedo de Agir pour Timor, Abdulrazak de Jaïsh Al-Mahdi, Didier Verstaet de la CGT-Dunkerque, Dr Claude Goemaere de Médecins sans frontières Johannesburg, Nick Schou du *Orange County Weekly*, Linda Coco de *Public Citizen*, Spc Fernandes du 1st of Cavalry, Berivan Amed « Vigoureux », Catarina Carvalho...

Quant à Chea Vichea, qu'il repose en paix, puisqu'il est trop tard pour le remercier.

Merci aussi à tous ceux qui, par leur œuvre ou leur travail, ont inspiré son âme à cette enquête : John Stauber, Sheldon Rampton, John Pilger, Robert Fisk, Edouardo Galeano, Andreas Freund, Robert Parry...

Et surtout merci à Cécile qui m'a supporté, soutenu, lu et relu...

Table

La photocomposition de cet ouvrage
a été réalisée par
GRAPHIC HAINAUT
59163 Condé-sur-l'Escaut

Achevé d'imprimer sur les presses de

BUSSIÈRE

GROUPE CPI

à Saint-Amand-Montrond (Cher)
pour le compte des Éditions Robert Laffont
en janvier 2007

N° d'édition : 47529/01. — N° d'impression : 070142/4.
Dépôt légal : février 2007.

Imprimé en France